果樹の交雑育種法

山田 昌彦 著

養賢堂

Cross breeding in woody fruit crops
Masahiko Yamada
2011
published by Yokendo Co. Ltd.,
5-30-15 Hongo, Bunkyo-ku, Tokyo, 113-0033, Japan.
URL: http://www.yokendo.co.jp/

序

　果樹の品種育成は，主に交雑育種によって行われてきた．多くの成果が上がっており，リンゴの「ふじ」，ナシの「幸水」，ブドウの「巨峰」など顕著な例も多い．

　果樹の交雑育種では，交雑して種子をとり，播種して実生とする．樹を育てて果実を成らせ，目的とする特性を持つ個体を選ぶ．目的に合った個体を1つ選ぶことができれば，それは接ぎ木で繁殖され，新品種として広く栽培される．単純な過程であるが，一般に10年以上の年月がかかる．樹が成長して果実を結実するまでに時間がかかること，また，果樹生産に重要な形質の多くが量的形質で環境変動を受けやすいため，特性を見極めるのに年月を要していることが主な理由である．育種は商品生産性の高い品種を作ることを目的としているので，品種としての特性を知るには，栽培技術に通じて樹体を育成でき，商品性の高い果実を生産できることが必要である．

　育種家以外の人々は，果樹は遺伝的にヘテロであるので，交雑からどのような子が生まれるか予測し難いと考えることが多い．しかし，多くの場合，そうではない．一部の形質では優性効果を利用する必要があるが，通常の育種では，主要形質の多くは主に遺伝子の相加効果によって支配されている上に，家系内のばらつきは家系によってあまり大きな差異がないため，環境変異を解明し，交雑親とする品種の特性を把握できれば，相当に後代を予測できる．平均効果モデルに基づく狭義の遺伝率の概念は，果樹育種の実態に一般に合わない．

　育種を成功させる道は，交雑から生まれる子をできるだけ正確に予測し，適切な交雑組合せを選ぶとともに，目的とする子が生じる確率をもとに必要な数の交雑実生を育成すること，そして，一定の栽培条件で実生を育成し，効率的かつ確実に目的とする実生を選抜することにある．本書は，果樹育種の現実に近いモデルを用い，この方法の理論化と体系化を行ったものである．

　ゲノムマッピングとQTL解析が，近年，進んでいる．今後は，有用形質

と連鎖したDNAマーカーを利用して最初の選抜を行なうことにより，果樹育種の大幅な規模拡大と効率化が期待される．これらの技術も，形質の評価法と選抜法が確立し，環境変異が解明されることによって初めて力を発揮する．

著者が果樹育種に従事し始めてから30年余りが経過した．少年易老学難成を感じるが，本書が，果樹育種に取り組む方々，学ぶ方々，関係した研究をする方々などに資するものとなれば幸いである．本書では分散分析を多く用いている．計算の方法は本書だけでわかる記述としているが，分散分析法の詳細については巻末に示した文献などを参照して頂きたい．

長年にわたり統計的手法について著者をご指導頂き，本書についてもご校閲と懇切なご指導を賜った鵜飼保雄 元東京大学教授，著者に執筆をお勧め頂き，貴重なご助言を賜った杉浦 明 京都大学名誉教授に心より感謝申し上げる．また，共に果樹育種に取り組み，論議を重ねてきた佐藤明彦上席研究員を始めとする(独)農研機構果樹研究所歴代職員の方々，系統の選抜に共に取り組んで頂いた公立試験研究機関の各位に深謝申し上げる．

本書の上梓に当たり，養賢堂の及川 清社長ならびに編集部の佐藤武史氏に種々のご配慮を頂いた．ここに記して心から御礼を申し上げる．

2011年5月

山田昌彦

「果樹の交雑育種法」正誤表

2012. 3

頁	行	誤	正
19	下から5行目	〜（巻末参照）．	〜（巻末参照）．の後に次の一文を追加 なお，平均平方の値は平方和を自由度で割った値である．
118	上から13行目	農研機構果樹研究所	農林水産省果樹試験場（現 農研機構果樹研究所）
127	下から5行目	（優性効果）	（優性偏差）
163	上から6行目	〜の持つ密症状	〜の持つ萎症状
179	上から5行目	（近交係数＝1）を削除	

目　次

第1編　序　論

第1章　品種の概念
1.1　品種 ·· 1
1.2　系統 ·· 2
1.3　在来品種 ·· 2

第2章　交雑育種の過程
2.1　交配と選抜 ·· 4
2.2　選抜の原則 ·· 8

第2編　量的形質の環境変異解析

第3章　圃場内環境変異の分散分析による解析
3.1　1つの遺伝子型を栄養繁殖した場合の環境分散 ················ 14
3.2　遺伝変異を持つ集団における遺伝・環境分散の分散分析
　　による推定 ·· 16
3.3　果実形質の環境分散成分を推定する試験の設計 ·············· 33
3.4　果実形質の環境分散成分を推定した例 ······················ 36
3.5　樹ごとに測定値が得られる形質の遺伝・環境分散の推定 ······ 39

第4章　圃場内個体の環境分散
4.1　個体測定値の環境分散 ······································ 43
4.2　台木に接ぎ木した個体の環境変異 ···························· 44
4.3　同一品種を毎年栽培・評価して年による環境分散を減少させる ·· 44

4.4 不揃いな実生集団の測定値を用いて年による環境分散
     を減少させる ·· 49

第5章　遺伝特性の識別性
5.1 広義の遺伝率 ·· 50
5.2 反復による広義の遺伝率の向上 ································ 55
5.3 年と樹の反復効率の比較 ··· 56
5.4 反復率 ··· 63

第6章　分散分析によらない環境変動の評価
6.1 環境変動の特徴の図による把握 ································ 65
6.2 平行移動的な年次変動が大きい場合 ·························· 67
6.3 遺伝子型と年の交互作用が大きい場合 ······················ 68
6.4 変数変換による分散分析 ··· 69

第3編　選　　抜

第7章　育成地における選抜
7.1 圃場定植以前の選抜 ··· 73
7.2 圃場に定植した後の選抜 ··· 80

第8章　量的形質の選抜・淘汰
8.1 環境変異を正規分布で近似できる形質 ······················ 84
8.2 環境変異が正規分布しない量的形質 ·························· 88
8.3 数段階に離散的評価を行う形質 ································ 90
8.4 食味形質 ·· 94
8.5 育種目標と選抜水準 ··· 100
8.6 一次評価における選抜 ··· 105

第9章　地域・場所間変動と選抜

　9.1　試作試験の主な目的 ･･････････････････････････････ 112
　9.2　系統適応性検定試験成績の分散分析 ･･････････････ 113
　9.3　分散分析例 ･･ 118
　9.4　育成地と全国の成績との関係 ････････････････････ 121
　9.5　育成地における特性評価 ･････････････････････････ 123

第4編　狭義の遺伝率

第10章　狭義の遺伝率の概念

　10.1　Hardy-Weinberg の法則 ･･････････････････････････ 128
　10.2　育種価 ･･ 128
　10.3　単一遺伝子座におけるモデル ････････････････････ 130
　10.4　遺伝子座間の交互作用 ･･･････････････････････････ 134
　10.5　分散 ･･ 135
　10.6　モデルの違い ････････････････････････････････････ 137

第11章　狭義の遺伝率の推定と選抜の反応

　11.1　集団のモデル ････････････････････････････････････ 141
　11.2　子の片親に対する回帰 ･･･････････････････････････ 141
　11.3　子の平均親に対する回帰 ････････････････････････ 144
　11.4　遺伝率推定の誤差 ･･･････････････････････････････ 145
　11.5　選抜の反応（遺伝獲得量） ･･････････････････････ 150

第12章　狭義の遺伝率の果樹育種への適用例

　12.1　モモ育種集団の解析 ･････････････････････････････ 153
　12.2　交配・選抜システム ･････････････････････････････ 157

第5編　果樹育種の実際

第13章　少数の母本品種・系統の多用
- 13.1　実際の果樹育種集団の特徴 ････････････････････････････ 159
- 13.2　ニホンナシの育種 ･････････････････････････････････････ 160
- 13.3　カキの育種 ･･･ 164
- 13.4　ブドウの育種 ･･･ 168
- 13.5　モモの育種 ･･･ 172
- 13.6　母本が少数となりやすい理由 ･･････････････････････････ 174
- 13.7　近親交配から生じる障害 ･･････････････････････････････ 177

第14章　近親交配を防ぐ育種法
- 14.1　漸進的改良法 ･･･ 181
- 14.2　1～2代で育成する方法 ･･･････････････････････････････ 186
- 14.3　遠縁の品種を親として用いる ･･････････････････････････ 187

第6編　果樹育種に適合した統計的遺伝解析

第15章　親の情報から子の遺伝子型値分布を予測する解析
- 15.1　子集団のデータに対する家系を要因とする1元配置の分散分析 ･･･････････････････････････････････････ 190
- 15.2　家系間分散の分割 ･････････････････････････････････････ 196
- 15.3　家系平均値が平均親値に対する回帰からずれる要因 ･･････ 204
- 15.4　親と交雑組合せの情報から子の遺伝子型値の分布を予測する ･･ 213

第16章　解析例
- 16.1　ブドウの肉質 ･･･ 218
- 16.2　カキの1つの交雑実生集団における3形質の解析 ･･･････ 226
- 16.3　環境変異の大きさをつかむことの重要性 ････････････････ 246

第17章　簡便な近似的遺伝解析方法
17.1　カキの熟期の解析例 ・・ 251
17.2　簡便な方法の問題 ・・ 254

第18章　組合せ能力の推定
18.1　片側修正ダイアレル分析 ・・・・・・・・・・・・・・・・・・・・・・・・・・・・・・・・・・ 256
18.2　1元配置分散分析 ・・・ 257
18.3　片側修正ダイアレル表による解析 ・・・・・・・・・・・・・・・・・・・・・・・・ 257
18.4　ダイアレル交配の有効性と問題点 ・・・・・・・・・・・・・・・・・・・・・・・・ 263

第7編　交雑育種の進め方

第19章　育種目標・交配・選抜
19.1　育種目標の設定と交配 ・・・・・・・・・・・・・・・・・・・・・・・・・・・・・・・・・・ 264
19.2　選抜 ・・・ 266
19.3　DNAマーカーによる選抜 ・・・・・・・・・・・・・・・・・・・・・・・・・・・・・・・ 268

参考・引用文献 ・・ 273
索引 ・・・ 281

第1編 序　論

第1章　品種の概念

1.1　品　種

　果樹は栄養繁殖が可能であり，接ぎ木または挿し木による繁殖が一般的である．挿し木による繁殖の難易は，種・品種により異なる．挿し木が容易にできる樹種でも，病害虫に強い台木や環境適応性の強い台木に接ぎ木されることが多い．穂木・台木の挿し木が困難な樹種は，同じ種の実生を台木として接ぎ木繁殖される．

　品種は「同一繁殖法により直接的または間接的に，ある特定の遺伝子型として実用上支障なき均等性および永続性を保持し得る作物の個体群」と定義される（赤藤，1973）．果樹は栄養繁殖できるので，いずれの遺伝子型（genotype）もこれに該当する可能性を持っている．この中で，人々に作物として利用されるものが品種（cultivar）と呼ばれている．なお，ここでの「遺伝子型」は「ある生物の遺伝子によって担われている遺伝情報の総計」（遺伝学辞典，1977）である．

　一定の地域で古くから栄養繁殖され栽培されてきた1つの遺伝子型は品種である．特に，このような品種は在来品種と呼ばれている．果樹では，1つの在来品種は通常1つの遺伝子型である．

　交雑育種の場合，果樹の交雑種子を播種して生じた雑種の実生はそれぞれすべて親とは異なる遺伝子型を持っているが，これらはすべて，栄養繁殖すれば，品種（cultivar）となりうるものである．しかし，それらの実生は作物として栽培されているわけではないので品種とは呼ばれず，単に実生（seedling）あるいは子（offspring）と呼ばれる．これらの中から選抜されたもの（1つの遺伝子型）を系統（selection）と呼び，さらにその中から優秀な系統（1つの遺伝子型）が選抜されて新しい品種として発表される．1つ

の系統や品種は，遺伝変異を持っておらず，1つの遺伝子型であり，栄養繁殖すれば同一遺伝子型の個体群を作ることができる．1つの実生が1つの系統となって1つの新品種になるまで，遺伝的組成の変化があるわけではなく同じ遺伝子型のままであり，単に栄養繁殖されるだけである．人間側の選抜段階に対する考え方によって，系統や品種という名前を与えている．

1.2 系 統（strain）

品種の中で遺伝変異がある場合，それぞれを系統（strain）と呼ぶ．果樹では1つの遺伝子型が栄養繁殖されて用いられるので，品種の中の遺伝変異は無いはずであるが，自然突然変異が起こることがある．これは1つの植物体のなかの一部の枝が，他の枝と形質が異なっていることから発見され，枝変わり（bud-sport）と呼ばれる．そのほかの形質については全部または大半がもとの品種と同じである．

枝変わりは，もとの品種と区別して利用する必要が生じた場合に新しい品種（枝変わり品種）となる．多くの温州ミカン品種，カキの'刀根早生'・'松本早生富有'，ブドウの'赤嶺'など，果樹ではこのような枝変わり品種は多い．別品種として区別されて栽培されるまでに至っていない状態の枝変わりは，もとの品種の「系統（strain）」と呼ばれる．

放射線照射などにより人為的に起こした突然変異を持ったものについても同様に「系統（strain）」と呼ばれる．また，突然変異か否か明確でなくとも，もとの品種とは異なる遺伝特性を持つグループは系統と呼ばれる．

1.3 在 来 品 種

果樹では，在来品種も1つの遺伝子型が栄養繁殖されて栽培されているので，その中の遺伝変異は無いのが原則であるが，古い在来品種には長い期間栽培される中で枝変わりが生じて，系統と呼ばれているものもある．また，もとの品種の実生から生じたものも，もとの品種に形質が似ていて作物として栽培する上で区別する必要が無い程度の差異であれば，もとの品種と同じ名称で呼ばれることになり，品種の中の系統となる．

カキは古くから日本にあり，各地方に多くの在来品種がある．'西条'は古くから中国・四国地方に分布している在来品種であるが，その中に果形，果実成熟期，日持ち性などにかなり変異がある一方，食味や樹性は非常に似ている．これが実生による遺伝変異を含むものか，枝変わりによる変異であるかは十分に解明されていないが，それらが良く似ていることから，これまでの歴史の中で，人々にはすべて'西条'という品種としてひとくくりに呼ばれてきた．現在，それぞれは'西条'の系統と呼ばれている．

　最近の分子生物学の発展によって，果樹品種も長く栽培されていると，その中に微小なDNAの変化が蓄積されていることが明らかとなった．このことは，果樹の品種といえども完全に同一の遺伝子型のまま栄養繁殖されていくのではなく，品種内にも微小な遺伝変異が存在することを示している．とはいえ，数十年の単位で品種を利用することを考えた場合，実用的には表現型の変異としてとらえられないため，育種を考える上では，果樹品種は1つの遺伝子型が栄養繁殖され，その中の遺伝変異は無いと考えてよい．

第2章　交雑育種の過程

2.1　交配と選抜

　果樹の交雑育種は，1代の交配と，そのあとの栄養系の個体選抜という単純な過程である．この育種を成功させるには，交雑から生まれる子個体の中にいかに目的とする形質を備えた個体を生み出すか，そして，長期間にわたる選抜をいかに迅速かつ確実に行うかということにかかっている．すなわち，交雑と選抜が果樹の交雑育種における2本の大きな柱である．

2.1.1　交配

　交雑育種では，母親となる品種・系統の花（雌花）に父親となる品種・系統の花粉を授粉し，果実を結実させ，できた種子を採種する．

　花が雌花と雄花に分かれているカキのような樹種では，開花前に母親となる品種・系統の雌花に小袋をかけて他の花粉が昆虫や風によって付かないようにしておき，予め採取しておいた父親となる品種・系統の花粉を袋をはずして雌花の柱頭に付け，再び袋をかけることが行われる．

　ブドウのように雄ずいと雌ずいが同一の花の中にある両性花の場合は，開花前，開葯する前にピンセットで雄ずいだけを除去（除雄）したのちに袋をかけておく．そののち，同様に父親となる品種・系統の花粉を柱頭に付ける．

　ブドウにも雄性不稔の品種があるが，これには除雄は不要となる．

　一般には，母親となる品種・系統を選定し，花に袋をかけず成りゆきに任せて受粉を行うことは行われない．

2.1.2　実生育成

　種子は播種され，実生として育成し，半年〜1年育苗されたのち，圃場に定植されるか，圃場の成木樹に高接ぎ（成木の枝への接ぎ木．苗木を作るた

めの接ぎ木は低い位置にされるのに対し，成木への接ぎ木はそれよりも高い位置にされることから高接ぎと呼ばれる）される．

　耐病性などを目標とした育種の場合は，幼苗の段階で，葉や枝などの栄養器官の耐病性検定を行い，耐病性の優れた実生を予備選抜したのちに選抜圃場に移すのが効率的である．

　果樹では，実生は，一般に樹体が大きく育ってからのちに，ようやく花が咲いて果実を結ぶようになる．着花が始まるまでの期間の状態を幼木相（juvenile phase）と呼び，それ以後を成木相（adult phase）と呼ぶ．

　果実形質が重要な選抜対象であり，果実が成りはじめるまでの期間が長いことと，樹体が大きくならないと果実が成らないために扱える個体数が少ないことが，果樹育種の時間のかかる要因となっている．

　幼木相の期間を短縮することは果樹育種の効率を上げる．高接ぎは，幼木相の期間を短縮し早期に着花させるとともに，結実早期より成木の形質を表す効果がある（梶浦，1943）．俗に，実生については，播種から初結実まで「モモ・クリ3年，カキ8年」といわれるが，播種後1年生長した実生の枝を成木に高接ぎすると，カンキツ（奥代ら，1980）やカキでも2～4年目に結実する．また，高接ぎは多くの実生を圃場に収容することができる（梶浦，1943）．一方，台木がウイルスに感染していた場合には，高接ぎされた実生も感染してしまう欠点がある．

2.1.3　育成地における選抜

　交雑実生は，1～3年程度の年を反復して果実と樹を調査する中で，ほとんどのものが淘汰され，一部の個体が選抜される．

　この選抜された系統が栄養繁殖され，また，さらに集約した管理をして果実と樹の調査を2～4年程度続ける過程でさらに選抜・淘汰される場合もある．この場合，選抜した系統について苗木を作り圃場に植えると，若い樹は栄養生長が強く，樹勢が落ち着いて成木に近い果実特性を示すようになるまで比較的早いブドウでも3～4年程度を要する場合が多い．一方，幼木の生育が遅いカキでも一挙更新法により多くの箇所に高接ぎすると，高接ぎ2年

目には多くの果実が結実するとともに成木と同じような果実特性を示す．一般に，選抜した個体を栄養繁殖すると，未結実期間が生じて選抜の効率が劣る．

2.1.4 生産地における試作試験

育成した場所では樹の反復が無いか，少数の樹の調査によっているため，年次変異や樹間変異が十分に把握できていない場合が多い．遺伝的特性を高い程度に解明するために育成場所で樹を反復し長い年月をかけて選抜をしていると，育種にかかる期間が長くなってしまう．

国立機関〔独立行政法人 農業・食品産業技術総合研究機構 果樹研究所（以下，農研機構果樹研究所）〕において実施されている果樹育種では，育成地で選抜された系統は，全国各地における適性を調べる目的で全国の都道府県立試験研究機関の協力のもとに「系統適応性検定試験」が行われる（試作試験）．すなわち，最初の選抜は国立機関で行われるが，その後，選抜は国・都道府県が一体となって行っている．系統適応性検定試験は，地域間変動を調べることおよび多くの場所で実施することから樹および果実の反復を多くして遺伝的特性を把握すること，さらに各地における普及性を判定することが目的である．

系統適応性検定試験を4～7年程度行う中で選抜・淘汰が行われ，新品種とすべき系統を選抜する．選抜されるためには，既存の品種よりも優れた点（優秀性）があり，普及が見込まれる必要がある．

なお，育成地における選抜を一次選抜，系統適応性検定試験における選抜を二次選抜と呼ぶ場合も多い．本書では，育成地における選抜を2段階に行う方法を示すので，育成地における選抜を一次および二次選抜，系統適応性検定試験における選抜を三次選抜とする．

選抜されて新品種としたのちにも，各地における試作は続けられ，生産者への展示と普及，品種特性に適合した栽培技術の開発などが行われる．樹の育成に年月のかかる果樹にとっては，系統適応性検定試験は選抜と普及にかかる年月を短縮する上で大きな役割を果たしている．

このような試作試験を testing と呼び，外国でも一般的である（Harding, 1983）．

2.1.5 種苗法による品種登録

品種に対する育成者の権利保護のため，新品種は種苗法に基づく品種登録の出願を行う（農林水産省ホームページ参照）．出願が受付けられると，出願している内容が広く公表される．1～3年後には審査が終了し，既存の品種と異なることが認められれば種苗法による品種登録が行われる．この品種登録に優秀性は必要な要件ではない．

必要な要件は，①区別性：既存の品種と異なり，明確に区別できる，②未譲渡性：出願の一定期間より前に種苗・収穫物が他の人に譲渡されておらず，栽培されていないこと，③均一性：品種内の特性がそろうこと，④安定性：増殖したのちでも同じ特性が得られる，⑤名称の適切性：関係する商品などの登録商標と一致・類似していたり，早生でないものに早生とするなど誤認させるおそれがあってはいけない，である．果樹の場合，均一性と安定性は一般に問題がない．

種苗法は育成者の権利を保護することを主眼とした制度であり，出願公表後品種登録されるまでの期間も出願者は保護を受けられる．育成者は国内では30年間，育成した品種の種苗の利用に関する権利を持つことができる．一般に，育成者は種苗生産業者に利用する権利を許諾し，一定の使用料を得る．

国立機関における育種では，種苗法による品種登録の出願後，許諾を受けた種苗生産業者に穂木が渡され，苗木生産される．この苗木が生産者に販売されて果実が生産される．

2.1.6 国立機関における例

国立機関の育種の交雑から品種登録までの過程をブドウ・カキの例で示すと図1のようになる．

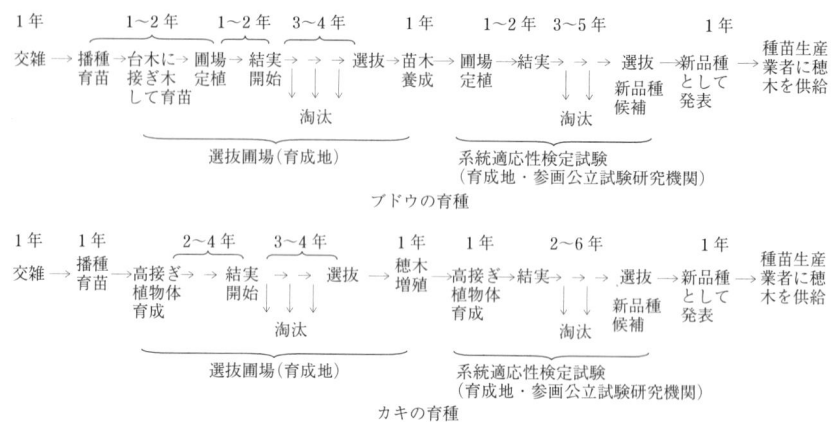

図1 国立機関における交雑から新品種育成に至る過程（ブドウ，カキの例）

2.2 選抜の原則

2.2.1 商品生産に近い栽培条件での評価

　商品生産をする栽培条件でどのような特性を表すか，ということが選抜の最終目的であるため，一般に，果実の大きさや成熟期，食味などの果実品質を主体に選抜する場合，商品生産とかけ離れた栽培ではそれらの形質についての評価が困難となる．

　病害抵抗性を明らかにするために農薬無散布の病害発生圃場で樹体を育てると，果実品質の評価は困難となる．樹体を大きく育てる選抜の場を2つ以上設けることはコストが大きい．したがって，商品生産に近い栽培条件で評価をすることになる．

　病害抵抗性を幼苗のうちに検定し，選抜水準を越えた実生だけを集団的に選抜して，圃場に定植して樹体を育てるならば，効率は低下しない．また，商品生産に近い条件で樹を育てて選抜する一方，枝を採取して挿し木苗を作って病害抵抗性などを検定するか，葉を圃場より採取して検定するならば，効率は低下しない．

2.2.2 客観的に形質を評価する

　果実重や糖度など，器械による測定を行う場合は客観的に形質を評価できる．観察により「多〜少」，「強〜弱」のように 3〜5 段階に評価する場合は，その基準となる状態を言葉で説明するとともに写真や図で示すことが必要である．食味や香りなど官能による場合は，対照となる品種を示し，それを基準として評価する．甘味などの官能評価は，評価者により評価が変動しやすく，また，同一の評価者であっても評価が不安定である．このような形質は糖度計などの器具や器械による測定で客観的に評価することが必要である．

　果樹育種の選抜は多年にわたるので，そのような基準が明確でない場合，選抜に関する客観的な論議ができない上，1 人の育種家が毎年評価を行っていても年によって評価の基準がずれてしまいがちである．

　客観的な評価を行うことにより評価自体の誤差が小さくなり，選抜の効率が向上するとともに，評価した成績をもとにした遺伝的な解析が可能となる．

2.2.3 選抜の効率を把握する

(1) 環境変異の大きさおよび遺伝変異をとらえている程度をつかむ

　選抜圃場においては，それぞれの形質の環境変異と遺伝変異の大きさを把握し，どのくらい有効な選抜が行われているかを数量的に把握することが，実際の選抜を行う上で必要である．

　遺伝変異に比べて環境変異が大きい状況では，たとえば糖度が高い個体を選抜しても，それは遺伝的なものではなく，環境変異によって糖度が高かっただけであり，樹や年の反復をしたり，商品として通用する水準の栽培管理を行った場合には，その平均糖度は低いことが多い．もともと遺伝変異が小さく，目標とする糖度を遺伝的に持つ個体が存在しなければ，コストをかけて圃場で樹体を育成し，糖度の高い個体を選抜しても徒労である．

　一定の圃場における各形質の環境変異の大きさを把握すれば，一般にどの程度の誤差で遺伝特性を把握できるか推定できる．

　選抜の初期は，①経済栽培上重要である，②環境変異が遺伝変異に比べて小さいために遺伝変異を見分けやすい，③比較的少数の実生しか選抜基準に

到達せず淘汰できる実生の割合が多い，を兼ね備えた形質によって選抜・淘汰を行うと効率的である．

環境変動の大きい形質は一次選抜された少数の系統についてのみ供試樹数や果実数を増やし，重点的に評価する方が効率的である．国立機関における育種では，系統適応性検定試験の段階で重点的に評価することもできる．

(2) 評価を反復し，遺伝変異をつかむ

選抜圃場における環境変異は，年次変異，樹体間の変異，樹内の果実間の変異に分けられる．環境変異は，調査年，樹および1樹から得る果実の反復を行って，その平均値によって評価することにより，減少する．遺伝変異に比較して環境変異の小さい形質は，年，樹数の反復が少なくても早期に遺伝変異を把握できる．年次変動の非常に大きい形質の場合は，年反復を行うことが有効であり，また，年次変動を補正し，年次変動の効果をとりのぞいて評価することができれば効率的である．遺伝的に裂果性の小さい個体は年次変動が小さいが，大きい個体は著しく年次変動するという事例など，それぞれの形質の環境変動の特徴を把握することが必要である．

年反復については，旧農林省園芸試験場の果樹育種では，当初，3年間調査して選抜・淘汰するという原則が採用された．しかし，形質によっては環境変異が大きく3年間で遺伝変異を十分に把握できない形質もあり，逆に1年の評価でも遺伝特性を把握できる形質もある．

遺伝変異の大きさは，交雑実生集団によって異なる．遺伝変異のつかみやすさは，遺伝変異と環境変異の大きさの比率によって評価できる．変異の大きさは分散で評価される．遺伝分散（genetic variance）の「遺伝分散と環境分散（environmental variance）の和」に対する比率を広義の遺伝率（broad-sense heritability）という．広義の遺伝率，栽培管理・評価に伴うコスト，選抜・淘汰できる交雑実生の割合などを考慮して，効率的な反復数を決める．

(3) 管理の集約度を下げる（コストを下げる）

量的形質に対する効率的な選抜は，その環境変異を小さくし，遺伝変異を把握することによって可能となる．果樹では，冬季の剪定，摘蕾・摘果，夏季剪定，施肥，灌水などの集約的栽培管理が生産の前提である．そのような

管理を行わない栽培では，一般に環境変異が増大し，選抜が難しくなる．

しかし，望ましい遺伝子型の子を得るためには，できるだけ多くの交雑実生を育成しなければならない．多くの個体について商品生産している程度の外観と品質の果実を得る栽培をしようとすると，労力が多くかかり，育種のコストが増大し，必ずしも得策ではない．重要な目標としている形質の遺伝変異を評価できる範囲で栽培管理の集約度を下げ，コストの低下を図るのがよい．ただし，この場合，現在の経済品種の遺伝特性との比較が可能でなければならない．

たとえば，ブドウでは，果粒の密着した果房（商品性が高い）を要求せず，果粒の大きさや食味などで選抜することにより，花穂の整形，摘粒などの労力のかかる栽培管理を大幅に省力することができる．この条件で選抜された少数の個体についてのみ，さらに集約的管理を行って特性を把握すればよい．また，カキでは結実数を多くするため摘蕾を少し軽くするとともに，果実肥大に有効な夏季の灌水は省略し，果皮に対するスリップス害を防ぐための防除も省略できる．

(4) 対照品種を同時に植え込む

選抜は商品生産されている既存品種を改良した個体を選ぶことを目的としているので，交雑実生集団を育成している条件で既存の品種がどのような特性を示すのか把握する必要がある．したがって，主要な経済品種などをその圃場で交雑実生と同様に植え込んで栽培・評価する（対照品種）．

(5) 管理は一定の基準で均一に

選抜対象である実生集団について，ある一部の実生は手をかけて管理し，他の一部は粗放な管理をする，という管理を行うと，全体としては環境変異が大きくなり，選抜の効率を落とす．

たとえば，摘蕾・摘果を行うと 250g の果実重になるものが，摘蕾・摘果をしなければ 160g となる場合，その両方の管理が混在していては遺伝変異をつかむのが難しい．一定の水準を設定し，できるだけ均一に栽培管理し，環境変異の大きさを小さくするのがよい．

どの樹も同じように管理することにより，樹間や樹内果実間の環境変異は

小さくなる．樹間変異を生じる要因には様々なものがあるが，重要な要因に，樹勢と日当たりの違いがある．冬季および夏季の剪定によって伸びる新梢の強さを中庸に調節し，かつ適度な葉面積指数（落葉果樹では一般に 2〜3 程度）を持つ状態とする．摘蕾や摘果にあたっての葉蕾（果）比は一定になるように努め，果実の大きさなどの果実形質の変異が少なくなるようにする．夏季の乾燥が強い年には適度な灌水を圃場全体に均一に行えば，年による変動は小さくなる．

2.2.4 樹を見て環境変異を知る

　枝幹害虫に加害されて弱った樹からの果実は正常な特性を示さない．カキでは，勢いの著しく強い新梢に結実していた果実は小さくなる．ブドウでは，結実過多となった樹では，熟期が遅れ，着色や糖度が劣る．

　これらはその圃場における正常な環境変異とはいえず，推定される環境変異の大きさとは異なる大きい変異を示す．このような正常ではない果実を持ち帰って室内で評価しても遺伝特性の評価は難しい．

　したがって，果実の収穫時に，その場で結実の状況や樹勢などについて評価する．圃場における樹と果実の観察から，遺伝的な特性を比較が可能な正常な生育状況にあるか否か，環境変異の内容を把握することが必要である．これは，一般の栽培管理技術があれば可能である．

　育種家には，少なくとも商品性の高い生産ができる技術が必要である．選抜した系統の遺伝特性を生かす栽培管理ができなければ新品種を作ることはできない．むしろ，育種家としてまず要求されることが「栽培できること」であり，それによって品種の特性（遺伝特性）を知ることであるといえる．

　そのようになれば，生産者と同じ目線で栽培した上での育種目標を設定することができる．果樹育種では，1 つの優れた実生が選抜できれば新品種となるので，栽培技術に通じて個々の実生の環境変異を見分けることが重視されてきた．

　一方，このような観察による補正には誤差もある．たとえば，ある若木の果実の結実状態を見て，若木では熟期が早くなるはずと考え，主観的に本来

の成熟期は〜であると補正してしまいがちである．その樹種で「若木では熟期が早い」ということは正しくても，何日早くなるかということについての主観的判断は誤差が大きい．

この場合には，実際に，交雑実生集団の成績と，その樹が大きくなって成木に近くなった場合の成績を比較し，若木では平均何日程度早くなるのかを客観的・数量的に把握することが必要である．それをもとにすれば，主観的な補正より正確なものに近づけることができる．

果樹の育種では，扱う交雑実生数は一年生作物と比べて格段に少なく，個々の交雑実生の特性調査を行うことも可能であるため，できるだけ調査したデータに基づいた選抜を行うべきである．個々の樹を観察し，その環境変異を見分ける一方，その選抜圃場における実生集団全体の環境変異の大きさを把握することが必要であり，「木を見て森を見ず」ではなく，いわば「木も見て森も見る」ことが有効である．

第2編　量的形質の環境変異解析

第3章　圃場内環境変異の分散分析による解析

3.1　1つの遺伝子型を栄養繁殖した場合の環境分散

　ある1つの個体の形質を評価・測定した時に得られた値が表現型値（P）である．表現型値は遺伝子型による効果（遺伝子型値 G）と非遺伝的変異による効果（環境偏差 E）の和として表れていると考えることができ，一般に，$P=G+E$ の遺伝モデルで記述される．

　果樹は栄養繁殖（接ぎ木や挿し木）によって1つの遺伝子型の個体を無限に作ることができる．例として，ブドウの1つの実生個体（1つの遺伝子型）から挿し木によって多くの同一遺伝子型の個体を作り，圃場に定植した場合を考えよう．そして，定植2年目の冬における「総枝長（1樹の枝の長さの合計値）」という形質を考えてみよう．

　この総枝長の測定値は，それぞれの個体ごとに異なった値となり，同一の遺伝子型の個体群（集団）内に変異（ばらつき）が生じる．

　この変異は遺伝子型の効果ではなく，環境による効果（環境偏差）によるものである．変異は＋方向にも－方向にも無作為に起こり，その平均値は 0 とする．したがって，非常に多くの個体を測定して得た平均値は，その環境と樹体・果実の生育条件，形質の測定条件のもとでの遺伝子型値とみなせる．個々の個体は環境的な影響によって様々な値を示していると考える．

　病害虫や台風などの気象災害の影響を受けなかったとしても，環境的な要因による変動は，植え付けた苗木の大きさや生長の勢い，植え付け方，植え傷み，排水条件のむら，肥料吸収量のむら，隣に植わった樹の勢いなど様々な原因によって生じる．環境要因による影響が大きいほど，その変動も大き

くなるので，環境変異の大きさは分散(variance)によって表すことができる．

分散（標本分散）とは各観測値の平均値からの偏差の2乗値を平均したものであり，観測値の数を n ， i 番目の観測値を X_i ，観測値の平均値を $\overline{X}$ とすると，分散 (V) は，

$$V = \frac{\sum_{i=1}^{n}(X_i - \overline{X})^2}{n-1}$$

この場合， i 番目の個体測定値を P_i ，平均値はバーをつけて表記することとする．測定値の平均値を $\overline{P}$ とする．個々の個体の値 (P_i) は， $P_i = G + E_i$ で表される．この集団の遺伝変異はないので， G は遺伝子型値を表し，定数となる．測定値の分散 $V(P)$ は，

$$V(P) = \sum_{i=1}^{n}(P_i - \overline{P})^2/(n-1) = \Sigma(G + E_i - \overline{G} - \overline{E})^2/(n-1)$$

$$= \Sigma(E_i - \overline{E})^2/(n-1)$$

ここで， $\overline{E} = \sum_{i=1}^{n} E_i/n$

$V(P)$ は環境偏差 E_i の分散であり，環境による効果の大きさを測る指標である．遺伝子型値 G は，その環境における無限数の個体を測定した値の平均値と考えることができる（ $n = \infty$ とすれば， $\overline{P} = G$ ）． G の値は一定の誤差で推定できる．

環境要因（非遺伝的要因）によって生じる分散を環境分散という．

変動を与える多数の要因が関与している時，1つの量を同様な条件のもとで測定する場合に生じる誤差は平均値0の正規分布をする（ガウスの誤差法則）．環境変異も通常，正規分布をする．なお，総枝長のような形質は遺伝子型値が大きいものほど環境変動が大きいのが通常で，変数変換することにより正規分布することを仮定できる場合が多い．

推定しようとする元の集団を母集団と呼ぶ．母集団の分布を決めている定数が母数である．任意の推定値があって，可能な無作為標本のすべてについての平均値が推定しようとする母数に等しい場合，不偏であると呼ぶ．

母集団を構成する値を X,その平均値を μ とすると,母集団の分散は $(X-\mu)^2$ の平均値である.母集団が有限個（N）の値で構成されている場合は,母集団の分散は $\Sigma(X-\mu)^2/N$ である.

ブドウの場合,分散の値 $V(P)$ は n 個体からなる1つの標本による値である.1つの標本について1つの分散（標本分散）が得られる.母集団が無限の数の集団で,そこから何回も（無限回）標本をとってその分散を求め,その平均をとれば母集団の分散に等しくなる.n ではなく $n-1$ で「平均値からの偏差の2乗の和」を除した数で表される標本分散が母集団の分散（母分散）の不偏推定値となる（鵜飼,2010）.

n 個体の集団によって,無限の個体数の集団である母集団の環境分散を推定している.個体数 n の数が小さいと,その誤差が大きい.

分散そのものの推定値は,一般に誤差が大きい.正規分布の場合,母分散の95%信頼区間は,

$$\frac{fs^2}{\chi^2_{0.025}} \leq \sigma^2 \leq \frac{fs^2}{\chi^2_{0.975}}$$

$f=$標本分散の自由度（$n-1$）,$\chi^2_{0.025}=$確率0.025のカイ2乗値,$\chi^2_{0.975}=$確率0.975のカイ2乗値,$s^2=$標本分散,$\sigma^2=$母分散

自由度が大きいほど分散の推定値の信頼度が高い.母分散の95%信頼区間は,$f=10$ では標本分散値の0.5～3.1倍になる.$f=50$ では標本分散値の0.7～1.5倍,$f=100$ では0.8～1.3倍の間である.

3.2 遺伝変異を持つ集団における遺伝・環境分散の分散分析による推定

3.2.1 実生集団における遺伝分散と環境分散

ある1つの栽培環境を考え,その中ではどの遺伝子型も同じ大きさの環境分散を持つと仮定する.

ある1つの組合せの交雑から生じた実生集団を考えよう.実生個体はそれぞれ異なる遺伝子型である.それぞれの実生について,すなわち1遺伝子型について環境変異を含む1つの測定値（表現型値）が得られる場合を考える.

3.2 遺伝変異を持つ集団における遺伝・環境分散の分散分析による推定

例として，ブドウで，品種 A に品種 B を交雑して得た実生集団における植え付け 2 年目の総枝長を考えよう．それぞれの実生の総枝長（表現型値）は，それぞれの実生の遺伝子型値に環境偏差が加わったものである．

なお，量的形質の場合，多くの遺伝子座が関与するならば，遺伝的な分離による実生集団の遺伝変異は正規分布に近い場合が多い．

i 番目の実生における測定値（表現型値）P_i は，

$$P_i = \mu + G_i + E_i$$

μ は定数（集団の総平均となる），G_i は i 番目の実生の遺伝子型値，E_i は i 番目の実生における環境偏差．

この場合，P_i は環境変異がなくても総平均値 μ のまわりに一定の分散（G_i の分散：遺伝分散）で分布する．また，E_i も $\mu + G_i$ のまわりに一定の分散（環境分散）で正規分布すると考えることができる．3.1 で示した遺伝子型値 G は，ここでは $\mu + G_i$ に相当する．

次に，P_i の分散について検討しよう．

$P = X1 + X2 + \cdots + Xn$ と表されるとする．$X1, X2, \cdots, Xn$ が，それぞれ一定の分布に従い変動する別々の母集団から取られた標本である場合，P_i の期待値（無限数の標本の平均値）は，$X1, X2, \cdots, Xn$ のそれぞれの母平均値 $\mu 1, \mu 2, \cdots \mu n$ の和となる．

$P = X1 + X2$ とする．$P, X1, X2$ それぞれに n 個の集団を考え，その中の i 番目の値が，$P_i = X1_i + X2_i$ で表される場合を考えると，

$$\overline{P} = (\sum_{i=1}^{n} P_i)/n = \{\Sigma(X1_i + X2_i)\}/n = \Sigma(X1_i)/n + \Sigma(X2_i)/n$$

$$= \overline{X1.} + \overline{X2.}$$

$n \to \infty$ の時，$\overline{P} = \mu 1 + \mu 2$

$\overline{X1.}$ は $X1_i$ の平均値の $\Sigma(X1_i)/n$ を示すものとする．P の分散 $V(P)$ は，

$$V(P) = \Sigma(P_i - \overline{P})^2/(n-1) = \Sigma\{(X1_i + X2_i) - (\overline{X1.} + \overline{X2.})\}^2/(n-1)$$

$$= \Sigma\{(X1_i - \overline{X1.}) + (X2_i - \overline{X2.})\}^2/(n-1)$$

$$= \Sigma\{(X1_i-\overline{X1.})^2+(X2_i-\overline{X2.})^2+2(X1_i-\overline{X1.})(X2_i-\overline{X2.})\}/(n-1)$$
$$= V(X1)+V(X2)+2\Sigma(X1_i-\overline{X1.})(X2_i-\overline{X2.})/(n-1)$$

$V(X1)$, $V(X2)$はそれぞれ$X1$および$X2$の標本分散.

$\Sigma(X1_i-\overline{X1.})(X2_i-\overline{X2.})/(n-1)$は標本共分散と呼ばれる量であり，$X1$と$X2$に相関関係がない場合は，その期待値は 0 である．このような積和が 0 であることが期待される場合，各要因は独立であるという．$X1$と$X2$が互いに独立であり，nが十分に大きければ，$\Sigma(X1_i-\overline{X1.})(X2_i-\overline{X2.})/(n-1)=0$とみなせ，$P$の分散は，$X1$の分散と$X2$の分散の和で表すことができる．

$P_i=a+X1_i+X2_i$のように，aという定数項が入った場合は，

$$\overline{P} = (\sum_{i=1}^{n} P_i)/n = \{\Sigma(a+X1_i+X2_i)\}/n = a + \overline{X1.} + \overline{X2.}$$

$n=\infty$の時，$\overline{P}=a+\mu 1+\mu 2$
$$V(P) = \Sigma(P_i-\overline{P})^2/(n-1)$$
$$= \Sigma\{(a+X1_i+X2_i)-(a+\overline{X1.}+\overline{X2.})\}^2/(n-1)$$
$$= \Sigma\{(X1_i-\overline{X1.})+(X2_i-\overline{X2.})\}^2/(n-1)$$

Pの平均値はaが加わったものになり，Pの分散は変わらない．

先のブドウの総枝長の場合に戻ると，

$$P_i=\mu+G_i+E_i$$

G_iは平均が 0，分散が遺伝分散V_g，E_iは平均が 0，分散が環境分散V_eとする．$\overline{P}=\mu$と期待される．

G_iとE_iが独立であり，nが大きいとすると，互いの共分散項は 0 となり，

$$V(P)=V_p=V_g+V_e$$

$V(P)$はPの分散であり，表現型分散（phenotypic variance）（V_p)である．V_pは，遺伝分散V_gと環境分散V_eの和として表すことができる．

3.2.2　G と E が独立でない場合

　遺伝子型値の大きいものは環境偏差が正方向に働き，遺伝子型値が小さいものは環境偏差が負方向に働く，という場合は G_i と E_i が独立でない．これは，遺伝的に樹が大きいものが隣接して植えられている樹勢の弱い樹に覆いかぶさって光合成を妨げ，その遺伝的に樹勢が弱く総枝長が小さい実生の表現型値としての総枝長をさらに小さくしている，といったような場合である．

　これに対して，樹と樹の間隔を遺伝的特性の比較ができるように広げて比較すれば，G_i と E_i の相関関係はなく，独立であると仮定することができる．選抜圃場においては，G_i と E_i の相関関係のないように管理するのが今後の解析上，都合がよい．

3.2.3　遺伝分散と環境分散の推定

　分散分析により表現型分散を遺伝分散と環境分散に分けることができる．これにより，評価した個体の値が遺伝的な差を見分けやすいか知ることができる．そして，その値がどの程度の誤差で遺伝的なものを表しているか推定することができる．これは，遺伝解析を行う上でも重要な情報である．

　遺伝変異が大きく，相対的に環境変異が小さければ遺伝変異を見分けやすい．先述のブドウ総枝長の例で考えよう．実生の遺伝的な違い（$\mu + G_i$）が250〜350cm の範囲にあったとする．1つの実生が±10cm しか環境条件によって変異しないならば実生の遺伝的な差異をかなり見分けられる．しかし，±150cm も環境条件によって変異するならば遺伝的な差異を見分けるのは困難である．この環境による変異の大きさを示すのが環境分散である．

　以降に，分散分析によって遺伝分散と環境分散推定値を得る方法を述べる．分散分析法の詳細については，成書が多くあるので参照されたい（巻末参照）．

3.2.4　年反復のない分散分析（樹反復のある場合）

　ブドウの育種で，a 個の実生（a 個の遺伝子型）がそれぞれ挿し木によって栄養繁殖され，それぞれの遺伝子型につき各 b 個体ずつ植えられた場合に，1個体ずつ定植2年目の冬に総枝長を測定したとする（表1）．この測定値に

ついて，遺伝子型を要因とした1元配置の分散分析を行うことができる(表2).
この1元配置の分散分析のモデルは，

$$X_{ij} = \mu + G_i + E_{ij}$$

X_{ij} は表現型値，μ は定数（総平均値），G_i は i 番目の遺伝子型の効果（$i=1$, 2, $\cdots$, a），E_{ij} は i 番目の遺伝子型の j 番目の個体の環境偏差（$j=1$, 2, $\cdots$, b）を示す．

この分散分析は，表現型値 X_{ij} は平均値 $\mu + G_i$ のまわりに環境分散 σ_e^2 で正規分布し，σ_e^2 はすべての遺伝子型で等しいと仮定している．遺伝子型の効果と環境要因による偏差は加法的に働き，互いに独立であることが前提とされる．

表2の分散分析により推定される σ_g^2, σ_e^2 は分散成分と呼ばれる．σ_g^2 は遺伝分散，σ_e^2 は環境分散である。

この分散分析を行うには，いずれの遺伝子型においても E_{ij} の分散が異な

表1 一元配置分散分析のデータ

実生	測定値						平均値
（遺伝子型）	個体1	個体2	個体3	個体4	$\cdots$	個体b	
No. 1	X_{11}	X_{12}	X_{13}	X_{14}	$\cdots$	X_{1b}	$\overline{X}_{1\cdot}$
No. 2	X_{21}	X_{22}	X_{23}	X_{24}	$\cdots$	X_{2b}	$\overline{X}_{2\cdot}$
No. 3	X_{31}	X_{32}	X_{33}	X_{34}	$\cdots$	X_{3b}	$\overline{X}_{3\cdot}$
$\vdots$	$\vdots$	$\vdots$	$\vdots$	$\vdots$		$\vdots$	$\vdots$
No. a	X_{a1}	X_{a2}	X_{a3}	X_{a4}	$\cdots$	X_{ab}	$\overline{X}_{a\cdot}$

表2．一元配置分散分析

変動因	自由度	平方和	平均平方の期待値
遺伝子型間	$a-1$	$b\sum_i(\overline{X}_{i\cdot}-\overline{X}_{\cdot\cdot})^2$	$\sigma_e^2 + b\sigma_g^2$
遺伝子型内	$a(b-1)$	$\sum_i\sum_j(X_{ij}-\overline{X}_{i\cdot})^2$	σ_e^2
全体	$ab-1$	$\sum_i\sum_j(X_{ij}-\overline{X}_{\cdot\cdot})^2$	

$$\overline{X}_{i\cdot} = \sum_{j=1}^{b} X_{ij}/b \qquad \overline{X}_{\cdot\cdot} = \sum_{i=1}^{a}\sum_{j=1}^{b} X_{ij}/(ab)$$

3.2 遺伝変異を持つ集団における遺伝・環境分散の分散分析による推定

らないかどうか，予め統計的検定を行う必要がある．3つ以上の分散の違いに関する検定には，Bartlett の検定，Hartley の最大分散比法，Cochran の検定がある．Bartlett の検定の計算例は第 16 章に示している．後 2 者は応用統計ハンドブック（1999）に示されている．Bartlett の検定は正規性からのはずれと分散の不等性の両方に反応するが，主に正規性が妥当であると考えられる場合の分散の不等性を検定する（キャンベル，1976）．

また，分散分析のモデルを仮定できるかどうかを検定するのにKolmogorov-Smirnov の 1 試料検定法（応用統計ハンドブック，1999；キャンベル，1976）も用いられる．この方法では，ある変数の分布が正規分布と異なるかどうかを検定する．ここでは各個体の表現型値 X_{ij} から各遺伝子型の平均値 $\mu+G_i+\overline{E_i}$ の値を減じた値（誤差 E_{ij} の推定値）を得，この分布が正規分布に近似できるかどうかを検定する（$\overline{E_i}$ は $\sum_j E_{ij}/b$）．この方法も正規からのはずれと分散の不等性の両方に敏感であるが，特に，正規からのはずれに対して用いることができる（キャンベル，1976）．

なお，いずれの検定も，データの反復数が小さいほど有意と検出されにくくなることに留意する．

このモデルのもとで，無限の数の個体からなる集団から無作為に得られた1 つの個体の測定値（X_{kl}）を表現型値とすると，

$$X_{kl}=\mu+G_k+E_{kl}$$

X_{kl} の分散を表現型分散（σ_p^2）とすると，G と E は独立で，μ は定数であり，

$$\sigma_p^2=\sigma_g^2+\sigma_e^2$$

表現型分散は分散分析で推定される遺伝分散 σ_g^2 と環境分散 σ_e^2 の和である．

表 2 における分散分析の遺伝子型内の平均平方の値によって環境分散の推定値（σ_e^2）を得，遺伝子型間の平均平方の値から σ_e^2 を減じ，b で除することによって遺伝分散の推定値（σ_g^2）を得ることができる．

それぞれの遺伝子型（実生）について b 個体の反復で得られた値の平均値は，それぞれの遺伝子型値を推定するものであるが，個体数の多少による変

動が含まれている．無限数の個体を測定したならば，その変動はなくなる．分散分析では，個体数の多少による変動を除いた遺伝分散を推定する．

また，遺伝子型内の行を見ると，平方和を自由度で除したものが平均平方であるので，平均平方は，

$$\{\sum_{i=1}^{a}\sum_{j=1}^{b}(X_{ij}-\overline{X}_{i.})^2\}/\{a(b-1)\} = \frac{\sum_{i=1}^{a}\{\sum_{j=1}^{b}(X_{ij}-\overline{X}_{i.})^2/(b-1)\}}{a}$$

で得られる．これは，それぞれの行（実生）において得られた平均値を用いて分散を単純に計算し，得られた分散の推定値を平均した値となっている．

分散分析の特徴は，全体の平方和が各行の平方和の和となることである．換言すれば，全体の平方和が各要因の平方和に分割される．

ここで，全体の平方和をその自由度で除したものは，上に示した表現型分散に一致しない．この X_{ij} については，$X(=G+E)$ はこのモデルのもとでは，遺伝子型の数は a，それぞれについて反復した個体数が b ずつあるわけであり，無作為に母集団から得られた 1 つの個体の測定値ではないことを反映している．

平均値が大きくなるほど標準偏差（ばらつき）が大きくなる場合は，分散分析のモデルからはずれるため，そのままでは分散分析できない．換言すれば，遺伝子型値 $\mu+G_i$ が大きくなるほど E_{ij} のばらつきが大きくなる場合であり，G_i と E_{ij} が独立ではない（Bartlett の検定などにより E_{ij} の分散が遺伝子型により異なるかどうかを検出できる）．しかし，一般に測定値（X）を対数変換（$\log_{10}X$）をすると，その相関関係がなくなるため分散分析ができる場合が多い．この場合は，測定した尺度ではなく，対数変換値によって変異していると考えねばならない．

各遺伝子型（実生）の平均値，すなわち i 番目の遺伝子型については平均値 $\mu+G_i+(\sum_{j=1}^{b}E_{ij}/b)$ を横軸に，

3.2 遺伝変異を持つ集団における遺伝・環境分散の分散分析による推定

標準偏差 $\sqrt{\left[\sum_{j=1}^{b}\left\{(\mu+G_i+E_{ij})-\left(\mu+G_i+\sum_{j=1}^{b}E_{ij}/b\right)\right\}^2 \Big/ (b-1)\right]}$ を縦軸にとったグラフを書くとよい.この図で縦軸と横軸の間に相関関係が認められたならば,対数変換を検討する.もとの値を X とすると,対数変換した値は $\log_{10}X$ である.対数変換後の値について同様の図を描き,相関関係が認められなくなれば,対数変換値について分散分析できる.

対数変換のほかにも,誤差の分布によって変換方法が種々考えられているので,成書を参照されたい(スネデカー・コクラン,1972;鵜飼,2010).

ここで得られた総平均値 $\overline{X}_{..}$ は,

$$\overline{X}_{..} = \mu + \overline{G}_{.} + \overline{E}_{..}$$

$\overline{G}_{.}$ は a 個の独立な値の平均値,$\overline{E}_{..}$ は ab 個の独立な値の平均値.

$\overline{X}_{..}$ の分散 $V(\overline{X})$ は,

$$V(\overline{X}) = \frac{\sigma_g^2}{a} + \frac{\sigma_e^2}{ab}$$

a, b の値が大きく,ある程度信頼性のある分散成分の推定値が得られたならば,母分散とみなしてその分散成分を用いると,新たに得られる標本 X_{ij} の平均値の分散も,それぞれの分散成分を反復数で除した値とみなせる.

ある1つの遺伝子型(品種・系統・実生)についての遺伝子型値 Z を推定する場合に,すでに別の試験によりその圃場と測定条件における環境分散 σ_e^2 が推定されていれば,その遺伝子型の n 個体を反復した場合の平均値の分散は,次のようになる.

遺伝子型値 Z は,$\mu+G$(定数)で表すことができる.個々の個体の測定値(表現型値)Z_j は,

$$Z_j = \mu + G + E_j$$

Z_j の n 個体を反復した場合の平均値 $\overline{Z}_{.}$ は $\sum_{j=1}^{n} Z_j/n$ であり,

$$\overline{Z}. = \mu + G + \overline{E}.$$

$\overline{Z}.$の分散$V(\overline{Z}.)$は，定数$\mu+G$の分散は0であるので，$V(\overline{Z}.)=\sigma_e^2/n$

3.2.5 年反復のある場合（樹反復のない場合）

評価（測定）を年反復できる形質について検討しよう．例として，1つの樹の50%の花が開花した日（1月1日から開花日までの日数などで表して数量化する）という形質を考えると，年を反復して測定できる．遺伝子型（品種，実生）の数はa，評価した年数はbとし，1つの遺伝子型について1樹しかない場合のモデルは，以下のように考えることができる．

$$X_{ij} = \mu + G_i + Y_j + E_{ij}$$

X_{ij}はi番目の遺伝子型のj番目の年の測定値（表現型値），μは定数（総平均値となる），G_iはi番目の遺伝子型の効果（$i=1, 2, \cdots, a$），Y_jはj番目の年の効果（$j=1, 2, \cdots, b$），E_{ij}はi番目の遺伝子型のj番目の年の誤差．

分散分析の前提は，それぞれの項が独立で，E_{ij}が一定の分散σ_e^2で正規分布することである．年の効果は，たくさんある年の中から1年が無作為に選ばれてその年の効果となったと考える．

遺伝子型の効果は，ある1つの交雑組合せから生じた実生集団の場合は，平均値0を持つ正規分布で近似されると考えることができる．ある固定された品種集団を用いた場合は，遺伝子型の効果は母数効果となる．この場合も平均値は0となる．

遺伝子型と年を要因とした2元配置の分散分析を行う（表3および表4）．

遺伝子型（同一遺伝子型内の樹の効果も含む）の変異の大きさを示す分散がσ_g^2である．また，年により遺伝子型全体が平行移動的に変動する大きさを示す年次間分散がσ_y^2である．

全体の品種がある年に開花日が早くなったのにある品種は遅くなった，全体の品種が少ししか早くならなかったのにある品種は非常に早くなった，というような変動を示す誤差分散がσ_e^2である．

3.2 遺伝変異を持つ集団における遺伝・環境分散の分散分析による推定

表3 くり返しなしの2元配置分散分析のデータ

実生 (遺伝子型)	年次					平均値
	1	2	3	4	⋯ b	
No. 1	X_{11}	X_{12}	X_{13}	X_{14}	⋯ X_{1b}	$\overline{X}_{1\cdot}$
No. 2	X_{21}	X_{22}	X_{23}	X_{24}	⋯ X_{2b}	$\overline{X}_{2\cdot}$
No. 3	X_{31}	X_{32}	X_{33}	X_{34}	⋯ X_{3b}	$\overline{X}_{3\cdot}$
⋮	⋮	⋮	⋮	⋮	⋮	⋮
No. a	X_{a1}	X_{a2}	X_{a3}	X_{a4}	⋯ X_{ab}	$\overline{X}_{a\cdot}$
平均値	$\overline{X}_{\cdot 1}$	$\overline{X}_{\cdot 2}$	$\overline{X}_{\cdot 3}$	$\overline{X}_{\cdot 4}$	⋯ $\overline{X}_{\cdot b}$	$\overline{X}_{\cdot\cdot}$

表4 くり返しのない2元配置の分散分析

変動因	自由度	平方和	平均平方の期待値
遺伝子型間	$a-1$	$b\sum_i(\overline{X}_{i\cdot}-\overline{X}_{\cdot\cdot})^2$	$\sigma_e^2+b\sigma_g^2$
年次間	$b-1$	$a\sum_j(\overline{X}_{\cdot j}-\overline{X}_{\cdot\cdot})^2$	$\sigma_e^2+a\sigma_y^2$
残差	$(a-1)(b-1)$	$\sum_i\sum_j(X_{ij}-\overline{X}_{i\cdot}-\overline{X}_{\cdot j}+\overline{X}_{\cdot\cdot})^2$	σ_e^2
全体	$ab-1$	$\sum_i\sum_j(X_{ij}-\overline{X}_{\cdot\cdot})^2$	

アッパーラインを付した項の表記は表3を参照.
a:遺伝子型数, b:年数

分散分析のモデルのもとでは,無作為にとられた1つの X の分散(全分散)は $\sigma_g^2+\sigma_y^2+\sigma_e^2$ である.このうち遺伝分散は σ_g^2 であり,環境要因による分散を総合した環境分散は $\sigma_y^2+\sigma_e^2$ である.

個々の遺伝子型(品種)を各1樹栽培・評価した時の1年の値については,環境分散は $\sigma_y^2+\sigma_e^2$ であり,分散 $\sigma_y^2+\sigma_e^2$ で正規分布する偏差の中から無作為にとられた環境偏差をもって変動していると考えることができる.b 年間反復した時の平均値は $(\sigma_y^2+\sigma_e^2)/b$ が環境分散となる.

樹に着く花の数は樹によって通常異なるので,花の数による誤差が生じるが,この影響は誤差項の中に含まれる.

σ_y^2 は測定値の年次変動を補正することにより無くすることができ,それだけ環境変異を少なくできる(第4章).

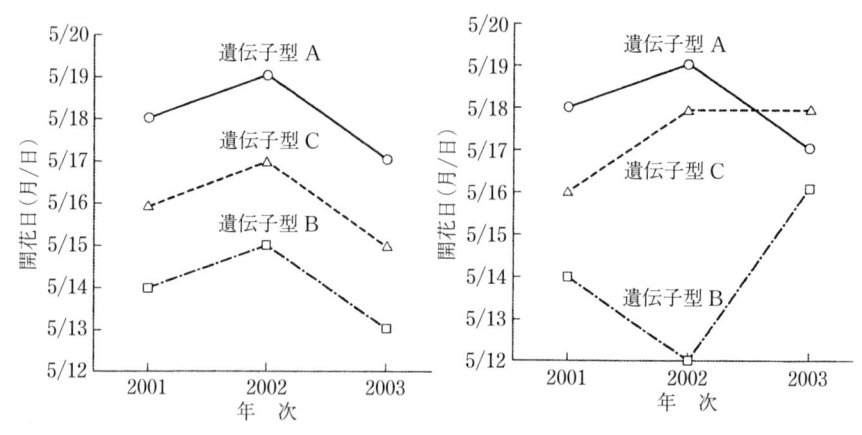

図2 年の効果が大きい年次変動　　**図3** 遺伝子型と年の交互作用が大きい年次変動

　選抜を行う場合に遺伝変異および環境変異を調べるのは，遺伝子型の効果の見分けやすさを検討することが目的である．遺伝子型の効果とは，いずれの年にも共通して表れる遺伝子型間の差異である．

　年次変動の表れ方を図2および図3に模式的に示した．図2はいずれの遺伝子型（品種）でも平行移動的に年次変動が表れる場合を示す．図3に示すような状況を交互作用が大きいという．

3.2.6　樹，果実，年反復のある場合

　果樹育種では一般に果実形質の改良が重要な育種目標である．選抜圃場で評価される果実形質の環境変異の大きさを推定しよう．1つの選抜圃場に多くの実生樹を植え，その遺伝特性を評価し，選抜・淘汰する場合を考える．

（1）測定値の構造と分散分析

　ここでは，圃場の中は，たとえば東から西に行くにしたがって果実形質の成績が次第に上がるまたは下がるような偏りはなく，環境変異が圃場内で無作為に起こると考える（圃場内の偏りがある場合は，それを統計的に補正することができるが，本書では示していない）．

　実生を接ぎ木で繁殖している場合は台木の効果は無視できるとする．

3.2 遺伝変異を持つ集団における遺伝・環境分散の分散分析による推定　(27)

1 つの遺伝子型の実生は，繁殖して数樹育成され，果実形質は数年間にわたって反復して評価されるとする．また，1 つの樹に結実する果実の中から一定数が採取されて，果実形質が評価されるものとする（図4）．ここでの果実形質は，果実重，果実成熟期，果実の形などのように 1 果ずつ測定することができる形質とする．

この場合の測定値の構造を表 5 に示す．1 つの果実について 1 つの測定値が得られるとする．枠を越えた果実測定値番号の間には対応がない．

この選抜圃場における変異を果実重を例にすると，以下の要因に分けることができる．

①実生の遺伝子型による変異：遺伝変異であり，実生（遺伝子型）によって大きな果実を成らせたり，小さな果実を成らせたりする効果．

②年次間変異（平行移動的な年次変異）：全ての実生（遺伝子型）とその樹が，年によって平行的に変動する年次変異で，たとえば「今年はどの品種のどの樹も果実が大きくなった」という効果．

③遺伝子型と年の交互作用：「ある年にこの遺伝子型は例年より大きくなったが，別の遺伝子型は逆に小さくなった」という効果．

④樹による変異（樹間変異）：遺伝子型は同一の場合，たとえば「この樹になる果実は毎年，他の樹よりも大きい」という効果．

⑤樹と年の交互作用：遺伝子型が同一の樹の間で比べる時，「この樹になる

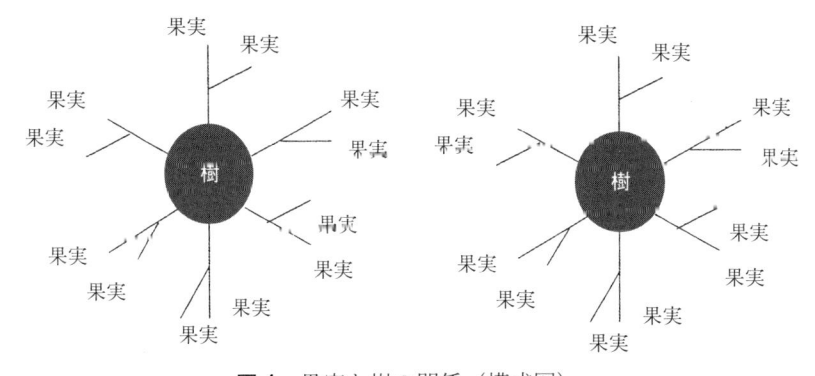

図 4　果実と樹の関係（模式図）

第3章 圃場内環境変異の分散分析による解析

表5 果実ごとに1つの測定値（X_{ijkl}）が得られる場合のデータの構造

		年次1			年次2			年次…	樹平均値	遺伝子型平均値
(品種・系統・実生) 遺伝子型1	樹1	X_{1111}	X_{1112}	X_{1113} …	X_{1121}	X_{1122}	X_{1123} …	…	$\overline{X}_{11\cdot\cdot}$	
	樹2	X_{1211}	X_{1212}	X_{1213} …	X_{1221}	X_{1222}	X_{1223} …	…	$\overline{X}_{12\cdot\cdot}$	$\overline{X}_{1\cdot\cdot\cdot}$
	⋮	⋮			⋮			⋮	⋮	
	平均値	$\overline{X}_{1\cdot1\cdot}$			$\overline{X}_{1\cdot2\cdot}$			…	$\overline{X}_{1\cdot\cdot\cdot}$	
遺伝子型2	樹1	X_{2111}	X_{2112}	X_{2113} …	X_{2121}	X_{2122}	X_{2123} …	…	$\overline{X}_{21\cdot\cdot}$	
	樹2	X_{2211}	X_{2212}	X_{2213} …	X_{2221}	X_{2222}	X_{2223} …	…	$\overline{X}_{22\cdot\cdot}$	$\overline{X}_{2\cdot\cdot\cdot}$
	⋮	⋮			⋮			⋮	⋮	
	平均値	$\overline{X}_{2\cdot1\cdot}$			$\overline{X}_{2\cdot2\cdot}$			…	$\overline{X}_{2\cdot\cdot\cdot}$	
⋮	⋮	⋮			⋮			⋮	⋮	⋮
年平均値		$\overline{X}_{\cdot\cdot1\cdot}$			$\overline{X}_{\cdot\cdot2\cdot}$			…	-	$\overline{X}_{\cdot\cdot\cdot\cdot}$ (総平均値)

果実は，ある年にはほかの樹よりも大きくなったが，別の年には逆に小さくなった」という効果．

⑥樹内果実間変異：同一樹で同一年次であっても果実によって大きさが異なるというもの．

個々の果実形質の測定値は，この6つの要因の効果が加法的に合わさったものと考えることができる．

$$X_{ijkl} = \mu + G_i + Y_k + (GY)_{ik} + T_{ij} + (TY)_{ijk} + F_{ijkl}$$

X_{ijkl} は i 番目の遺伝子型の j 番目の樹における k 番目の年の l 番目の果実の測定値，μ は定数（総平均値），G_i は i 番目の遺伝子型の効果，Y_k は k 番目の年の効果，$(GY)_{ik}$ は i 番目の遺伝子型と k 番目の年の交互作用，T_{ij} は i 番目の遺伝子型における j 番目の樹の効果，$(TY)_{ijk}$ は i 番目の遺伝子型の j 番目の樹と k 番目の年の交互作用，F_{ijkl} は k 番目の年における i 番目の遺伝子型の j 番目の樹におけ

る l 番目の果実の効果（樹内果実間のばらつきであり，誤差）を示す．

　実際に得られた果実重測定値が 250g であったとする．これをこのモデルで成分に分割して考えると次のようになる．実生集団の年を超えた総平均を 220g，遺伝子型による効果を＋34g，樹による効果を-3g，評価した年による効果を-7g，遺伝子型と年の交互作用による効果を-6g，樹と年の交互作用の効果を＋4g，果実の効果を＋8g とすると，

$$X_{ijkl} = 220 + 34 - 3 - 7 - 6 + 4 + 8 = 250$$

この場合，分散分析により，各要因の効果の大きさの指標である分散成分の推定値が得られる（表6）．分散分析ができるのは，各要因が独立で加法的なモデルであり，誤差（ここでは F_{ijkl}）が正規分布すること，誤差はいずれも1つの同じ分散を持つことを仮定している．

表6 果実形質についての分散分析

変動因	自由度	平方和	平均平方の期待値
遺伝子型間	$a-1$	$bcd\sum_i(\overline{X}_{i...}-\overline{X}_{....})^2$	$\sigma_f^2+d\sigma_{ty}^2+cd\sigma_{gy}^2+bd\sigma_t^2+bcd\sigma_g^2$
年次間	$b-1$	$acd\sum_k(\overline{X}_{..k.}-\overline{X}_{....})^2$	$\sigma_f^2+d\sigma_{ty}^2+cd\sigma_{gy}^2+acd\sigma_y^2$
遺伝子型×年の交互作用	$(a-1)(b-1)$	$cd\sum_i\sum_k(\overline{X}_{i.k.}-\overline{X}_{i...}-\overline{X}_{..k.}+\overline{X}_{....})^2$	$\sigma_f^2+d\sigma_{ty}^2+cd\sigma_{gy}^2$
遺伝子型内樹間	$(ac-1)-(a-1)$	$bd\sum_i\sum_j(\overline{X}_{ij..}-\overline{X}_{....})^2$ $-bcd\sum_i(\overline{X}_{i...}-\overline{X}_{....})^2$	$\sigma_f^2+d\sigma_{ty}^2+bd\sigma_t^2$
樹×年の交互作用	$(ac-1)(b-1)$ $-(a-1)(b-1)$	$d\sum_i\sum_j\sum_k(\overline{X}_{ijk.}-\overline{X}_{ij..}-\overline{X}_{..k.}+\overline{X}_{....})^2$ $-cd\sum_i\sum_k(\overline{X}_{i.k.}-\overline{X}_{i...}-\overline{X}_{..k.}+\overline{X}_{....})^2$	$\sigma_f^2+d\sigma_{ty}^2$
樹内果実間	$abc(d-1)$	$\sum_i\sum_j\sum_k\sum_l(X_{ijkl}-\overline{X}_{ijk.})^2$	σ_f^2
全体	$abcd-1$	$\sum_i\sum_j\sum_k\sum_l(X_{ijkl}-\overline{X}_{....})^2$	

分散成分は，　σ_g^2：遺伝子型間分散
　　　　　　　σ_y^2：年次間分散　　　　　　　　　　a：遺伝子型の数
　　　　　　　σ_{gy}^2：遺伝子型×年の交互作用分散　b：年の数
　　　　　　　σ_t^2：遺伝子型内樹間分散　　　　　　c：同一遺伝子型の樹数
　　　　　　　σ_{ty}^2：樹×年の交互作用分散　　　　d：樹内果実数
　　　　　　　σ_f^2：樹内果実間分散

なお，果実重に関しては，一般に平均値が大きいほど標準偏差が大きくなる特徴がある．この場合には，対数変換（3.2.4）して分散分析を行う．

　この分散分析は，遺伝子型―樹―果実という枝分かれと，遺伝子型と年，樹と年という2元配置の分散分析が合わさったものになる．分散分析は，平方和が分割でき，各要因の平方和の合計が全体の平方和になるのが特徴である．品種―樹―果実に枝分かれした構造が，毎年反復される．品種，樹とも無作為に選ばれたものと仮定し，固定した樹を年反復して果実形質調査を行う．果実は毎年，成るものが違い，樹の値を反映するサンプルである．

　遺伝子型，年，各遺伝子型における樹および各樹における果実の反復数をそれぞれ a，b，c および d とすると，分散分析は表6に示すとおりである．

(2) パソコンで行う分散分析

　2元配置の分散分析は，一般に広くアプリケーションプログラムがあるので，それを利用する．各平方和の求め方は，

①各遺伝子型における各年の平均値を求め，これを用いて，くり返し無しの2元配置の分散分析を行う．ここで，仮の遺伝子型，年，誤差の平方和を得，この値に各遺伝子型における各年の平均値を計算するのに用いた測定値数（cd）を乗じて，それぞれ遺伝子型値，年および遺伝子型×年の交互作用の平方和とする．

②遺伝子型を無視した各樹における各年の平均値を用い，くり返し無しの2元配置の分散分析を行う．ここでも各平方和の値に各樹における各年の平均値を算出するのに用いた測定値の数（d）を乗じ，仮の樹，年および誤差（樹×年の交互作用）の平方和を得る．ここでの平方和は，樹の平方和についてはその中に遺伝子型の平方和が，誤差（樹×年の交互作用）の平方和には遺伝子型×年の交互作用の平方和が含まれているので，それぞれ，①で得た値をそこから差し引くことにより，ここでの真の「樹の平方和」と「樹×年の交互作用の平方和」が得られる．なお，年の平方和は，①で求めたものと②で求めたものは同一の値が得られる．

③樹内果実間平方和は，それぞれの年の各樹における平均値から個々の果実の値の偏差の2乗を合計することにより得られる．

④それぞれの平方和の合計値が全体の平方和になる．
⑤自由度も平方和を算出したのと同様の考え方で計算すれば，表6に示したとおりになる．
⑥平均平方は平方和を自由度で除して得る．これをもとに，分散成分推定値を平均平方の期待値に従って得る．

②と③はくり返し有りの2元配置の分散分析を行えば，同じ結果が直ちに得られる（Microsoft Excel の分析ツールを用いると，同時に樹・年次ごとに樹内果実間分散が得られる）．この分散分析の手順を確かめるための数値例を表7に示す．なお，この数値例は簡単のため少数のデータとしているため，自由度が小さく，分散成分の推定には不適当である．

表7．数値例

1. データ

		年1	年2
遺伝子型1	樹1	15.1	14.5
		16.2	14.3
	樹2	17.4	16.1
		17.6	15.7
遺伝子型2	樹1	20.1	19.6
		20.5	19.3
	樹2	20.7	18.4
		20.2	19.7

2. 遺伝子型平均値を用い，遺伝子型と年を要因とした2元配置の分散分析

変動因	自由度	平方和	平均平方
遺伝子型間	1	15.60	15.60
年次間	1	1.63	1.63
誤差（遺伝子型×年）	1	0.02	0.02

3. 樹と年を要因とした繰り返しのある2元配置の分散分析

変動因	自由度	平方和	平均平方
樹間	3	68.05	22.68
年次間	1	6.50	6.50
樹×年	3	0.30	0.10
誤差（果実間）	8	1.82	0.23

4. 統合した分散分析表

変動因	自由度	平方和	平均平方
遺伝子型間	1	62.41	62.41
年次間	1	6.50	6.50
遺伝子型×年	1	0.09	0.09
樹間	2	5.64	2.82
樹×年	2	0.21	0.11
誤差	8	1.82	0.23
全体	15	76.68	

表6では，それぞれの効果は変量であると仮定している．すなわち，供試した遺伝子型はある集団から無作為に選び，その遺伝子型集団全体についての遺伝子型間分散を推定する．また，年については数年間反復するが，無限に多く存在する年の集団から評価した年が無作為に選ばれたと考え，得られた年次間分散 σ_y^2 は母集団の年次間の分散の推定値と考える．

それぞれの遺伝子型について複数の樹が作られるが，その樹は無作為に選ばれるものとし，σ_t^2 は同一遺伝子型における（遺伝子型内の）樹間分散と考える．

分散推定値は一般に誤差が大きいので，自由度は相当に大きいことが必要である．20遺伝子型各5樹を用いた場合，樹間の自由度は80，10遺伝子型各5樹用いた場合は，樹間の自由度は40となる．

果実の自由度が最も大きい．樹，遺伝子型，年と進むほど，自由度が小さくなり，推定値の信頼度が落ちてくる．この分散成分を推定する試験の設計に当たっては，樹内の果実の反復は少なくて良く，樹，遺伝子型，年をできるだけ多く取るとよい．

これらの分散成分の中で最も自由度が低く，正確な分散成分の大きさを把握するのが難しいのは年次間分散 σ_y^2 である．しかし，第4章に示す方法で年次間変異を補正できれば無視することができ，年次間分散成分そのものは正確な推定値は必要ではない．

遺伝子型×年の交互作用，樹×年の交互作用については補正できず，信頼に足る環境分散成分の推定値を得る必要がある．選抜や解析に必要な年反復についての情報を得なければならない．これらは，遺伝子型の反復数を多く設定することにより自由度を大きくしやすい．

なお，この分散分析における各要因の有意性の F 検定は，遺伝子型間以外は通常の方法による（応用統計ハンドブック，1999；スネデカー・コクラン，1972）．遺伝子型間，年次間，遺伝子型×年の交互作用，遺伝子型内樹間，樹×年の交互作用および樹内果実間の平均平方をそれぞれ $M(G)$，$M(Y)$，$M(GY)$，$M(T)$，$M(TY)$ および $M(F)$ とし，自由度を f_g，f_y，f_{gy}，f_t，f_{ty} および f_f とおく．樹間，年次間，遺伝子型×年の交互作用および樹×年の交

互作用のそれぞれの有意性は, $\dfrac{M(T)}{M(TY)}$, $\dfrac{M(Y)}{M(GY)}$, $\dfrac{M(GY)}{M(TY)}$ および $\dfrac{M(TY)}{M(F)}$ によりそれぞれの自由度を用いて F 検定する.

遺伝子型間の有意性の F 検定は次のように, 以下に示す F' について近似的に行う.

$$F' = \{M(G) + M(TY)\} / \{M(GY) + M(T)\}$$

この近似的な自由度は,

$$n_1 = \frac{\{M(G) + M(TY)\}^2}{\{M(G)^2 / f_g\} + \{M(TY)^2 / f_{ty}\}}$$

$$n_2 = \frac{\{M(GY) + M(T)\}^2}{\{M(GY)^2 / f_{gy}\} + \{M(T)^2 / f_t\}}$$

このような検定の一般的方法についてはスネデカー・コクラン (1972, p. 348-349) に示されている.

なお, 本書では, **および*はそれぞれ 1%水準および 5%水準で有意, NS は 5%水準で有意ではないことを示す.

3.3 果実形質の環境分散成分を推定する試験の設計

3.3.1 交雑実生集団を用いる

環境分散の推定には年, 樹を反復する必要があり, 果実の測定にも労力を要する. そのコストをできるだけ少なくして推定値を得なくてはならない.

もともと樹体が大きく圃場で育成できる個体数が制限され, また, 育成に年数を要することが果樹育種の抱える大きな問題である. 選抜圃場を環境変異の推定のために多く用いてしまっては, 本来の目的である選抜ができない. そのため, どの程度の投資でこれを推定できるかを検討する必要がある.

(1) 交雑実生を複数樹育成する

年次間変異以外の環境要因については, 各遺伝子型 2 樹を用いた調査によ

り，比較的短い年数の調査で環境分散を推定できる．すなわち，交雑実生の中から得た 100 実生について 2 樹ずつ作り，栽培・調査を行う．

たとえば，果実重を測る場合，1 年に 1 つの樹について 4 果測定するとする．この測定を 2 年反復する．その場合，遺伝子型×年の交互作用の自由度は 99，樹×年の交互作用の自由度は 100，樹の自由度は 100，果実の自由度は 1200 となる．これで，相当程度信頼できる分散成分が得られる．なお，果実は 1 果ずつ測定するのは労力がかかるので，果実 2 果を一度に天秤に載せて測定し，得られた 2 果の平均値の分散を 2 倍しても果実間分散は得られる．この場合，自由度は 400 となる．

(2) 交雑実生を用いた投資

しかし，コストを考えると，交雑実生は複数樹植えるよりも 1 樹のみ植えて評価したほうが選抜の効率が高い（第 5 章）．一般に，1 つの実生は 1 樹のみ育成される．

例として，毎年 1 年に交雑実生 500 について樹を育成し選抜している育種を考えよう．合計 200 樹を用いて分散成分を推定する場合，選抜対象の育成実生のうち 100 実生を 2 樹ずつ植えてこの試験のための樹とする．これは 1 年に栽植できる樹数の 40％に当たる．そのうち，$\frac{1}{2}$ はこの試験をしなくても選抜のために栽植したものであるため，1 年に育成する実生の 20％が試験のための投資である．5 年で試験が完了するとすれば，毎年同じように実生を栽植する育種では，5 年間に 500×5＝2500 実生植えるうちの 4％がこの試験への投資である．それぞれの実生については樹の反復のために遺伝変異を捕まえやすくなっているので，投資はそれ以下と考えられる．

遺伝子型×年の交互作用，樹×年の交互作用は，測定した 2 年についてのみの推定値である．本来は年のくり返しを多くして，その影響をみることが望ましいが，コストが高い．ここでは最低で 2 年の反復を行って推定する方法を示した．短期間で環境分散の推定値を得ることができるのが利点である．

2 年より長い投資が可能ならば，交雑実生を用いたこの方法も 3 年または 4 年の反復とし，供試実生数を減らす設計をするほうがよい．

環境分散はいずれの遺伝子型でも同じであると仮定している．この方法のように現実の育種において得られる交雑実生集団を用いて環境分散を推定することが望ましい．交配親は育種の進展とともに変わるのが通常であるから，交雑実生集団は変化する．また，育種の進展とともに，圃場の管理方法，測定法の改良が行われることもある．何年かおきにその時の交雑実生集団について環境分散を推定していくことが望ましい．

3.3.2 品種・系統を用いる

実生には幼若期間があり，早期より果実を成らせるには困難がある．そこで，次善の策として，それらの親となった品種・系統群などをそれらの実生の代わりに用いて環境変異の推定を行うことができる．

このような品種・系統について実生と同様に複数樹を繁殖・育成し，植え込んでおく．これを毎年調査して得たデータは年次変動を補正する推定値として用いることができる（第4章）．

20 品種・系統各 5 樹を用いる例を考えよう．対象となる交雑実生集団の親となっている品種・系統や，交雑実生集団の変異に近い 20 品種・系統を選び，各 5 樹育成し，交雑実生と同様に植えこんで果実形質を評価する．

これは，育種の選抜のためではなく，環境分散を推定するためだけの投資であるので，交雑実生を用いた場合よりも投資は大きい．しかし，年次変動を補正するための対照品種として活用できる有利点がある（第 4 章）．その目的だけであれば，樹数は 1 樹でも有効である．ただし，樹に関連する分散成分を推定するためには樹の反復をすることが必要である．

6 年間評価を反復すれば，遺伝子型×年の交互作用の自由度は 19×5 で 95 となり，100 に近い．樹×年の交互作用の自由度は 400，遺伝子型内樹間の自由度は 80 となる．

3.3.3 遺伝解析に用いる環境分散の推定

遺伝解析をするという目的だけならば，個々の分散成分はわからなくても，解析に用いる親子データを得た，その管理・測定条件における環境分散（個々

の分散成分の合計値）がわかればよい．これについては第 15 章で述べる．

3.4 果実形質の環境分散成分を推定した例

Yamada et al. (1993) は，8 品種・系統各 3 樹を用い，1 年に 25 果についてカキの果実形質（果実成熟期，果実重，糖度）を評価した（試験 1）．この試験はコストが高いため 2 年で打ち切られた．この測定値を用い，表 6 の分散分析により環境分散が推定された（表 8 および表 9）．

試験 1 では，遺伝子型×年の交互作用，樹間，樹×年の交互作用の自由度が小さい．そこで，19 品種・系統各 1 樹を用い，毎年 15 果について 9 年間，果実形質を評価し，その年ごとに平均値を得た（試験 2）．この測定値を用い，遺伝子型と年を要因とする 2 元配置の分散分析により，遺伝子型×年の交互作用および年次間分散が推定された（表 10 および表 11）．用いた樹は交雑実生の選抜圃場に隣接する圃場に栽植した独立樹である．交雑実生の選抜圃場における管理と同様の管理が行われた．

樹間分散は自由度の小さい試験 1 でしか推定できない．しかし，樹の効果はいずれの形質においても有意でなく，分散成分推定値も非常に小さいもの

表 8 カキの果実成熟期，果実重および糖度について 8 品種・系統・各 3 樹・2 年間評価したデータに対する分散分析（Yamada et al., 1993）

変動因	自由度	平均平方			平均平方の期待値
		果実成熟期	果実重 ($\times 10^{-2}$)	糖度	
遺伝子型間	7	501.48**	125.29**	155.92^{NS}	$\sigma_f^2 + 25\sigma_{ty}^2 + 75\sigma_{gy}^2 + 50\sigma_t^2 + 150\sigma_g^2$
年次間	1	16.05^{NS}	105.27*	761.02*	$\sigma_f^2 + 25\sigma_{ty}^2 + 75\sigma_{gy}^2 + 600\sigma_y^2$
遺伝子型×年の交互作用	7	9.43^{NS}	12.10**	80.65**	$\sigma_f^2 + 25\sigma_{ty}^2 + 75\sigma_{gy}^2$
遺伝子型内樹間	16	3.59^{NS}	2.31^{NS}	8.92^{NS}	$\sigma_f^2 + 25\sigma_{ty}^2 + 50\sigma_t^2$
樹×年の交互作用	16	4.18**	1.67**	5.96**	$\sigma_f^2 + 25\sigma_{ty}^2$
樹内果実間	1152	0.49	0.41	1.70	σ_f^2

果実成熟期は，9 月下旬：1，10 月上旬：2，10 月中旬：3，…，12 月上旬：8 と数量化した．果実重は対数変換値を用いた．
分散成分の記号は，表 6 に同じ．

3.4 果実形質の環境分散成分を推定した例

表9 8品種・系統各3樹2年間の測定値に対する分散分析によるカキの果実形質の分散成分の推定値（Yamada et al., 1993）

分散成分	分散成分の推定値		
	果実成熟期	果実重（×10⁻³）	糖度
σ_g^2	3.28(82.0%)	7.50(49.4%)	0.48(10.6%)
σ_y^2	0.01(0.3%)	1.55(10.2%)	1.13(24.9%)
σ_{gy}^2	0.07(1.8%)	1.39(9.2%)	0.99(21.9%)
σ_t^2	0(0.0%)	0.13(0.9%)	0.06(1.3%)
σ_{ty}^2	0.15(3.7%)	0.50(3.3%)	0.17(3.8%)
σ_f^2	0.49(12.2%)	4.10(27.0%)	1.70(37.5%)

分散成分の記号は，表6に同じ．
（ ）内は全分散に対する割合を示す．

表10 19遺伝子型各1樹9年間の果実形質の測定値に対する分散分析（Yamada et al., 1993）

変動因	自由度	平均平方			平均平方の期待値
		果実成熟期	果実重（×10⁻³）	糖度	
遺伝子型間	18	15.07**	38.90**	6.92**	$\sigma_e^2 + 9\sigma_g^2$
年次間	8	0.89**	12.07**	5.25**	$\sigma_e^2 + 19\sigma_y^2$
誤差	144	0.25	1.23	0.47	σ_e^2

果実成熟期は，9月下旬：1，10月上旬：2，10月中旬：3，…，12月上旬：8と数量化した．果実重は対数変換値を用いた．

であった(全体の分散成分の合計値の0〜1.3%)．この圃場における通常の管理では，樹勢を中庸にする努力が行われるため，樹間変異が非常に小さいと考えられる．

試験2におけるモデルは，

$$X_{ik} = \mu + (G2_i + T2_i) + Y'_k + \{(GY2)_{ik} + (TY2)_{ik} + \sum_{l=1}^{15}(F2_{ikl})/15\}$$

$$= \mu + G''_i + Y'_k + E'_{ik}$$

X_{ik}はk番目の年におけるi番目の遺伝子型（樹）の測定値，μは定数（総平均値となる），$G2_i$はi番目の遺伝子型の効果，$T2_i$はi番目の遺伝子型における樹の効果，Y'_kはk番目の年の効果，$(GY2)_{ik}$はi番目の遺伝子型とk番目の年との交

互作用，$(TY2)_{ik}$ は i 番目の遺伝子型の樹と k 番目の年との交互作用，$F2_{ikl}$ は k 番目の年における i 番目の遺伝子型の樹における l 番目の果実における効果を示す．

くり返し無しの2元配置の分散分析においては，遺伝子型×年の交互作用，樹×年の交互作用，樹内果実間の違いによる効果は，残差 E'_{ik}（i 番目の遺伝子型の樹の，k 番目の年の残差）として一括して表れる．E'_{ik} の効果のうち樹内果実間の効果は 15 果の平均値であるので，$\frac{1}{15}$ になっている．各遺伝子型について 1 樹しかないので，遺伝子型の効果と樹の効果を区別することはできない．G'_i として，その2つの効果（$G2_i + T2_i$）が合わさっている．

G'_i，Y'_k，E'_{ik} による分散成分がそれぞれ σ_g^2，σ_y^2，σ_e^2 である（表 10）．

$$\sigma_g^2 = \sigma_{g2}^2 + \sigma_{t2}^2$$

$$\sigma_e^2 = \sigma_{gy2}^2 + \sigma_{ty2}^2 + \frac{\sigma_f^2}{15}$$

という関係になる．

この式と表 8 で推定した分散成分から σ_{g2}^2 と σ_{gy2}^2 を推定する．
$\sigma_{t2}^2 = \sigma_t^2$ とし，$\sigma_{g2}^2 = \sigma_g^2 - \sigma_{t2}^2$
ここで，$\sigma_{ty2}^2 = \sigma_{ty}^2$，$\sigma_{f2}^2 = \sigma_f^2$ とし，

$$\sigma_{gy2}^2 = \sigma_e^2 - \sigma_{ty}^2 - \frac{\sigma_f^2}{15}$$

ここで得た σ_e^2 は自由度が 144 あり，表 8 と比べ推定の精度が高い．σ_{gy2}^2 の推定値も表 8 の σ_{gy}^2 と比べて精度が高い．σ_y^2 は 9 年間の反復によって得たものであり，自由度は低いものの，測定のコストを考えるとこれ以上の反復は困難と考えざるをえない．

このようにして得た分散成分の推定値を，表 8 で自由度が低かった遺伝子型×年の交互作用分散，年次間分散に置き換えて統合すると，表 11 に示した分散成分推定値が得られる．

ここで得た環境分散成分の推定値は，農研機構果樹研究所の育種圃場におけるものである．用いた 19 品種・系統は当時の育種における交配親であり，実生集団もそれに近い反応をすることが期待される．樹，年，果実の要因の

表11 カキの果実形質の遺伝および環境分散成分の推定値（Yamada et al., 1993）

分散成分	分散成分の推定値		
	果実成熟期	果実重（×10⁻³）	糖度
$\sigma_{g^2}^2$	1.65	4.06	0.66
σ_{y}^2	0.03	0.57	0.25
$\sigma_{gy^2}^2$	0.07	0.45	0.19
σ_{t}^2	0	0.13	0.06
σ_{ty}^2	0.15	0.50	0.17
σ_{e}^2	0.49	4.10	1.70

果実成熟期は，9月下旬：1，10月上旬：2，10月中旬：3，…12月上旬：8 と数量化した．果実重は対数変換値を用いた．

うち，どの要因が相対的に変動が大きいかは，かなり一定した傾向がある．

ここでは実生の選抜圃場における環境分散の大きさを推定しようとしているのであるから，栽培管理も形質の評価方法も実生と同様に行わなければならない．

もし，いくつかの品種・系統だけある年にたまたま「よい」管理をして果実重が大きくなれば，この影響は遺伝子型×年の交互作用分散が大きくなることに反映する．また，年によって樹による管理に差があれば樹×年の交互作用分散の大きさに反映する．ある年に摘果時期が遅れるならば，これも年次間分散に反映する．

しかし，育種遂行上，ある程度の偏りは通常生じるものであり，これは当然のこととして受け入れなくてはならない．そして，その偏りの大きさを知ることが必要である．ここで得られた値は，そのような管理や気象や土壌の要因が総合して示されたものである．育種を遂行する上で，通常含まれる環境変異（非遺伝的変異）は，この試験においても含めなければならない．

3.5 樹ごとに測定値が得られる形質の遺伝・環境分散の推定

果実形質の中には，裂果発生率などのように，1つの樹において1つの測定値が得られるものがある．百分率で表される形質は，一般に逆正弦変換を行うと誤差が正規分布に近づき，分散分析が可能となる（スネデカー・コクラン，1972）．しかし，測定値が小さい値の多い場合は，逆正弦変換では分散分析のモデルが当てはまらず，平方根変換をすることにより分散分析モデ

ルが適合する（Yamada et al., 2002）.

1つの樹に1つの測定値がある場合の分散分析のモデルは,

$$X_{ijk} = \mu + G_i + Y_k + (GY)_{ik} + T_{ij} + E_{ijk}$$

X_{ijk} は k 番目の年における i 番目の遺伝子型の j 番目の樹における測定値, μ は定数（総平均値となる）, G_i は i 番目の遺伝子型の効果, Y_k は k 番目の年の効果, $(GY)_{ik}$ は i 番目の遺伝子型と k 番目の年の交互作用, T_{ij} は i 番目の遺伝子型における j 番目の樹の効果, E_{ijk} は k 番目の年における i 番目の遺伝子型の j 番目の樹の誤差.

各要因の反復数は, 遺伝子型, 年, 遺伝子型内樹について, それぞれ a, b および c とする. 測定値の構造は表12, 分散分析は表13の通りである.

表12 樹ごとに1つの測定値が得られる場合のデータの構造

			年次1	年次2	年次3	年次	樹平均値	遺伝子型平均値
1	（品種・系統・実生）遺伝子型	樹1	X_{111}	X_{112}	X_{113}	…	$\overline{X}_{11\cdot}$	$\overline{X}_{1\cdot\cdot}$
		樹2	X_{121}	X_{122}	X_{123}	…	$\overline{X}_{12\cdot}$	
		樹3	X_{131}	X_{132}	X_{133}	…	$\overline{X}_{13\cdot}$	
		⋮	⋮	⋮	⋮		⋮	
		平均値	$\overline{X}_{1\cdot 1}$	$\overline{X}_{1\cdot 2}$	$\overline{X}_{1\cdot 3}$	…	−	
2	（品種・系統・実生）遺伝子型	樹1	X_{211}	X_{212}	X_{213}	…	$\overline{X}_{21\cdot}$	$\overline{X}_{2\cdot\cdot}$
		樹2	X_{221}	X_{222}	X_{223}	…	$\overline{X}_{22\cdot}$	
		樹3	X_{231}	X_{232}	X_{233}	…	$\overline{X}_{23\cdot}$	
		⋮	⋮	⋮	⋮		⋮	
		平均値	$\overline{X}_{2\cdot 1}$	$\overline{X}_{2\cdot 2}$	$\overline{X}_{2\cdot 3}$	…	−	
⋮	⋮		⋮	⋮	⋮			
	年平均値		$\overline{X}_{\cdot\cdot 1}$	$\overline{X}_{\cdot\cdot 2}$	$\overline{X}_{\cdot\cdot 3}$	…		$\overline{X}_{\cdots}$

3.5 樹ごとに測定値が得られる形質の遺伝・環境分散の推定

表13 樹ごとに測定値が得られる形質の分散分析

変動因	自由度	平方和	平均平方の期待値
遺伝子型間	$a-1$	$bc\sum_{i}(\bar{X}_{i\cdot\cdot}-\bar{X}_{\cdots})^2$	$\sigma_e^2+c\sigma_{gy}^2+b\sigma_t^2+bc\sigma_g^2$
年次間	$b-1$	$ac\sum_{k}(\bar{X}_{\cdot\cdot k}-\bar{X}_{\cdots})^2$	$\sigma_e^2+c\sigma_{gy}^2+ac\sigma_y^2$
遺伝子型×年の交互作用	$(a-1)(b-1)$	$c\sum_{i}\sum_{k}(\bar{X}_{i\cdot k}-\bar{X}_{i\cdot\cdot}-\bar{X}_{\cdot\cdot k}+\bar{X}_{\cdots})^2$	$\sigma_e^2+c\sigma_{gy}^2$
遺伝子型内樹間	$(ac-1)-(a-1)$	$b\sum_{i}\sum_{j}(\bar{X}_{ij\cdot}-\bar{X}_{\cdots})^2-bc\sum_{i}(\bar{X}_{i\cdot\cdot}-\bar{X}_{\cdots})^2$	$\sigma_e^2+b\sigma_t^2$
誤差	$(ac-1)(b-1)-(a-1)(b-1)$	$\sum_{i}\sum_{j}\sum_{k}(X_{ijk}-\bar{X}_{ij\cdot}-\bar{X}_{\cdot\cdot k}+\bar{X}_{\cdots})^2-c\sum_{i}\sum_{k}(\bar{X}_{i\cdot k}-\bar{X}_{i\cdot\cdot}-\bar{X}_{\cdot\cdot k}+\bar{X}_{\cdots})^2$	σ_e^2
全体	$abc-1$	$\sum_{i}\sum_{j}\sum_{k}(X_{ijk}-\bar{X}_{\cdots})^2$	

分散成分は，σ_g^2：遺伝子型間分散　　　　　　　　　a：遺伝子型の数
　　　　　σ_y^2：年次間分散　　　　　　　　　　　b：年数
　　　　　σ_{gy}^2：遺伝子型×年の交互作用分散　　c：同一遺伝子型の樹数
　　　　　σ_t^2：遺伝子型内樹間分散
　　　　　σ_e^2：誤差分散

分散分析は，果実ごとに測定値が得られる場合に準じて行えばよい．くり返し無しの2元配置の分散分析プログラムを利用する．各平方和の求め方は，

① 各遺伝子型における各年の平均値 $\bar{X}_{i\cdot k}$ を求め，これを用いて，遺伝子型と年を要因としたくり返し無しの2元配置の分散分析を行う．ここで，仮の遺伝子型，年，残差の平方和を得る．この仮の残差の平方和を仮の遺伝子型×年の交互作用の平方和とする．この値に各遺伝子型における各年の平均値を用いるのに用いた測定値数（樹数=c）を乗じて，遺伝子型，年および遺伝子型×年の交互作用の平方和とする．

② 遺伝子型を無視した各樹における値 X_{ijk} を用い，樹と年を要因としたくり返し無しの2元配置の分散分析を行う．ここでも仮の樹，年および残差の平方和を得る．しかし，ここでの平方和は，樹の平方和には遺伝子型の平方和が，残差の平方和には遺伝子型×年の交互作用の平方和が含まれているので，それぞれ①で得た値をそこから差し引くことにより，ここでの真の「樹の平方和」と「誤差の平方和」が得られる．なお，年の平方和は，①で求めたものも②で求めたものも同一の値が得られる．

③それぞれの平方和の合計値が全体の平方和になる．
④自由度も同様の考え方で得られる（表13）．

第4章　圃場内個体の環境分散

4.1　個体測定値の環境分散

　前章で示した果実形質の分散分析が十分な自由度の下に行われたならば，推定された分散成分の信頼性が高い．簡単のため，これを母分散と等しいとし，測定値の環境分散を考えることができる．

　ある1つの遺伝子型（品種・系統，交雑実生）の遺伝子型値は，$\mu+G$ の定数であるから，

$$X_{jkl} = (\mu+G) + T_j + Y_k + (GY)_k + (TY)_{jk} + F_{jkl}$$

X_{jkl} は，その遺伝子型における j 番目の樹における k 番目の年の l 番目の果実の測定値であり，T_j およびそれより右の項は環境変異を示す項である（3.2.6 と同じ）．X_{jkl} の分散は，各環境要因項が互いに独立であると仮定できれば，各々の項の分散の和として表すことができる．定数項は分散に寄与しない．

　ある年に1樹から無作為に採取された1果の測定値の分散 σ_x^2 は，

$$\sigma_x^2 = \sigma_t^2 + \sigma_y^2 + \sigma_{gy}^2 + \sigma_{ty}^2 + \sigma_f^2$$

標本の平均値の分散は，母分散をその標本の測定値の数で除した値になる．各要因に反復がある場合は，各項について反復数で除した値がその要因による分散の寄与分となる．その遺伝子型について，t 本の樹を用い，各樹より f 果を採取して測定し，それを y 年間反復した場合の平均値の分散（$\sigma_{\bar{x}}^2$）は，

$$\sigma_{\bar{x}}^2 = \frac{\sigma_t^2}{t} + \frac{\sigma_y^2}{y} + \frac{\sigma_{gy}^2}{y} + \frac{\sigma_{ty}^2}{ty} + \frac{\sigma_f^2}{tfy}$$

2樹を用い，各樹より10果を採って測定し，3年間反復した場合は，

$$\sigma_{\bar{x}}^2 = \frac{\sigma_t^2}{2} + \frac{\sigma_y^2}{3} + \frac{\sigma_{gy}^2}{3} + \frac{\sigma_{ty}^2}{6} + \frac{\sigma_f^2}{60}$$

環境分散 $\sigma_{\bar{x}}^2$ は平均値 $\bar{X}_{jkl}$ の分散である．各分散成分の値を母分散と等しい

とし，正規分布を仮定すると，遺伝子型値の 95%信頼限界は $\bar{X}_{jkl} \pm 1.96\sigma_{\bar{x}}$ によって得られる．

4.2 台木に接ぎ木した個体の環境変異

果樹では台木品種に接ぎ木した個体を用いることは多い．一般に，繁殖の容易なものが台木品種となっている．台木は，土壌 pH や排水の良否，夏季の乾燥などに対する土壌適応性に影響を及ぼす．また，根が伸びる強さは樹勢に反映し，拡性（樹冠がどれくらい広がるか）の差異となる．台木を異にした場合でも，剪定，芽かき，施肥などの栽培管理によって樹冠の大きさを調節し，樹勢が中庸になるように栽培される．

一般に台木による差異は大きくなく，選抜には影響が及ばない程度と考えられている（梶浦，1943）．台木は，特に，樹勢の差異をもたらしている．一般に樹を反復することは選抜上，コストが高く，効率が劣る（第 5 章）．台木の効果を選抜の初めの段階で知ろうとすれば，台木を異にした樹を作る必要がある．樹を反復することになり，広い圃場が必要でコストが高い．一般に，1 つの台木品種を用いて全交雑実生の特性が評価される．

台木の効果を知りたい場合は，一次的に選抜されたのちの選抜段階で行うのがよい．台木による違いは新品種となったのちにも試験される．これは台木の果実品質への影響が，穂の品種・交雑実生集団の遺伝変異や他の環境要因の変異に比較して大きくないと考えられていることもその要因である．

台木の影響を考慮した環境変異のモデルは山田（2005.3）に示されている．

4.3 同一品種を毎年栽培・評価して年による環境分散を減少させる

4.3.1 対照品種による年次効果の補正

年次間分散 σ_y^2 は，すべての遺伝子型，樹が年によって平行移動的に変動する大きさを表す．この平行移動的な変動は，それぞれの年に変動する方向とその値がわかれば補正することができる．この年次変動をとらえる方法の中で単純で確実なのは，毎年同じ品種群（対照品種群）を評価し，各年の平

4.3 同一品種を毎年栽培・評価して年による環境分散を減少させる

均値により年の効果をとらえる方法である．栽培の方法と形質の評価方法は調査対象（交雑実生）と同様に行う．

カキ 19 品種・系統を各 1 樹 15 果について 9 年間，果実成熟期，果実重，糖度（可溶性固形物含量）を評価した結果，年による 19 品種・系統の平均値の変動の幅は，糖度が $1.7°$ Brix，果実重は 40g におよんだ（図 5）．

この成績を用い，遺伝子型と年を要因とした分散分析を行った（3.4 表 10）．この分散分析のモデル（3.4）を再度示すと，

$$X_{ik} = \mu + (G2_i + T2_i) + Y'_k + \{(GY2)_{ik} + (TY2)_{ik} + \sum_{l=1}^{15}(F2_{ikl})/15\}$$

$$= \mu + G'_i + Y'_k + E'_{ik}$$

Y'_k の効果はいずれの形質も 1% 水準で有意であり，その分散は，果実重では全分散の 9%，糖度では 17% を占めた．

Y'_k の効果は，それぞれの年に，すべての品種・系統が同じ値だけプラスされたりマイナスされたりする効果を表している．その効果を正確にとらえることができれば，各年における測定値から Y'_k の値だけ差引くことにより Y'_k の効果による年次変動をなくした値を得ることができる．

年の効果は，無限大の数の対照品種を毎年測定した場合に，ある年の平均値の「基準になる年の平均値」からの年偏差であると定義できる．しかし，実際には，対照品種の数は限られて

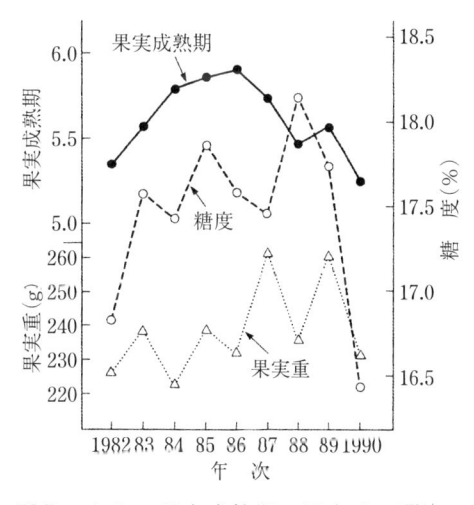

図 5 カキの果実成熟期，果実重，糖度における 19 品種・系統平均値の年次変動（Yamada *et al.*, 1994）
果実成熟期は 9 月下旬＝1，10 月上旬＝2，10 月上旬＝3，…，12 月上旬＝8 のようにスコアを与えた．

いる．あまり多くの対照品種を毎年，栽培・評価することはコストが高い．

個々の対照品種の各年の値は，年の効果のほか遺伝子型×年の交互作用，樹×年の交互作用，樹内果実間のばらつきといった環境変異を含んでいる．対照品種の数が少ないと，対照品種群の平均値はこれらの環境変異による誤差も含むことになる．

4.3.2 有効な対照品種の数

n 個の対照品種を各 1 樹ずつ毎年栽培・調査して値を得た場合を考える．i 番目の対照品種の k 番目の年における値を P'_{ik} とする．対照品種群全体の k 番目の年の平均値を $\overline{P'_{\cdot k}}$ とし，遺伝子型を母数としたモデルでは，

$$\overline{P'_{\cdot k}} = \mu' + \left(\sum_{i=1}^{n} G'_i/n\right) + Y'_k + \left(\sum_{i=1}^{n} E'_{ik}/n\right) = \mu' + Y'_k + (\Sigma E'_{ik}/n)$$

μ' は定数（総平均値），遺伝子型の効果の各年における総計は 0 である．

$\overline{P'_{\cdot k}}$ は $\mu' + Y'_k$ が期待値であり，分散 σ_e^2/n を持つ（この分散を次章以下では σ_{ye}^2 で表す）．すなわち，$\overline{P'_{\cdot k}}$ の総平均値（μ'）からの偏差が年次効果の推定値である．μ' は無限の年について対照品種を調査した総平均値であると考える．

ここで，i 番目の遺伝子型の成績を補正することを考えよう．i 番目の遺伝子型の k 番目の年における測定値（P_{ik}）の値は，

$$P_{ik} = \mu + G_i + Y'_k + E_{ik}$$

μ は定数で総平均値，G_i は遺伝子型の効果，Y'_k は年の効果で対照品種群における効果と同じであり，E_{ik} は誤差である．

この値を「対照品種群の，その年の平均値」によって補正する（対照品種群の年平均値を減ずる）とすると，補正された値は $P_{ik} - \overline{P'_{\cdot k}}$ である．

$$P_{ik} - \overline{P'_{\cdot k}} = (\mu - \mu') + G_i + E_{ik} - (\Sigma E'_{ik}/n)$$

この補正値の分散，$V(P_{ik} - \overline{P'_{\cdot k}})$ は，

4.3 同一品種を毎年栽培・評価して年による環境分散を減少させる

$$V(P_{ik} - \overline{P'_{\cdot k}}) = \sigma_g^2 + \sigma_e^2 + (\sigma_{e'}^2/n)$$

補正していない値の分散，$V(P_{ik})$ は，

$$V(P_{ik}) = \sigma_g^2 + \sigma_y^2 + \sigma_e^2$$

この 2 つの分散の差は $(\sigma_{e'}^2/n) - \sigma_y^2$ である．補正されるべき遺伝子型の評価における測定の反復と供試反復個体数は，通常，対照品種におけるのと同じではないので，σ_e^2 は $\sigma_{e'}^2$ と異なっている．

年次効果の対照品種の年平均値による補正によって，補正後の値の分散には，σ_y^2 が除去された代わりに，$\sigma_{e'}^2/n$ が加わったことになる．$\sigma_{e'}^2/n$ が σ_y^2 よりも大きければ，対照品種の平均値によって年次効果を補正するよりも，対照品種年平均値そのものの誤差のほうが大きいことになり，補正によってむしろ誤差が増大したことになる．

したがって，$\dfrac{\sigma_y^2}{\sigma_{e'}^2/n}$ という 2 つの分散の比が，年次変動を補正する上での効率を表す指標である．これを補正係数（adjustability coefficient）と呼び，A_0 で表す（Yamada et al., 1994b）．

この値が 1 以下であると，対照品種による補正は，かえって全体の変異を増大させるため行うべきではない．対照品種の数 n が少ないと対照品種の年平均値そのものの誤差が大きくなる．また，遺伝子型×年の交互作用や樹×年の交互作用が大きいこと，1 樹内からのサンプル果実数が少なくて誤差が大きいことも誤差が大きくなる要因である．なお，年次効果そのものが小さい（σ_y^2 が小さい）と，対照品種による補正を行う意味がない．

ここで，カキの 3 形質について，補正係数と補正に必要な対照品種の数との関係を図 6 に示した．$A_0=5$ とは，年次変動による分散が補正前の $\dfrac{1}{5}$ になることを表している．$A_0=5$ を得るために必要な対照品種の数は，果実成熟期は 39 品種，果実重は 11 品種，可溶性固形物含量は 10 品種であった．したがって，5，6 の主要な栽培品種を対照品種とした程度では年次変動をあ

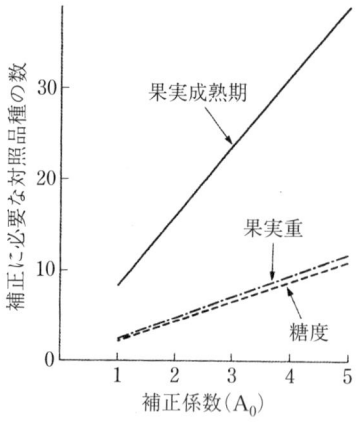

図6 カキの果実形質における補正係数と補正に必要な対照品種の数との関係 (Yamada et al., 1994)

まり有効に補正することはできない．年次変動が相対的に大きい形質は補正の効率が高いが，小さい年次変動を補正するには多くの品種や樹が対照品種として必要である．

対照品種を毎年，栽培して調査することは労力的な負担となる．しかし，数年間に年次変動が小さかったからといっても，その後の年に大きな年次変動を受ける可能性もあるため，その危険も考慮すると，対照品種による調査は毎年，継続するのがよい．

年次変動の大きさを数年間の調査によって推定し，補正係数による有利性を判断してから対照品種の数を検討し直すとよい．

4.3.3 基準年からの年偏差による補正

実際には，対照品種群の年平均値を減ずることによって年次変動を補正するのではなく，年次効果の推定値を，「ある年（基準の年）の対照品種の平均値」を基準とし，それぞれの年の「対照品種の平均値」のそれからの偏差によって得る．すなわち，平年値に近いとみなせる基準年を設けて，その基準年からどのくらいその年がずれているかを年偏差として見るとよい．これを年補正値とし，それぞれの年の交雑実生（品種）の測定値から減じることにより，年次変動を補正した値を得ることができる．

この場合，基準年（z番目の年）の対照品種の平均値$\overline{P'_{\cdot z}}$は固定した値として用いるため，ある定数（C）とみなすことができる．

ある年（k番目の年）のn個の対照品種の平均値$\overline{P'_{\cdot k}}$は，

$$\overline{P'_{\cdot k}} = \mu' + Y'_k + (\sum_{i=1}^{n} E'_{\cdot k}/n)$$

基準年からの偏差は $\overline{P'}_{\cdot k}-C$ であり，これが年偏差である．この年偏差 $\overline{P'}_{\cdot k}-C$ の様々な年の間の分散 $V(\overline{P'}_{\cdot k}-C)$ は，$V(\overline{P'}_{\cdot k})$ と等しい．

i 番目の遺伝子型の k 番目の年における成績 P_{ik} を補正する場合，

$$P_{ik}=\mu+G_i+Y'_k+E_{ik}$$

補正値は $P_{ik}-(\overline{P'}_{\cdot k}-C)$ である．

$$P_{ik}-(\overline{P'}_{\cdot k}-C)=(\mu-\mu'+C)+G_i+E_{ik}-(\Sigma E'_{ik}/n)$$

この補正値の分散，$V\{P_{ik}-(\overline{P'}_{\cdot k}-C)\}$ は，

$$V\{P_{ik}-(\overline{P'}_{\cdot k}-C)\}=\sigma_g^2+\sigma_e^2+(\sigma_e^2/n)$$

補正していない値の分散，$V(P_{ik})$ は，

$$V(P_{ik})=\sigma_g^2+\sigma_y^2+\sigma_e^2$$

補正の効率に関するこの後の論議は，前節の論議と同じこととなる．

4.4 不揃いな実生集団の測定値を用いて年による環境分散を減少させる

育種の選抜の過程で得られた測定値をもとに遺伝解析をしようとする場合，環境変異による誤差を減少するため，年次変動の補正は有効である．その方法は4.3に示した方法が望ましい．しかしながら，毎年，対照品種群を評価しなければならず，そのコストがかかる．

4.3に示した対照品種の栽培・評価が行われていない育種における次善の策として，複数年に同一の交雑実生が形質評価されている場合には，最小2乗法により年次効果が推定できる．Hansche *et al.* (1972) は最小2乗法により不揃いな実生集団における年次効果を推定して年次変動を補正し，遺伝解析に供している．この方法の詳細については，山田 (2006.2) に解説されている．

第5章 遺伝特性の識別性

5.1 広義の遺伝率

　環境分散が推定できれば，ある遺伝子型（品種，系統，交雑実生）について得られた測定値（表現型値）の信頼限界が計算でき，絶対値として，遺伝子型値の信頼限界が計算できる．しかし，その環境分散が大きいのか小さいのかということについては，比較する対象がなければ論じることはできない．たとえば，遺伝子型値の果実重の信頼限界が±40gとしても，それだけでは40gが大きいのか小さいのかわからない．

　果樹栽培を行っている経験から，たとえば1つの品種の果実重の変異が200gから300gくらいまで変動することを知っている場合には，それを尺度に考え，環境変動が大きすぎるのでもっと反復数を増やして正確な遺伝子型値をつかむべきだ，という意見が出るかもしれない．それは，一般に栽培されている品種の環境変異と比較して出た意見である．

　交雑実生集団を対象に選抜を行う場合，その集団の遺伝変異をもとに，環境変異の大きさを論じることができる．選抜する上での遺伝変異の見分けやすさを知ることが，環境変異を解析する目的である．

5.1.1　果樹育種における広義の遺伝率

　遺伝率は，これまでさまざまに（多義に）定義されて用いられてきた．ある一定の環境のもとで測定された，遺伝的に分離した交雑実生集団について用いる（鵜飼，2002）のが一般的である．すなわち，ある年に，ある圃場で，ある組合せから生じた集団における広義の遺伝率を定義することができる．

　表現型値は，対象とする個体を育てた環境，測定方法，反復数などによって変化し，広義の遺伝率もそれによって変わる（Nyquist, 1991）．また，その作物の繁殖様式によっても，その意味は異なる．

　果樹育種でも，その繁殖様式に合わせて広義の遺伝率を考えよう．ある交雑実生集団を考え，それを測定した場合の遺伝分散と非遺伝分散の割合から

広義の遺伝率を定義するとよい．

　果樹育種では，ある年に評価される交雑実生集団は，多くの交雑組合せから生じた交雑実生からなり，それぞれ 1 組合せ 3〜200 実生程度の少数からなる集団となっている場合が多い．組合せごとに個体数が異なっており，それぞれの組合せも，ある親集団が無作為交配されたものではない．遺伝的構成について，何らかのモデルを考えるのはむずかしい集団であるといえる．さらに，選抜は多年にわたっており，1 年生作物のように，それぞれの年ごとに一定の個体を選抜して交雑させて次世代を作るものではない．この実態から見ると，各組合せごとに，また，各年ごとに広義の遺伝率を求めても，実用上，有効ではない．

　果樹の育種家にとっては，「多組合せの，組合せ内個体数がふぞろいな，ある交雑実生集団」について，ある測定条件・反復数のもとで，年次を越えたものとして広義の遺伝率が定義されるとよい．

5.1.2　選抜圃場における環境分散成分をもとに広義の遺伝率を推定する

　広義の遺伝率（h_B^2）は，表現型分散を σ_p^2，遺伝分散を σ_g^2，環境分散を σ_e^2 とすると，$\sigma_p^2 = \sigma_g^2 + \sigma_e^2$ であり，

$$h_B^2 = \frac{\sigma_g^2}{\sigma_g^2 + \sigma_e^2}$$

1 つの遺伝子型の測定値（表現型値）の環境分散（σ_E^2）は，

$$\sigma_E^2 = \frac{\sigma_t^2}{t} + \frac{\sigma_y^2}{y} + \frac{\sigma_{gy}^2}{y} + \frac{\sigma_{ty}^2}{ty} + \frac{\sigma_f^2}{tfy}$$

t, y, f は，それぞれ樹，年，樹内果実の反復数を示す．
年次変動の補正を行っている場合は，平行移動的な年次間分散のかわりに補正の誤差分散が加わる．

$$\sigma_E^2 = \frac{\sigma_t^2}{t} + \frac{\sigma_{ye}^2}{y} + \frac{\sigma_{gy}^2}{y} + \frac{\sigma_{ty}^2}{ty} + \frac{\sigma_f^2}{tfy}$$

σ_{ye}^2 は，毎年評価される対照品種群平均値による年次変動補正に伴う誤差分

散 (4.3).

このように推定された σ_E^2 を上述の σ_e^2 として用い，$\hat{h}_B^2 = \dfrac{\sigma_g^2}{\sigma_g^2 + \sigma_e^2}$ により広義の遺伝率が推定される．＾は推定値の意である．

広義の遺伝率の推定例

農研機構果樹研究所のカキ育種では，1年，1樹，樹内5果の平均値における環境分散 σ_E^2 は，3.4 表11で得られた環境分散成分を用い，$t=1$，$y=1$，$f=5$ と置いて計算できる．

果実成熟期，果実重，糖度について前章に示した対照品種 19 品種・系統の成績で年次変動を補正するとする．σ_{ye}^2 は表 10 の $\sigma_e^2/19$ であり，果実成熟期，果実重および糖度のそれぞれについて 0.01，0.06×10^{-3} および 0.02 である．また，環境分散 σ_E^2 は果実成熟期，果実重（対数変換値）および糖度のそれぞれについて 0.33，1.96×10^{-3} および 0.78 となる．

果実成熟期についてみると，

$$\sigma_E^2 = \frac{\sigma_t^2}{t} + \frac{\sigma_{ye}^2}{y} + \frac{\sigma_{gy}^2}{y} + \frac{\sigma_{ty}^2}{ty} + \frac{\sigma_f^2}{tfy}$$

$$= \frac{0}{1} + \frac{0.01}{1} + \frac{0.07}{1} + \frac{0.15}{1 \times 1} + \frac{0.49}{1 \times 5 \times 1} = 0.33$$

年次変動の補正に用いた対照品種群は，当時のカキ育種に用いられた主な交配親の品種・系統であった．交配親品種群の遺伝変異はその後代集団の遺伝変異とあまり大きくは変化しないとし，遺伝分散を 3.4 表 11 の遺伝分散に置き換えて広義の遺伝率を算出すると以下のようになる．

1年，1樹，樹内5果の平均値を評価した場合，果実成熟期，果実重（対数変換値）および糖度の $\hat{h}_B^2$ は，それぞれ 0.83，0.67，および 0.46 となった．ここで用いた母集団の遺伝的な変異を識別するのは，3 つの形質の中では糖度が難しく，果実成熟期が最も容易であるといえる．

19 品種・系統における果実成熟期の変異は，平均値が 5.62 で遺伝分散が 1.65，その標準偏差は 1.28（すなわち，13 日程度）であった．その中には成熟期が 10 月中旬の品種も 12 月上旬の品種も含んでいた．

農研機構果樹研究所で遺伝資源として保存されているカキの品種間の変異を，大ざっぱに区分すると，極早生が10月上旬，早生が10月中旬，中生が11月上旬，晩生が11月下旬，極晩生が12月上旬となる．19品種・系統が比較的広い範囲の遺伝変異を持っていたことが，果実成熟期の広義の遺伝率の高い1つの要因である．これが，もっと遺伝変異の小さい集団，たとえば，11月上・中旬に成熟する品種・系統だけを用いた場合は，広義の遺伝率はかなり減少する．

このように，広義の遺伝率は対象となる遺伝変異を相手とした相対的なものであり，識別したい遺伝変異を決めることがまず必要である．

5.1.3 2つの環境における表現型値の比較による環境分散と広義の遺伝率の推定

ある一つの圃場で，一定の栽培条件の環境分散が推定されていれば，果実評価の反復数や対象とする集団が変わっても，その集団の表現型値の分散を計算することにより直ちに広義の遺伝率を推定できる．

簡便に環境分散を推定するのに，2つの環境における表現型値の関係を解析する方法がある．この方法では，果実評価の反復数が変わった場合には，環境分散は新たに推定し直さねばならない．

同一の遺伝子型（品種・系統・実生）について2つの環境の下で形質を測定したとする．評価の反復数や測定条件は2つの環境で異なってもよい．環境Aに

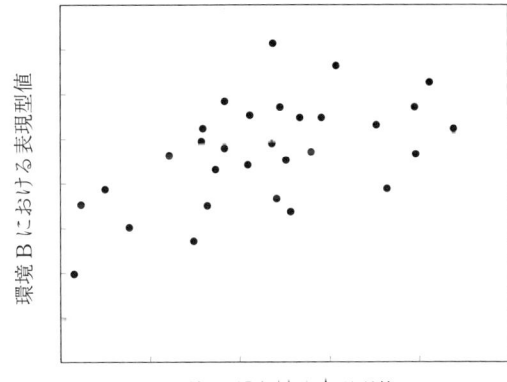

図7　異なる環境AおよびBにおいて同一の遺伝子型（品種・系統・実生）を栽培・評価した場合の表現型値分布の例．

おける表現型値（P_A）を横軸，環境 B における表現型値（P_B）を縦軸にとる時，それぞれの交雑実生は図7に示すように分布する．

遺伝子型値を G，環境 A における環境偏差を E_A とすると，P_A は，

$$P_A = G + E_A$$

E_A は，その評価条件における環境変異であり，2つの環境を考えた場合の遺伝子型×環境の交互作用も含んでいる．また，平均値が 0 で，一定の分散（V_A）を持つ正規分布に従うと仮定できる．

また，$P_B = G + E_B$ とし，同様に考えることができる．

P_A と P_B の標本共分散 $Cov(P_A, P_B)$ は，

$$\begin{aligned}Cov(P_A, P_B) &= \Sigma(P_A - \overline{P}_A)(P_B - \overline{P}_B)/(n-1) \\&= \Sigma\{(G + E_A - (\overline{G} + \overline{E}_A))\}\{(G + E_B - (\overline{G} + \overline{E}_B))\}/(n-1) \\&= \Sigma\{(G - \overline{G}) + (E_A - \overline{E}_A)\}\{(G - \overline{G}) + (E_B - \overline{E}_B)\}/(n-1) \\&= \Sigma(G - \overline{G})^2/(n-1) + \Sigma(G - \overline{G})(E_A - \overline{E}_A)/(n-1) \\&\quad + \Sigma(G - \overline{G})(E_B - \overline{E}_B)/(n-1) + \Sigma(E_A - \overline{E}_A)(E_B - \overline{E}_B)/(n-1)\end{aligned}$$

G，E_A および E_B の間に相関関係は一般に無いので，最下式の第2項以下はそれぞれ 0 と期待される．したがって，n の数が多ければ，

$$Cov(P_A, P_B) = \sigma_g^2$$

すなわち，P_A と P_B の共分散は，遺伝分散と等しいと期待される．P_B の P_A に対する回帰係数 b_A は

$$\begin{aligned}b_A &= [\Sigma(P_A - \overline{P}_A)(P_B - \overline{P}_B)/(n-1)]/[\{\Sigma(P_A - \overline{P}_A)^2\}/(n-1)] \\&= Cov(P_A, P_B)/V(P_A) = \sigma_g^2/\sigma_p^2 = h_B^2\end{aligned}$$

b_A は環境 A における広義の遺伝率と等しくなることが期待される．

野中ら（2008）は，この方法でカンキツの育種集団における遺伝分散と環境分散を推定している．雑種の交雑実生を圃場に密植で栽植したカラタチ台に接ぎ木して果実を評価する場合が環境 A，その後，同一実生（同一遺伝子

型）をウンシュウミカン成木に高接ぎして果実を評価した場合が環境 B である．評価された実生は，環境 A の条件で果実形質を総合的に判断して一次選抜され，環境 B で二次選抜に供されたものである．果実重については，環境 A における $\hat{h}_B^2$ が 0.53±0.11，環境 B における $\hat{h}_B^2$ は 0.78±0.16 と推定された．環境 A における測定値の分散（表現型分散）は 0.048 であったので，遺伝分散は 0.026，環境分散は 0.023 と推定された．この環境分散を用いれば，その評価条件における遺伝子型値の信頼限界を計算することもできる．

　この方法では，多くの遺伝子型を用いないと一般に推定の精度が劣るが，簡便に広義の遺伝率や環境分散を推定できる．2 つの環境は，異なる場所，異なる評価方法でも良い．ある方法によって評価した品種群の耐病性を，他の研究者による同じ品種群の評価と比較する場合にも用いることができる．

5.2　反復による広義の遺伝率の向上

　交雑実生集団における遺伝変異を識別できる程度は広義の遺伝率によって示される．個々の実生（遺伝子型）の果実形質の環境分散 σ_E^2 は，

$$\sigma_E^2 = \frac{\sigma_t^2}{t} + \frac{\sigma_y^2}{y} + \frac{\sigma_{gy}^2}{y} + \frac{\sigma_{ty}^2}{ty} + \frac{\sigma_f^2}{tfy}$$

t, y, f は，それぞれ樹，年，樹内果実の反復数を示す．

　除数の t, y, f を大きくすれば σ_E^2 は小さくなる．広義の遺伝率 h_B^2 は σ_E^2 を小さくすれば大きくなる．個体に関する（広義の）遺伝率は個体当たりの観察数が増加するにしたがって増加する（Nyquist, 1991）．

　年，樹または樹内果実数を反復することにより環境分散が小さくなるが，大きい値の分散成分の反復数を増やしたほうが環境分散は小さくなる．樹内果実間分散は一般に大きいので，これを反復することは環境分散を減らすのに効果的である．

　カキの糖度の場合，1 年，1 樹，1 果という条件では，3.4 表 10 および表 11 の環境分散成分推定値から，

$$\sigma_E^2 = \frac{\sigma_t^2}{t} + \frac{\sigma_{ye}^2}{y} + \frac{\sigma_{gy}^2}{y} + \frac{\sigma_{ty}^2}{ty} + \frac{\sigma_f^2}{tfy}$$

$$= \frac{0.06}{1} + \frac{0.02}{1} + \frac{0.19}{1} + \frac{0.17}{1 \times 1} + \frac{1.70}{1 \times 1 \times 1} = 2.14$$

σ_E^2 を構成する環境分散成分の中で樹内果実間分散成分 $\sigma_f^2/(tfy)$ の占める割合は，1.70/2.14＝0.79 で，79％と高い．

1 年，1 樹，5 果とし，果実評価する反復数を増やすと，σ_E^2 は 0.78 と，2.14 の 36％となり，樹内果実間分散成分 $\sigma_f^2/(tfy)$ の割合は 44％となる．

樹内果実数を増やすことは，その交雑実生を 1 樹余計に育成して管理したり（樹の反復），1 年余計に管理したりする（年の反復）労力が必要なわけではなく，結実している果実を用いて測定数を増やすだけであるからコストの上昇は小さい．一般に，選抜・淘汰は樹体の小さい結実開始早期の段階で行われるため，結実している果実数は多くない．10 果以下程度の範囲でしか測定果実数を増やせないことが多い．

なお，ここでの糖度は，1 つの果実について赤道部の 1 ヶ所の果肉を切り取って，屈折糖度計に押しつぶして測定しているので，樹内果実間の分散には果実内の分散や測定誤差も含まれている．果実内の反復測定データがあれば，果実内の測定の反復で，どの程度環境分散が減少するか推定することが可能である．

5.3 年と樹の反復効率の比較

5.3.1 広義の遺伝率から

育種効率上，年の反復をするべきか樹の反復をするべきかという問題を，広義の遺伝率の点から検討しよう．

図 8 では年，樹，果実の反復数を変えて広義の遺伝率を比較している．ここでは，3.4 表 11 で得た 19 品種・系統の遺伝分散を交雑実生集団の遺伝分散とおいて広義の遺伝率を計算している．また，年次変動は補正している．

1 遺伝子型について 1 樹を用い 5 果を評価するとした場合，糖度の広義の遺伝率は，年の反復のない場合 0.46 であるが，3 年反復すると 0.69 まで上

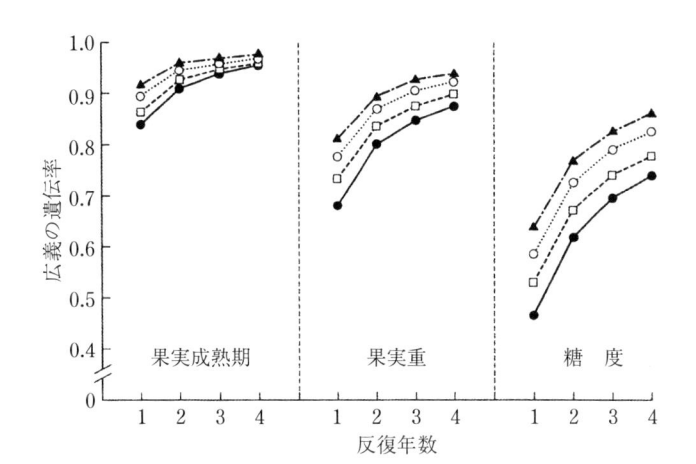

図8 カキの果実成熟期，果実重および糖度における樹，果実および年の反復が広義の遺伝率に及ぼす影響（Yamada *et al*., 1993）
● : 1樹5果，□ : 1樹10果，○ : 2樹・各樹5果，▲ : 3樹・各樹5果

昇する．

年の反復のない場合は，

$$\sigma_E^2 = 0.78, \quad \sigma_{g_2}^2 = 0.66, \quad \hat{h}_B^2 = 0.66/(0.78+0.66) = 0.46$$

3年反復した場合は，

$$\sigma_E^2 = 0.30, \quad \hat{h}_B^2 = 0.66/(0.30+0.66) = 0.69$$

年の反復をせずに樹の反復をした場合は，t に関係する分散成分が y に関係する分散成分に比べて小さいことから，年の反復をした場合より遺伝率の上昇が少ない．すなわち，1年の評価で2樹を用いた場合よりも，2年の評価で1樹を用いたほうが遺伝率が少し高い．この場合，評価した合計果実数は同じ（10果）としている．

果実重についても，樹よりも年を反復する方が遺伝率が上昇する．果実成熟期は，1年1樹5果の評価でも遺伝率は0.83と高く，年数および樹数を増やしても遺伝率はそれほど上昇しない．一般に，反復数を増やすことに比例してコストは上がるが，遺伝率の上昇程度は低くなる．

単に年と樹の反復の効果を比較するだけならば，遺伝変異を考慮せず，環境分散だけを比較すればよい．すなわち，y が 1 増えた場合と t が 1 増えた場合のどちらが σ_E^2 が減少するか比較するとよい．

年次変動を補正しない場合，

$$\sigma_E^2 = \frac{\sigma_t^2}{t} + \frac{\sigma_y^2}{y} + \frac{\sigma_{gy}^2}{y} + \frac{\sigma_{ty}^2}{ty} + \frac{\sigma_f^2}{tfy}$$

t と y が両方分母となっている分散成分は，y が 1 増えても t が 1 増えてもその寄与分の減少は同じであるから，ここでは考察から除外できる．t が分母となっているのは σ_t^2，y が分母となっているのは σ_y^2 と σ_{gy}^2 であり，$\sigma_t^2/(\sigma_y^2+\sigma_{gy}^2)$ の比によって，その効果を測ることができる．この比が 1 より大きければ樹の反復のほうが年の反復より σ_E^2 の減少が大きい．

年次変動の補正を行った場合では，

$$\sigma_E^2 = \frac{\sigma_t^2}{t} + \frac{\sigma_{ye}^2}{y} + \frac{\sigma_{gy}^2}{y} + \frac{\sigma_{ty}^2}{ty} + \frac{\sigma_f^2}{tfy}$$

この場合は $\sigma_t^2/(\sigma_{ye}^2+\sigma_{gy}^2)$ の比によればよい．カキの 3 つの形質における $\sigma_t^2/(\sigma_{ye}^2+\sigma_{gy}^2)$ の比は，果実成熟期，果実重および糖度のそれぞれについて 0，0.25 および 0.28 であり，1 よりかなり小さかった．

果樹以外の作物についても，圃場内の個体の反復を増やすより場所・年を反復したほうが効率的であることが一般に示されている．

5.3.2 コストから

これまでは，環境変異の減少という観点だけから検討してきたが，実際には，交雑実生の樹の反復をすることは，それだけ選抜圃場に栽植できる交雑実生数が減るわけであり，育種の効率が大きく落ちることになる．一方，年の反復をしても 1 年淘汰が遅れることになり，圃場に栽植できる交雑実生数に影響する．コストは選抜圃場の広さと選抜のスピードに依存する．

(1) 高接ぎを行う場合

農研機構果樹研究所のカキの育種では，'富有'を中間台木として 1 樹に 6～10 の交雑実生が高接ぎされている．ある交雑実生を淘汰することが決ま

ると，翌年春にはその場所に新しい別の交雑実生が高接ぎされていく（図9）．

選抜圃場におけるその'富有'樹の数を r_1，1樹に高接ぎできる交雑実生数を r_2 とすると，選抜圃場全体に交雑実生を高接ぎできる箇所数 r は，$r = r_1 \times r_2$ である．その選抜圃場を長期間（Y 年間）用いて選抜を行うと仮定し，1年に高接ぎ箇所1箇所を占有する単位（高接ぎ単位）を考えると，その年数に高接ぎできる単位数 N は，$N = r \times Y$ である．

交雑実生を高接ぎして4年目に初めて結実し，ある程度の果実が収穫できると仮定する．y を交雑実生の果実評価を行う年数，t を1つの交雑実生の高接ぎを行う箇所数とすると，Y 年間の間に高接ぎできる交雑実生の総数 T は，

$$T = N / \{(3+y) \times t\}$$

1） 年反復

各交雑実生を1カ所ずつ高接ぎするので $t=1$．淘汰を初結実の年に行うとすると $y=1$ であり，$T=N/4$ となる．果実評価を2年するならば $y=2$ で $T=N/5$ となり，果実評価を3年反復するならば $T=N/6$ となる．

2） 樹反復

年の反復をせず $y=1$ とし，1つの交雑実生の高接ぎ箇所数を増やしてい

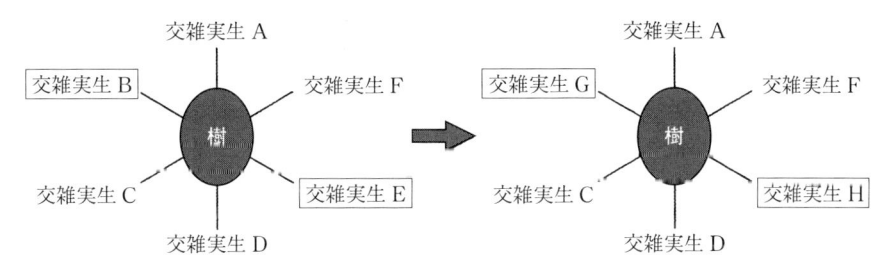

図9 高接ぎを利用したカキ育種における選抜圃場の状況

った場合を考える．高接ぎを同一樹内に行えば，樹の反復にはならず，樹内の反復になり，σ_t^2 と σ_{ty}^2 の項の減少には寄与しない．一方，高接ぎするスペースはとる．したがって，高接ぎ箇所数を増やすならば，別の樹に高接ぎするべきである（樹反復）．

$t=1$ の場合は $T=N/(4\times1)=N/4$ であるが，$t=2$ とすると $T=N/8$，$t=3$ ならば $T=N/12$ となり，T の値は急速に減少する．高接ぎ箇所数を 1 交雑実生につき n 箇所行うならば，高接ぎできる交雑実生（遺伝子型）の総数は $\frac{1}{n}$ になる．$t=2$ とすると $T=N/8$ であるが，$t=1$ として y を変化させた場合の $T=N/8$ となる y は $y=5$ であり，5 年反復調査することと，2 樹を用い 1 年の評価することとが，同じコストとなる．

3）年反復と樹反復の比較

σ_t^2 が σ_{gy}^2 に対して非常に大きいならば，そのコストを甘受しなければならない．しかし，果実成熟期，果実重，糖度では $\sigma_t^2/(\sigma_y^2+\sigma_{gy}^2)$ または $\sigma_t^2/(\sigma_{ye}^2+\sigma_{gy}^2)$ が 1 よりはるかに小さいため，樹の反復が効率的ではなく，1 交雑実生は 1 カ所だけとするのがよい．

初結実までの年数がかかることから，高接ぎ箇所数を増やして樹体を育成することは，初結実までの未結実の期間にかかるコストを負担することになる．これに対して，年を反復しても未結実期間の負担はない．このことが樹の反復より年の反復のほうが有利である要因である．

4）選抜系統の反復

できるだけ多くの交雑実生を育成して選抜する一次選抜段階では，樹の反復は望ましくない．しかし，樹を反復することは，それだけ高接ぎ後早い段階で，より環境変異の小さい測定値を得ることができる．また，樹の反復はそれだけ正確に遺伝特性をつかむ手段である．

選抜圃場における評価に基づいて選抜された少数の系統についてより正確に遺伝特性を把握したいという場合は，系統数は非常に少ないので，樹を育成することによるコストは小さい．

1 年に 1,000 実生程度の評価を行って 10 実生を予備的に選抜した場合，

今後この 10 実生の樹を反復したとしても，育成にかかるコストは，全交雑実生について樹の反復をした場合のコストの 1% である．3 樹ずつ育成しても 3% であり，非常に小さい．

樹体を大きくしたり，供試果実数を多くしないと遺伝特性を把握できない形質もある．予備的に選抜された少数の系統については，できるだけ多くの樹数の反復を行い，できるだけ早い時期に遺伝特性をつかむのが得策である．また，選抜された段階では，樹は幼若期を脱しており，カキの場合，新たな高接ぎにより繁殖すれば高接ぎ 2 年目には果実を結実する．このことも，この段階での樹数の反復があまりコストがかからない要因の 1 つである．

(2) 高接ぎしない場合

高接ぎ法を用いる場合は，淘汰された高接ぎ箇所に，次年に新しい交雑実生を高接ぎできた．しかし，ブドウ，ナシ，モモなどのように，交雑実生を独立樹で栽植して選抜している場合は，ある選抜圃場は，その全体の淘汰が終わるまで次の交雑実生は栽植しない（図 10）．

実際には，すべての交雑実生が一斉に果実をつけることは難しく，樹の大きさの揃い，着花性や幼木相の長さの遺伝的な違いなどから，不揃いに結実を始めることが多い．そして，結実し始めた交雑実生から果実の評価を行い，その結果をもとに次々と淘汰（伐採）を行う．

農研機構果樹研究所におけるブドウ育種では，6m の畝間とし，1 畝に 2

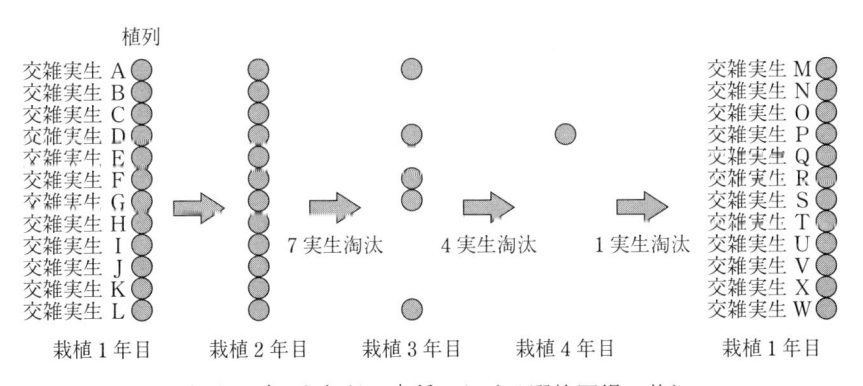

図 10 ブドウなどの育種における選抜圃場の状況

列のブドウ樹を 60cm 間隔で栽植する．この場合，1 樹あたりに与えられる面積は $1.8m^2$ である．

　ブドウは樹体が大きくなるのが早く，樹冠占有面積は急速に拡大する．そのままでは栽植 2，3 年目には過密状態となり，葉の重なりが多くなり，光合成の効率が劣り，果実品質の比較が困難になる．夏季剪定をして適当な葉面積指数に維持しなければならないが，管理労力が増大する．度重なる夏季剪定も行うことが難しくなると病害防除薬剤を散布しても全ての葉や新梢にかからず，病害が多発する．したがって，結実の開始した栽植 2 年目から実生を淘汰して，樹と樹のスペースをあけていかねばならない．

　このような状況では，年の反復をするとしてもすべての実生について，たとえば 3 年といった反復を行うことは難しい．残された一部の実生について果実評価の年反復を行うことが可能である．

　選抜される可能性のある交雑実生は，1 年の評価だけでなく，2 年あるいは 3 年と年数を重ねて評価を行って選抜するか淘汰するかを決定しなければならないが，栽植から評価が終了する最後の年までの年数 Y によって圃場の回転する速さが決まる．Y に達すると，翌年は新しい交雑実生が一斉に植えられる．Y に達するまでは，年の反復をしても最終的に一定期間に圃場栽植できる交雑実生の数は一定のままである．

　一方，樹の反復をすればするだけ，選抜圃場に植えることのできる交雑実生の数は減少する．1 交雑実生につき n 樹の反復を行うならば，収容できる交雑実生（遺伝子型）の総数は $1/n$ になる．したがって，σ_t^2 が $\sigma_y^2 + \sigma_{gy}^2$ または $\sigma_{ye}^2 + \sigma_{gy}^2$ に対して相当に大きくないと，樹の反復は非能率である．果樹研究所におけるブドウ育種では $\sigma_t^2/(\sigma_y^2 + \sigma_{gy}^2) < 1$ であり（Sato *et al.*, 2000），環境分散の点からも樹の反復は効率的ではない．

　農研機構果樹研究所のブドウ育種では，毎年，交雑実生を栽植しているが，Y は 4 年であり，全体の選抜圃場を 4 つに分けて，それぞれの圃場は 4 年ごとに新しい交雑実生を栽植している．

　しかし，Y 年を経たのちにもまだ反復調査をして遺伝特性を把握したい場合もある．再び苗木を作って植えるのでは，樹体が大きくなって正常な果実

特性が把握できるようになるまでの年数が3年以上かかる．苗木から育成し，それが大きくなるまでの年数が育種にとっての損失となる．選抜圃場から樹を移植すると，植え傷みの問題が起こりやすい．

移植により継続した評価が難しいと判断される場合は，わずかな系統数であるので，そのまま調査を続けることが得策である．その圃場に新しく一斉に植えられる交雑実生は，それをよけて植えることになり，管理上，望ましくないが，コストの点からは有利である．そのままの樹を使うと，調査する年を1，2年ふやせば特性評価が進み，選抜・淘汰を決定できる場合が多い．

このように，果樹の育種では，樹体を大きくしたり，結実しない期間をできるだけ設けないようにすることが効率上，重要である．予備選抜した系統を高接ぎする方法はその期間を短縮する上で有効である．ただし，ウイルスは接ぎ木によって確実に感染する．ブドウ，リンゴ，ナシなどのウイルス病が問題となる樹種では高接ぎ法を多用することは避けたほうがよい．ブドウの全国試作試験では苗木から樹を育成して評価される．

5.4 反復率

広義の遺伝率より簡単に求められる指標として「反復率」（repeatability）がある（Falconer, 1960）．反復率は，同一の個体を反復して評価した場合の測定値を用いて遺伝変異の識別性を表す．

反復するものによって反復率の持つ意味は異なる．交雑実生集団における年の反復を反復と考えた場合の反復率を検討しよう．

果実形質の測定値は，樹反復のない各実生につき各年一定数 m の果実を評価し，その平均値をその実生のその年の値（Z_{ij}）とする．

$$Z_{ij} = \mu + S_i + Y_j + E_{ij}$$

μ は定数（総平均値），S_i は i 番目の交雑実生の遺伝的効果，Y_j は j 番目の年の効果，E_{ij} は i 番目の交雑実生における j 番目の年における環境要因による誤差．

遺伝子型と年を要因とした分散分析により，S_i，Y_j および E_{ij} の分散 σ_s^2，

σ_y^2 および σ^2 が得られ,その3つの分散成分の和が全分散となる.
年次変動の補正をしない場合の反復率 r は

$$r = \frac{\sigma_s^2}{\sigma_s^2 + \sigma_y^2 + \sigma^2}$$

これを広義の遺伝率と比較すると,3.2.6 のモデルでは $j=1$ で,

$$Z_{ik} = \mu + (G_i + T_{ij}) + Y_k + \{(GY)_{ik} + (TK)_{ijk} + (\sum_l F_{ijkl}/m)\}$$

$$= \mu + S_i + Y_k + E_{ik}$$

$$r = \frac{\sigma_g^2 + \sigma_t^2}{\sigma_g^2 + \sigma_t^2 + \sigma_y^2 + \sigma_{gy}^2 + \sigma_{ty}^2 + \dfrac{\sigma_f^2}{m}} \tag{2}$$

r は,簡便に得られる利点があり,また,反復によって減少する環境分散成分が限定されている点が特徴である.

Falconer (1960) は反復の効果について次のように示している.

反復した年の数を y,表現型値の分散を $V_p(y)$ とする.

$$V_p(y) = \sigma_g^2 + \frac{\sigma_y^2 + \sigma^2}{y}$$

$V_p(y)$ は反復をしただけ $(\sigma_y^2 + \sigma^2)/y$ の項が減少する.減少しただけより精度高く交雑実生の遺伝的特性を識別できることになる.反復なしの表現型分散を V_p とし,これとの比率 $\dfrac{V_p(y)}{V_p}$ から減少程度を評価すると,反復率の低い形質では,反復の効果が高い. $r=0.75$ の場合,4 回以上の反復調査は,ほとんど識別の精度は向上しない (Falconer, 1960).反復率を用いて形質を遺伝識別性により分類して選抜の指針とした報告がある (Hansche and Brooks, 1965,山田ら,1984;佐藤ら,1993).

第6章 分散分析によらない環境変動の評価

6.1 環境変動の特徴の図による把握

　分散分析は，各要因の効果が加法的であり，各要因が独立で，誤差の分布が正規分布する，という条件のときに可能である．くり返しの無い2元配置の分散分析を考えた場合，2元表のいずれのセルにおける誤差も，同じ誤差分散を持つことが前提である．

　しかし，「誤差が一定の分散を持ち，正規分布に従う」という条件が成り立たない場合はかなりある．生理落果率や裂果率など，全体の果実の中で発生している割合によって評価される形質は，全く発生しない品種・系統（または交雑実生）が多い場合は，それらの値はすべて0となってしまう．一方で，一部の発生する品種・系統はその発生率が年や樹により大きく変動する．

　解析に当たっては，まず，形質の変動する状況を図によってとらえ，その後にそれを数量化することを考えるとよい．図11に，例として，樹と果実の評価条件を「1樹20果を測定した平均値」とし，年を反復した状況を示した．横軸に「各遺伝子型（品種・系統・実生）を5年間評価した平均値」を，縦軸に各年の値を示している．

　横軸からは各遺伝子型5年平均値間の変異，縦軸からは各遺伝子型における各年の間の変異が読み取れる．

　各遺伝子型について同一の1つの樹を5年間評価するので，樹間の環境変異（同一の遺伝子型における異なる樹間の変異）は遺伝子型の変異と合わさって横軸に表れる．縦軸には，樹内果実間変異の $\frac{1}{20}$，平行移動的な年次変動，遺伝子型×年の交互作用および樹×年の交互作用が合わさった変動が表れる．

①そのままのデータを分散分析できる場合は，図11Aの状況である．5年平均値の高い遺伝子型も低い遺伝子型も年次変動の大きさが同じである．遺

伝子型により，年次変動の大きさが異ならない．

② 図11Bに示した状況は百分率で示される結実率のような形質である．遺伝子型の変異が0%から100%近くまである場合，0%や100%に近くなると変動は小さくなり，50%付近の変動が最も大きい．これは，割合が2項分布に従う性質による．

③ 図11Cは裂果率のような形質である．多くの遺伝子型で発生が無いか小さく，年による変動もない．通常，裂果が発生すると商品果率が下がり経済栽培できないため，経済品種は裂果発生が無いか小さい．育種がうまく進んでいる交雑実生集団では裂果発生する実生はそれほど多くない．

樹の反復についても同様の図を書くことができる．

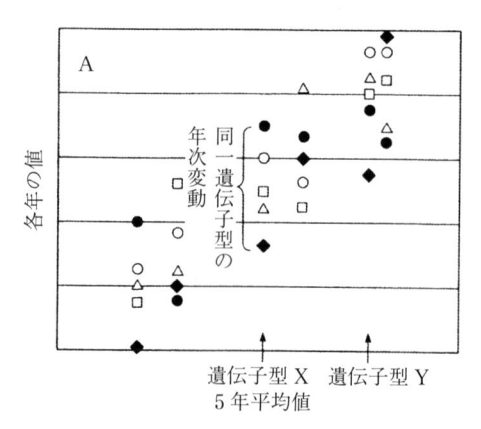

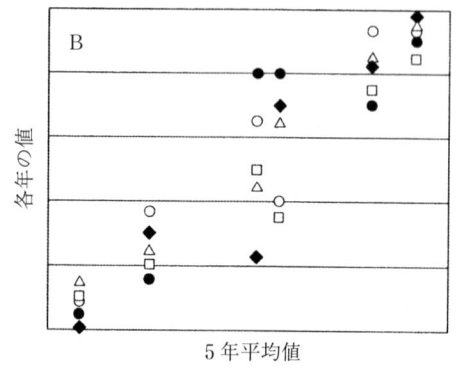

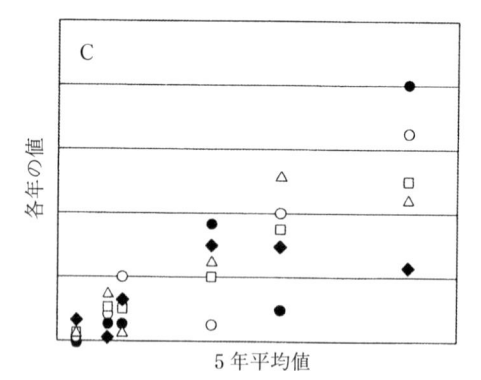

図11 形質の年次変動の様相
　　　同一の記号は同一年次の値を示す
　　　（例：■：A年，◆：B年）

6.2 平行移動的な年次変動が大きい場合

　カキの生理落果は，種なしの果実が実止まりする性質（単為結果力）の品種による差異が大きく，また，年次変動も大きい．単為結果力の年次変動は，6〜7月の日射量に大きく左右され，日射量が多いと生理落果は少ない．

　カキの単為結果力の年次変動を調査した例（図12）では，全体としてみると，1983年は単為結果力が高く，1981年は低い年であった．単為結果力の非常に低い品種はいずれの年もほとんど生理落果してしまう一方，単為結果力の高い品種はいずれの年も高い結実率を示した．単為結果力の中間の品種は，1981年にはほとんど結実しなかったが，1983年には中〜高い着果率を示した．

　このような変動では，誤差は正規分布をせず，分散分析モデルを単純にあてはめて解析することができない．しかし，年次変動はすべての品種について平行移動的に表れているのが見てとれる．図13のように単為結果力を連

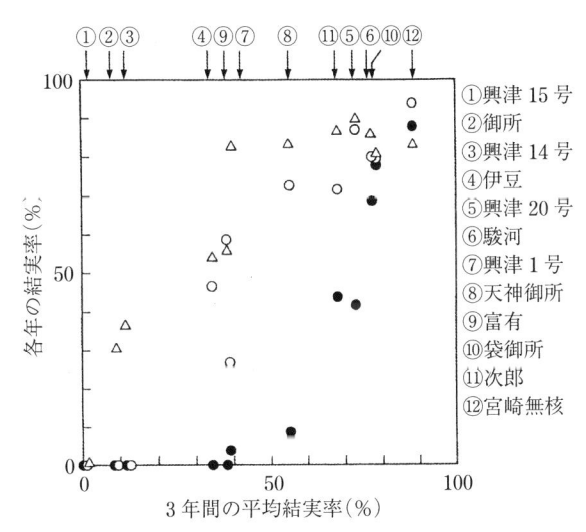

図12　カキ 12品種・系統について花に袋かけを行うことにより受粉を遮断して単為結果させた場合の結実率の年次変動（山田ら，1987）
　●：1981年，○：1982年，△：1983年

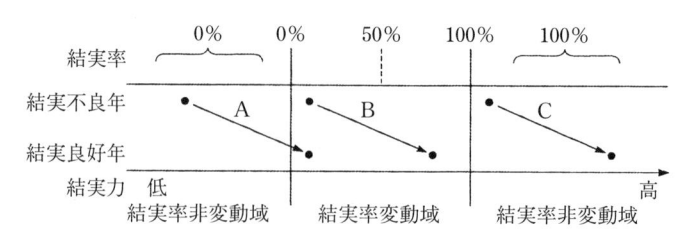

図13 カキの単為結果力の年次変動モデル（山田ら，1987）
A：単為結果力の低い品種，B：中程度の品種，C：高い品種

続的な性質ととらえれば，結実率はその中間の一部の値の変動だけを表すと考えられる．

毎年，年次効果を調べる対照品種を同時に栽培・調査しておき，その年次変動のグラフの中に，対象系統の単為結果性を位置づけて評価すればよい．なお，この結実性評価法は，労力がかかる上，結実数の少ない結実開始早期の実生には適用できない．他の果実形質などで予備選抜された少数の系統について行われる．

6.3 遺伝子型と年の交互作用が大きい場合

Yamada *et al.*（1987）は果底部が裂開するカキの裂果である「へたすき」について果実ごとに，無＝0，小＝4，中＝7，大＝10 のスコア（へたすき指数）を与えて評価とし，交雑実生について 1 年に 10 果を用いて評価し，5 年間反復した（図14）．

5 年間の平均値が大きい（すなわち，遺伝的に裂果性が強い）交雑実生ほど，年次変異が大きい．これは 5 年間平均値が 9 や 10 の実生がなく，裂果性の小さい実生の集団であるためである．

図14は，単為結果力の年次変動を示した図12と同様の図であるが，単為結果力の年次変動が，年によってすべての遺伝子型が平行移動的に変動していたのに対し，へたすきには，そのような傾向は認められない．平行移動的な年次変動は年次間分散（σ_y^2）に当たる．平行移動的に生じない年次変動は，遺伝子型×年の交互作用の分散（σ_{gy}^2），樹×年の交互作用の分散

(σ_{ty}^2/t),樹内の果実間分散 $\{\sigma_f^2/(tf)\}$ の3つの要因を含んだ変動を示し,へたすきではこれが大きい.

また,裂果性を遺伝的に持たない交雑実生は,いずれの年にも裂果を生じないのに対し,裂果性を持つ交雑実生は,裂果性が強いものでもほとんど裂果を生じない年から非常に多くの裂果を生じる年がある.

裂果は,果樹生産において致命的な影響を与える形質であり,ブドウ,オウトウ,ナシ,モモ(核割れ)などの果樹のほか,トマトなどの果菜類でも一般的に起こる.一般に,果実が肥大していく過程で多量の降雨があると,水分が吸収され,果実が一時的に急激に肥大することに果皮や果肉などの組織が堪えられずに裂果する.裂果する時期は一般に果実肥大後期以後の場合が多い.乾燥が続いて,急に降雨があると降雨量はそれほど多くなくても裂果が生じやすい.裂果性は一般に年次変動が大きい.

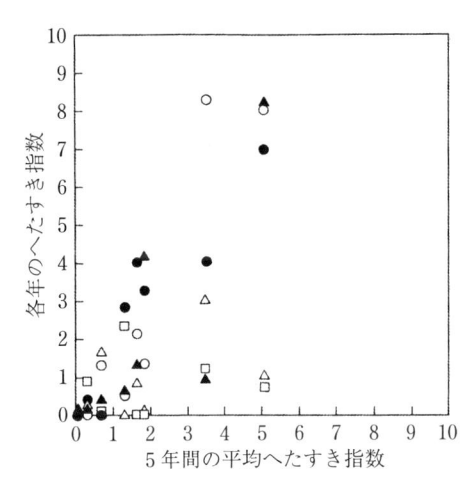

図 14 各年 10 果を用い,5 年間評価したカキの 24 交雑実生におけるへたすき指数の年による変異(Yamada *et al.*, 1987)
各実生は 1 樹の 1 枝に高接ぎされたものである.
□:1978,△:1979,○:1980,
▲:1981,●:1982.

裂果はすべての果実で生じるのではなく,一部の果実が裂果する場合が多い.一般に,裂果果実の生じる割合が問題となる形質である.また,3 果程度の少数の果実を評価しただけでは果実の抽出による誤差が大きい.

6.4 変数変換による分散分析

カキのへたすきを解析する上での困難は,母平均値(遺伝子型値)が大きくなるほど環境変異の分散(および標準偏差)が大きくなることであった.

このような形質については，変数変換することにより平均値と分散（または標準偏差）との関係を独立にすることができる場合がある．

なお，対象となる遺伝子型（交雑実生）の集団は，へたすきが小さいか，無いものが多い．加えて，裂果がへたの下に隠れ，微小なへたすき程度について連続的な数量的評価がむずかしい．そのため，微小なへたすきではへたすき指数0と評価される．育種の調査では短期間に多くの実生を評価しなければならず，煩雑な評価はコストが高い．

へたすきを生じない品種・系統は，いずれの年，樹，果実においてもへたすきを生じないことから環境変異がない．Yamada et al. (2002) は，このような品種・系統を除き，へたすきを生じる品種・系統だけを用いてへたすき果率を変数変換し，分散分析を行った．へたすき「小」以上の果実が商品性を持たないので，へたすき「小」以上の果実の割合を裂果値とし，平方根変換として分数分析に供した（たとえば 20%の果実がへたすき「小」以上であった場合，裂果値は 0.20，その平方根は $\sqrt{0.2}$ ）．

分散分析のモデルは，

$$X_{ij} = \mu + G_i + Y_j + E_{ij}$$

X_{ij} は i 番目の品種・系統の j 番目の年における測定値，μ は定数（総平均値），G_i は i 番目の品種・系統（および樹）による効果，Y_j は j 番目の年における平行移動的な年次効果，E_{ij} は i 番目の品種・系統の j 番目の年における誤差である．

平方根変換をすると，平均値と分散が独立になり，誤差推定値の分布（9.2.1 参照）は Komogorov-Smirnov の 1 試料検定法において正規分布と有意に異ならなかった．このような変換による解析が有効であるためには，供試した果実数がある程度多いことが必要である．

分散分析の結果は表 14 に示している．この表における σ_g^2 は遺伝子型分散に樹間分散の加わったもので 28.3×10^{-3}，σ_y^2 は年次間分散（平行移動的な年次変異の分散）で 3.5×10^{-3}，誤差分散 σ_e^2 27.9×10^{-3} は遺伝子型×年の交互作用，樹×年の交互作用，および樹内果実の抽出誤差の合わさったもの，と

表14 14遺伝子型について毎年1樹25果を評価した10年間のへたすき果割合の平方根値に対する分散分析 (Yamada et al., 2002)

変動因	自由度	平方和	F値	平均平方の期待値
遺伝子型間	13	0.3113	11.1**	$\sigma_e^2 + 10\sigma_g^2$
年次間	9	0.0774	2.8**	$\sigma_e^2 + 14\sigma_y^2$
誤差	117	0.0279		σ_e^2

考えることができる.

統計理論に「中心極限定理」がある.これは「母集団の度数分布の形がどのようなものであっても,大きさnの無作為標本をくり返したときの標本平均値の度数分布は,nが増大するにつれて正規分布に近づく」(スネデカー・コクラン,1972).

母集団の中で問題とする属性を持つ成員の割合をpとし,大きさnの標本を抽出する時,その属性を持つものの数がrである確率は,${}_nC_r \cdot p^r \cdot (1-p)^{n-r}$で表され,2項分布に従う.母集団としての1樹の中の裂果している果実の割合をpとし,n個の果実を標本として抽出し,標本中の裂果している果実の数をrとすれば,rである確率は2項分布に従う.そして,rおよび$\frac{r}{n}$の分布は標本の大きさn(果実数)が大きくなると正規分布に近づく(キャンベル,1976).標本における比率$\frac{r}{n}$の分散は$\frac{p(1-p)}{n}$で表される.pの値が0.5の場合に最も大きく,0または1に近づくほど小さくなる.

2項分布はpの値を一定にしてnを大きくすると正規分布に近づく.正規分布に近似するとして解析することが可能であるが,正規近似が適当であるのは,npが15より大きい場合である(スネデカー・コクラン,1972).

第3編 選　　抜

　第2編では量的形質の環境変動について述べ，遺伝特性をとらえる上での誤差について述べた．第3編では，それをもとにした選抜の方法を示す．

第7章　育成地における選抜

　育種では，現在栽培されている品種よりも多くあるいは一部の形質について優れた特性をもつ品種を生み出す，また，現在の栽培品種にはない多様な特性を持つ品種を生み出すことを目的としている．したがって，一般に，育種目標と選抜水準は現在の主要経済品種をもとに設定されるべきである．

　また，育種の効率を常に考えて選抜を行うべきであり，致命的な欠陥のある実生はできるだけ早期に淘汰するべきである．裂果性の強い品種，果実重が小さい品種，収穫後の日持ちが極端に短い品種などは経済栽培できない．これらの形質には経済栽培できる最低ラインの選抜水準が考えられる．

　現在栽培されている主要な経済品種は，これらの欠点はなく，そのラインを越えており，その上で優れた形質を持つと考えることができる．しかし，交雑して生じる実生の変異が大きく，この最低ラインを下回る個体が多く生じる場合も多い．それらはできるだけ早期に淘汰しなければならない．

　交雑実生の反復調査（年の反復）は遺伝特性をつかむのに有効であるが，多くの実生についていたずらに反復調査を行うことは育種の効率を大きく低下させる．最後に選抜されるべき個体，育成される品種はごく少数であり，交雑実生集団の大半の個体は淘汰されるべきものである．不良な個体をどれだけ早期にまたどれだけ確実に淘汰するかが育種の能率を左右する．不要なものが除かれれば，残った個体について重点的に遺伝特性を検討することができる．

7.1 圃場定植以前の選抜

　果樹は樹体が大きく結実までに数年を要するため，圃場で植物体を育成して選抜することはコストが高い．圃場に植える以前の段階で，1つあるいはいくつかの主要形質の遺伝特性が把握できれば，不良な実生を淘汰し，圃場に植える実生を減らすことができ，育種の効率が高い．

　しかし，果実形質は果実が結実するまで評価できない．この段階で選抜できるのは，枝葉の耐病虫性などの形質である．一般に苗床での検定・選抜をそれぞれ幼苗検定・幼苗選抜と呼ぶ．果樹の場合，圃場に植え付ける以前の1～2年生苗を用いた選抜も同様に考えることができる．本書では，これらを合わせて苗選抜と呼ぶことにする．

　苗選抜では，一定の病虫害抵抗性検定などを行って選抜・淘汰を行うことができる．圃場に定植した樹を評価する代わりにその検定を行うのであるから，その検定結果が圃場に定植した場合の病虫害抵抗性を表す必要がある．

　幼苗検定では，植物体を一定の環境で生育させ，一定の菌株を用いて接種し，耐病性を評価する方法が用いられる．このため，菌の系統が異なれば，発病程度が異なる可能性もある．また，樹齢を経た樹の抵抗性や圃場抵抗性も関与している実際栽培上の耐病性とは異なる可能性もある．また，検定結果は遺伝変異を示すものでなくてはならない．一定濃度の菌を幼苗に散布し，発病程度の小さかった個体のみを選抜した場合，発病程度がすべて環境変異であれば，選抜する意味はない．

7.1.1　環境分散と広義の遺伝率の推定

　苗選抜にあたっては，まず苗を用いた選抜の条件における環境分散と広義の遺伝率を把握することが必要である．これは第3章（3.5）に準じて解析できる．3.5では年次を反復としているが，全実生を一斉に評価（検定）して反復する場合は年次の代わりにそれを反復とすればよい．1つの遺伝子型（実生）に個体（3.5では樹にあたる）の反復があることが望ましく，遺伝子型内個体（樹）間分散が推定できる．

全実生を一斉にではなく評価を反復した場合は，(1)に示すように一元配置の枝分かれ分類（応用統計ハンドブック（1999），3.4）による分散分析によって解析できる．

1 実生につき 1 個体しかない場合，同一個体について評価（検定）を反復した成績があれば，これらは次の (2)(3) のように簡易な形で算出できる．遺伝子型間分散は，遺伝子型内個体間分散を含んでいることに留意しながら算出された広義の遺伝率を用いる．

(1) 1元配置枝分かれ分類による広義の遺伝率の推定

同一遺伝子型の実生に個体が複数あり，評価をくり返した成績があれば，

表15. 1元配置枝分かれ分類のデータの構造と数値例

実生 (i)	個体 (j)	反復 (k)	測定値 (X_{ijk})	個体平均 ($\bar{X}_{ij.}$)	実生平均 ($\bar{X}_{i..}$)	総平均 ($\bar{X}_{...}$)
1	1	1	3.5	3.30	3.23	3.00
		2	3.1			
	2	1	3.7	3.55		
		2	3.4			
	3	1	2.8	2.85		
		2	2.9			
2	1	1	2.5	2.60	2.13	
		2	2.7			
	2	1	1.7	1.60		
		2	1.5			
	3	1	2.3	2.20		
		2	2.1			
3	1	1	2.7	2.55	2.95	
		2	2.4			
	2	1	3.8	3.45		
		2	3.1			
	3	1	2.7	2.85		
		2	3.0			
4	1	1	3.4	3.65	3.67	
		2	3.9			
	2	1	4.2	4.25		
		2	4.3			
	3	1	3.2	3.10		
		2	3.0			

1元配置枝分かれ分類による分散分析を行う．モデルは，

$$X_{ijk} = \mu + G_i + T_{ij} + E_{ijk}$$

X_{ijk}は測定値，μは定数（総平均値となる），G_iはi番目の遺伝子型の効果（$i=1, 2, \cdots, a$），T_{ij}はi番目の遺伝子型のj番目の個体の環境偏差（$j=1, 2, \cdots, b$），E_{ijk}はi番目の遺伝子型のj番目の個体のk番目の評価値の環境偏差（$k=1, 2, \cdots, c$）．

データの構造と数値の例を表15に，分散分析表は表16に示した．

1元配置分散分析のプログラムを用いて計算できる．まず，実生による違いを無視して個体を要因とする1元配置分散分析を行い，個体内平方和（E）と仮の個体間平方和（A）を得る．次に，個体ごとの平均値を用い，実生を要因とする1元配置の分散分析を行い，実生間平方和（B）と実生内（個体間）平方和（C）を得る．個体ごとの平均値を算出するのに用いたデータの数（ここでは2）をそれぞれ乗じ，$B'(=cB)$と$C'(=cC)$を得る．表17における実生間平方和はB'，個体間平方和はC'，個体内平方和はEとなる．ここで$B'+C'=A$である．手順を確かめるための数値例を表17に示した（なお，この数値例は簡単のため少数のデータとしているため，自由度が小さく，分散成分の推定には不適当である）．

個体内反復の数をn，遺伝子型内個体数をtとした場合の環境分散（σ_e^2）

表16． 1元配置枝分かれ分類の分散分析

変動因	自由度	平方和	平均平方の期待値
実生	$a-1$	$bc \sum_{i=1}^{a} (\bar{X}_{i..} - \bar{X}_{...})^2$	$\sigma^2 + c\sigma_t^2 + bc\sigma_g^2$
個体	$a(b-1)$	$c \sum_{i=1}^{a} \sum_{j=1}^{b} (\bar{X}_{ij.} - \bar{X}_{i..})^2$	$\sigma^2 + c\sigma_t^2$
反復	$ab(c-1)$	$\sum_{i=1}^{a} \sum_{j=1}^{b} \sum_{k=1}^{c} (X_{ijk} - \bar{X}_{ij.})^2$	σ^2
全体	$abc-1$		

a：実生数（4）　　　　　　分散成分は，σ_g^2：実生間分散
b：実生内個体数（3）　　　　　　　　　　σ_t^2：実生内個体間分散
c：個体内反復数（2）　　　　　　　　　　σ^2：個体内反復間分散

は $\dfrac{\sigma_e^2}{nt} + \dfrac{\sigma_t^2}{t}$ である．そして，$\sigma_g^2/(\sigma_g^2+\sigma_e^2)$ を広義の遺伝率とする．

表17． 数値例（表15）の分散分析

(1) 個体を要因とした1元配置の分散分析

変動因	自由度	平方和	平均平方
個体間	11	11.195 (A)	1.018
個体内	12	0.675 (E)	0.056

(2) 個体平均値を用い、実生を要因とした
　　1元配置の分散分析

変動因	自由度	平方和	平均平方
実生間	3	3.757 (B)	1.252
実生内個体間	8	1.840 (C)	0.230

(3) 統合した分散分析表

変動因	自由度	平方和	平均平方
実生間	3	7.515 (B')	2.505
個体間	8	3.680 (C')	0.460
個体内	12	0.675 (E)	0.056
全体	23	11.870	

(2) 2元配置モデルによる広義の遺伝率の推定

菌を一斉に散布するなどして，検定を同一個体について数回反復できれば，遺伝子型（実生）と反復を要因とした2元配置の分散分析を行うとよい．モデルは，

$$X_{ij} = \mu + G_i + R_j + E_{ij}$$

X_{ij} は i 番目の遺伝子型の j 番目の反復の測定値（表現型値），μ は定数（総平均値となる），G_i は i 番目の遺伝子型の効果（$i=1, 2, \cdots, a$），R_j は j 番目の反復の効果（$j=1, 2, \cdots, b$），E_{ij} は i 番目の遺伝子型の j 番目の反復の誤差である．

このデータの構造は，3.2表3と同じである．3.2.5の年次を反復とおきかえて同様に解析し，遺伝子型分散（σ_g^2），反復間分散（σ_r^2）および誤差分散

(σ^2) を得る．n 回反復した平均値の環境分散（σ_e^2）は（$\sigma_r^2+\sigma^2$）/n，広義の遺伝率 h_B^2 は，$h_B^2=\sigma_g^2/(\sigma_g^2+\sigma_e^2)$

(3) 1元配置モデルによる広義の遺伝率の推定

たとえば葉が一定の大きさに生長した段階で随時各個体から採取し，異なる時期に接種検定を数回反復したとすれば，遺伝子型（実生）を要因とした1元配置の分散分析で結果を解析できる．1元配置の分散分析のモデルは，

$$X_{ij}=\mu+G_i+E_{ij}$$

X_{ij} は測定値，μ は定数（総平均値となる），G_i は i 番目の遺伝子型の効果 ($i=1, 2, \cdots, a$)，E_{ij} は i 番目の遺伝子型の j 番目の個体の環境偏差 ($j=1, 2, \cdots, b$)．

このデータの構造は，3.2.4 表 1 と同じである．3.2.4 の個体を反復とおきかえて同様に解析し，遺伝子型分散（σ_g^2）および誤差分散（σ^2）を得る．n 回反復した平均値の環境分散（σ_e^2）はσ^2/n，広義の遺伝率は $h_B^2=\sigma_g^2/(\sigma_g^2+\sigma_e^2)$

(4) 苗条件と圃場に定植して栽培した条件における比較

苗を用いて評価した結果と，圃場に定植・栽培して評価した結果とは異なる可能性がある．後者を推定するために前者を用いるのであるから，検定・評価法を確立するためには，前者の後者に対する回帰を検討する必要がある．

ある集団について，前者の値を X 軸に，後者の値を Y 軸にとり，前者に対する後者の回帰直線を算出する．これは，5.1.3 に示した解析と同様であり，その回帰係数は，前者における広義の遺伝率を示す．

7.1.2 集団選抜

交雑実生集団の中で，一定割合の交雑実生を淘汰（または選抜）する場合を考える．単純に，1 つの形質について集団的に選抜する場合を考えよう．モデルは，$P_i=\mu+G_i+E_i$

P_i は i 番目の交雑実生（遺伝子型）の測定値，μ は定数（総平均値），G_i は i 番目の交雑実生の遺伝効果 ($i=1, 2, \cdots, n$)，E_i は i 番目の交雑実生の

第7章 育成地における選抜

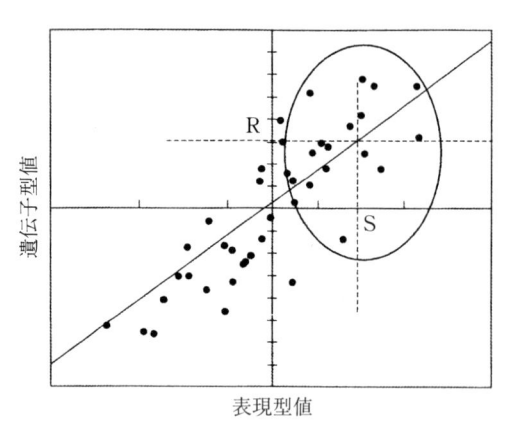

図15 表現型値と遺伝子型値の関係

環境偏差.

一定の測定条件における環境分散をσ_e^2，遺伝分散をσ_g^2とし，表現型分散（σ_p^2）は，$\sigma_p^2=\sigma_g^2+\sigma_e^2$

広義の遺伝率h_B^2は，$h_B^2=\sigma_g^2/(\sigma_g^2+\sigma_e^2)$である．

表現型値（P_i）を横軸，遺伝子型値（G_i）を縦軸にとった場合，それぞれの交雑実生は，図15に示すような分布となるであろう．なお，実生の遺伝子型値自体は一般に測定によって得ることはできないため，これは模式的なものである．

ここで，個々の交雑実生について表現型値をP，遺伝子型値をGで表し，この集団を1つの標本とすると，PとGの共分散$Cov(P, G)$は，

$$\begin{aligned}Cov(P, G) &= \Sigma(P-\overline{P})(G-\overline{G})/(n-1)\\ &= \Sigma\{(G+E-(\overline{G}+\overline{E}))\}(G-\overline{G})/(n-1)\\ &= \Sigma\{(G-\overline{G})+(E-\overline{E})\}(G-\overline{G})/(n-1)\\ &= \Sigma(G-\overline{G})^2/(n-1)+\Sigma(G-\overline{G})(E-\overline{E})/(n-1)\end{aligned}$$

GとEに相関がなく，nが大きければ，$\Sigma(G-\overline{G})(E-\overline{E})=0$と期待される．その場合，$Cov(P, G)=\Sigma(G-\overline{G})^2/(n-1)=\sigma_g^2$であり，$P$と$G$の共分散は遺伝分散と等しいと期待される．

また，GのPに対する回帰係数bは

$$b=\frac{\Sigma(P-\overline{P})(G-\overline{G})}{\Sigma(P-\overline{P})^2}=\frac{Cov(P,G)}{\sigma_p^2}=\frac{\sigma_g^2}{\sigma_p^2}=h_B^2$$

bは広義の遺伝率と等しくなることが期待される．

この実生集団の表現型値の分布が標準正規分布，すなわち平均値0，標準偏差1の正規分布と仮定する（$\mu=0$）．一定割合の交雑実生を集団的に選抜

する点を集団平均値からの偏差で表す．ある一定の値 D 以上を表現型値として持つ交雑実生をすべて選抜することとし，その選抜する集団の平均値を S とする（図15, 16）．

たとえば，上位 50％選抜するならば，D は 0 となり，S は 0.8 となる．上位 20％選抜するならば，D は 0.84, S は 1.4 となる（図16）．

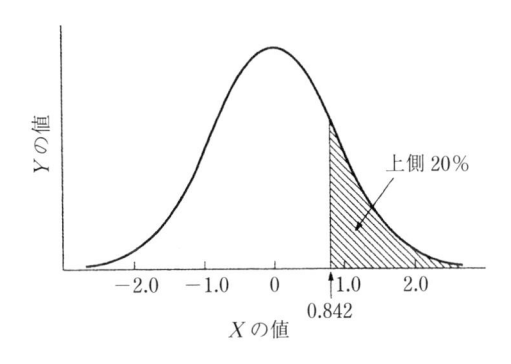

図16 標準正規分布における上側20％の点
Yは分布の高さ（＝確率密度）

選抜前の集団平均値はすべての交雑実生の平均値であり，上位 20％選抜するという場合は値の大きい交雑実生を上から20％選んで，その平均値を求めることにより S は算出される．選抜前の交雑実生集団の平均値を 0 とする．

標準正規分布では，選抜点 D の正規分布の高さを Y，選抜割合を α とすると，数学的性質により $S=Y/\alpha$ である．20％選抜では $D=0.842$, $Y=0.280$, $\alpha=0.2$ であり，$S=1.40$ である．

選抜された交雑実生集団の遺伝子型値の平均値 R は，$\overline{P}=\overline{G}=0$ とすれば，$R=b \times S = h_B^2 \times S$

R は S と広義の遺伝率の積によって得られる．したがって，選抜前後の集団平均値を比較するならば，選抜の有効性は広義の遺伝率に比例する．したがって，このような淘汰を行う場合，できるだけ広義の遺伝率の高い，かつ経済栽培上重要な形質によって淘汰を行うべきである．

広義の遺伝率が低いと，選抜は単に交雑実生の数を減らしただけの結果となる．広義の遺伝率がほとんど 0 に近い場合，形質の評価をせず実生の数を減らしたのとほぼ同じこととなる．逆に広義の遺伝率が 1 ならば，選抜は100％有効であり，選抜水準を越える遺伝子型値の実生が確実に選抜される．

また，1 つの交雑実生集団を 2 つの区に分け，このような苗選抜を行った集団と行わない集団を比較して，その効果を判定するなどの試験によっても

選抜の有効性を評価できる．

7.2 圃場に定植した後の選抜

7.2.1 2段階の選抜

　圃場に定植した後は，植物体を育成し，果実を結実させて形質を評価する．
　質的形質は環境変動の影響が無いか小さく，選抜・淘汰は比較的容易である．商品生産上重要な形質の多くは環境変動の影響を受けやすい量的形質である．経済栽培上重要な形質の中には，評価に果実結実1～3年という小さな樹体では遺伝的な差異を見極めることが容易でない（広義の遺伝率の低い）形質がある．結実開始早期の段階では，一次評価として，経済栽培上重要でかつ広義の遺伝率の高い少数の形質のみを重点的に評価し，それによる不良実生の淘汰を行ったほうが有利である（一次選抜）．また，一次評価で重視する形質は，選抜水準を下回る交雑実生が多くあり，多くの実生が淘汰できる形質が望ましい．

　すなわち，経済栽培上重要で，遺伝変異をとらえやすく多くの実生を淘汰できる形質による選抜（一次選抜）を行ったのち，残った実生の樹体を大きくし，多くの果実を結実させて環境変動しやすい形質も共に評価（二次評価）して選抜する2段階で選抜するほうがよい．

　二次評価を行う中で，ごく少数のものを選抜系統として選び（二次選抜），生産地における試作試験（系統適応性検定試験など）を行って三次選抜するとよい．そこでは，地域の気候による影響を評価するとともに，樹，果実，年の反復を多くすることにより育成場所だけでは遺伝特性の評価が困難であった環境変動の大きい形質を重点的に検討し，商品生産と同じ栽培を行って経済品種として有用かどうかを検討する．

7.2.2 一次評価および二次評価で重視する形質の例

　いずれの形質を重視するかは，各樹種における主要経済品種の特性，それをもとに設定される育種目標，選抜法の確立されている程度などに左右される．農研機構果樹研究所における2000年頃のカキ育種の例を以下に示す．

カキの育種では，早生から晩生までの各時期に成熟する，収量性が高く安定生産のできる，より高品質の完全甘ガキ品種の育成を重点の育種目標としていた．耐病虫性も重要な目標であるが，主要経済品種に対する改良要求度は品質と甘ガキ性などより低いと判断していた．

(1) 一次評価で重視する形質

①甘渋性：完全甘ガキ品種を育成することが目標である．甘渋性は質的形質であり遺伝的差異は容易に評価できる．

②果実成熟期：広義の遺伝率が高い．果実成熟期によって対照となる主要経済品種が異なる．

③果実重：広義の遺伝率が比較的高い．小果の品種は経済栽培できない．

④食味（肉質，果汁の多少，糖度，渋味）：育種目標として最重要の形質．

⑤裂果性：カキでは主にへたすきと果頂裂果である．裂果性の強い品種は経済栽培できない．かなり多くの完全甘ガキの交雑実生が裂果性を持つ．主要品種の'富有'はへたすき性があるが，その程度が小さい．

⑥果皮の汚損程度：「汚損」とは果皮の表面にきわめて微小な亀裂が生じることにより，果皮が黒くなる生理障害である．2000年頃における交雑実生集団は，交配親が食味と大果性を重視して選択されていたため，果皮の汚損程度の大きい交雑実生が高い頻度で生じていた．

⑦樹上軟化・果頂軟化：果皮が十分着色しないうちに樹上で軟化するものは樹上軟化，果頂部のほうが果底部より先に成熟して軟化するものは果頂軟化と呼ばれる．このような性質を持つ品種は経済栽培できない．

(2) 二次評価で評価する形質

二次評価では，一次評価した形質に加え，以下の形質を評価した．

①着花性・結実性：収量性の要因であり，安定生産のために重要　小さい高接ぎ枝では評価に難がある．

②樹勢：収量性の要因である光合成能力と関係する．小さい高接ぎ枝では評価に難がある．

③果実の揃い：果形がいびつになる品種は生産・流通上，評価が低い．しかし，他の形質が優れていれば新品種にできる．

④へたの反り程度：へたが反っていると流通上，困難がある．一方，へたが果実に密着していると虫害（フジコナカイガラムシ）防除に難がある．主要品種の'西条'はへたが反っており，'富有'は密着している．経済的に重要な他の形質が優れていれば新品種として普及する．
⑤果皮色：果皮色の赤い品種は商品性が高い．果皮色に赤味が少なくても他の形質が優れていれば新品種として通用する．
⑥耐虫性：とくにチャノキイロアザミウマに対する果実への加害に大きな品種間差異があり，感受性品種は農薬散布による防除が必要となる．主要経済品種の'平核無'も感受性である．感受性でも他の形質が優れていれば新品種とできる．
⑦耐病性：炭そ病などの抵抗性に品種間差異がある．主要経済品種の'富有'は感受性である．'富有'の栽培に必要な農薬散布回数はブドウやナシなどより少ない．
⑧収量性：収量性は商品生産上，重要な形質であり，品種間差異もかなりある．10a あたり標準収量は'愛宕'は 4t，'平核無'で 2.5〜3t，'富有'で 2〜2.5t，'伊豆'で 1.5t 程度である．その品種の能力を超えて多くの果実を結果させると，翌年には樹勢が落ちる．また，隔年結果によって花が少なくなり収量が減少する品種もある．主に光合成能力が収量性を決定しているものと考えられるが，収量性と光合成能力の評価方法については研究が進展していない．選抜の初期に樹勢・収量性を正確に評価できれば，育種が大きく進展すると期待される．

7.2.3 一次評価および二次評価による選抜

結実開始 1，2 年目でも二次評価で重視される形質も評価してもよいが，選抜にあたっては，それに重点を置かず，主に一次評価で重視する形質で大ざっぱに淘汰を行う．その評価で新品種として期待がもてる交雑実生を「注目実生」として一次選抜し，その後，二次評価を行ってさらに選抜する．

「注目実生」は樹体もテープなどでマークしておき，剪定を行う時から注意して，正常な果実を成らせるよう管理するとともに，枝の性質，開花期，

着花，結実など，できるだけ多くの必要な特性を調査する．一人の育種家が管理・評価する場合，「注目実生」は 1 年に 20 実生程度以下に絞るほうがよい．これを超えると，一人の育種家がその由来と特性を記憶することがむずかしく，管理と調査が不十分となる．

　このように，一次評価により「注目実生」とした一次選抜個体については，栽培管理と特性評価基準を他の一次評価を行う実生と異にし，通常の商品生産を行う場合の栽培管理を行い，特性も詳細に評価する．また，年の反復に加え，高接ぎなどにより樹の反復を行って評価したほうがよい．耐病虫性検定も行う．できるだけ遺伝特性をつかむ努力をするわけである．

第8章　量的形質の選抜・淘汰

8.1　環境変異を正規分布で近似できる形質

8.1.1　環境分散から表現型値の選抜水準を決める

選抜の一次評価は，多くの実生を対象に評価を行い，早期に多くを淘汰することが主な目的である．以後の評価は少数の新品種になりうる可能性を持つ実生にしぼって重点的に行う．

量的形質について，果実重 250g 以上，糖度 15％以上の遺伝子型値を少なくとも持つ実生を選抜したいという場合，果実重 250g や糖度 15％を選抜水準（critical value in selection）とすることになる（遺伝子型値の選抜水準）．この選抜水準を遺伝子型値の絶対値として示し，それに達しない実生を原則として淘汰する．形質の環境分散の推定値が得られていると，測定しているサンプル（表現型値）において遺伝子型値を推定する場合の誤差を計算し，一定の危険率（5％，10％など）を設定して淘汰を行えばよい．

1年1樹5果でカキの一次評価を行う場合，環境分散 σ_E^2 は，果実成熟期は 0.33，果実重は 1.96×10^{-3}（対数変換値），糖度は 0.78 であった（5.1.2）．

ある遺伝子型値を持つ品種・系統・交雑実生の表現型値は，その遺伝子型値を平均値として σ_E^2 を分散とする正規分布をすると考えることができる．農研機構果樹研究所において交雑実生と同様の条件で栽培したカキ主要品種の果実重は，10年間の平均値で，富有が 277g，松本早生富有が 245g，伊豆が 205g であった（Yamada *et al.*, 2002）．

果実重 250g を遺伝子型値の選抜水準とした場合を考えよう．果実重は平均値が大きくなるほど標準偏差が大きくなる特徴があるので，対数変換して平均値と標準偏差の関係を独立にする．250 を対数変換（$\log_{10} X$）すると，2.398 となる．250g の遺伝子型値を持つ交雑実生の表現型値は，対数変換値で 2.398 を平均値とし，分散 σ_E^2（1.96×10^{-3}）すなわち標準偏差 σ_E（0.0443）で正規分布する（図17）．片側5％の危険率，すなわち，95％が分布する下限の値 X は，

$$X = 2.398 - 1.645 \times \sigma_E$$
$$= 2.325$$

2.325 をもとの尺度に戻すと，$10^{2.325} = 211$ で，211g である．つまり，1年1樹5果の調査で 211g 以下のものは，ほとんどが遺伝子型値は 250g に達しないと考え，原則として淘汰すれば良い．この場合，表現型値としては 211g が選抜水準である（表現型値の選抜水準）．

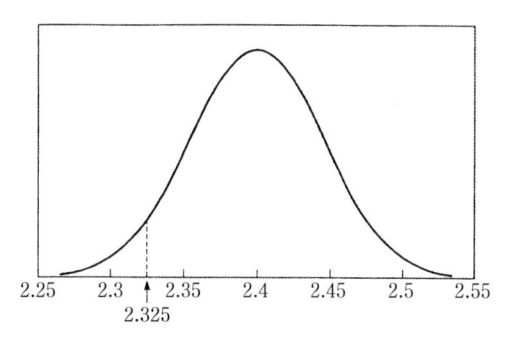

図17 果実重対数変換値 2.398（原尺度 250g）を平均値とし，σ_E（0.0443）を標準偏差とした正規分布

1年の評価の結果，淘汰されずに残った実生が2年目に同様の評価をされれば，1年目と2年目のデータの平均値により判断する．2年1樹各5果という条件における σ_E を算出して，同様に淘汰できる．

この果実重の場合の2年の平均値（対数変換値，年次変動を19対照品種の成績によって補正）は，

$$\sigma_E = \frac{\sigma_t^2}{t} + \frac{\sigma_{ye}^2}{y} + \frac{\sigma_{gy}^2}{y} + \frac{\sigma_{ty}^2}{ty} + \frac{\sigma_f^2}{tfy}$$

$$= \frac{\sigma_t^2}{1} + \frac{\sigma_{ye}^2}{2} + \frac{\sigma_{gy}^2}{2} + \frac{\sigma_{ty}^2}{1 \times 2} + \frac{\sigma_f^2}{1 \times 5 \times 2}$$

$$= (0.13 + 0.03 + 0.23 + 0.25 + 0.41) \times 10^{-3} = 1.05 \times 10^{-3}$$

各環境分散成分の推定値は 3.4 表 10 および 11 で得られたものである（5.1 参照）．

$\sigma_E = 0.032$ で，$2.398 - 1.645 \times \sigma_E = 2.345$

もとの尺度に直すと，$10^{2.345} = 221$ で，221g ということになり，2年間の平均値が 221g 以下の果実の実生は淘汰すればよい．

以上では，危険率は5%としたが，10%と設定することもできる．1年1樹5果の評価の場合，$\sigma_E = 0.0443$ として，片側10%では，

$$X = 2.398 - 1.282 \times \sigma_E = 2.341$$

$10^{2.341} = 219$ であり，表現型値の選抜水準は 219g となる．おおざっぱには，1年1樹5果の評価の場合，片側5%では210g程度，片側10%では220g程度を表現型値の選抜水準とすればよい．

糖度 15%という選抜水準でも，同様にσ_E^2を求め，低糖度の実生を淘汰すれば良い．このように，選抜の一次評価で評価するすべての形質について，一定の危険率で設定された選抜水準に達しない実生を淘汰する．果実重が選抜水準を越えていても，糖度が下回っていれば淘汰するわけである．

また，たとえば，果実重 300g なら糖度 14%でも可，果汁が多ければ糖度 14%でも可というように，一次評価で重視する形質の選抜水準を組合せた基準を作ることも可能である．

果樹では，いくつかの経済栽培上重要な果実形質は互いに形質間相関がない場合が多い．その場合，それぞれの形質について選抜される割合が a, b, c…であると，すべての形質について選抜水準を越える交雑実生が選抜されるので，その割合 A は，$A = a \times b \times c \times \cdots$ のように各形質について選抜される割合の積となる．

仮に，ここで示した方法で各形質についてそれぞれ 50%の実生が淘汰されるとした場合，6形質を同時に選抜・淘汰を行うと，残る実生の割合は，$0.5^6 = 0.016$ で，1.6%しか残らない．各形質で 30%の実生を淘汰すると，$0.7^6 = 0.118$ で，12%程度が残ることになる．

8.1.2 選抜のモデル実験

年の反復を行い，年ごとに淘汰を行えば，しだいに残った交雑実生は少なくなっていく．その減少の程度について例を示そう．

カンキツ育種では，糖度の高いこと，酸味の少ないこと，はく皮が容易であること，じょうのう膜が薄いことなどが育種目標となる．野中ら（2008）の報告による農研機構果樹研究所のカンキツ交雑実生集団における糖度の遺伝分散と環境分散を参考に，コンピューターにより遺伝子型値と表現型値の

10,000 個体の集団を作成した. すなわち, 平均値 10.53, 分散 1.479（標準偏差 1.216）の正規分布に従う遺伝子型値の集団を作成した. それぞれの遺伝子型値に, 平均値 0, 標準偏差 1.148（分散 1.317）で正規分布する環境偏差を無作為に加えて, 表現型値集団とした（標準偏差 1.672）.

遺伝子型値の選抜水準を 12.5 とした. 12.5 以上の遺伝子型値を持つ個体の割合は, (12.50-10.53)/1.216＝1.620, 標準正規分布の 1.620 以上の割合は累積分布の表により 5.3％で, かなり少ない. 遺伝子型値 12.5 の個体の表現型値の下側 95％信頼限界は, 12.5-1.645×1.148 で 10.61≒10.6 である.

10.6 以上の表現型値の個体をすべて選抜するとその割合は, (10.6-10.53)/1.672＝0.0419 で 48.3％と推定される. コンピューターにより 10,000 個体の集団を表現型値 10.6 で選抜したところ, 4,801 個体が選抜された（図 18）.

残った個体について 2 年めの選抜を行おう. 1 年目と 2 年目の平均値の環

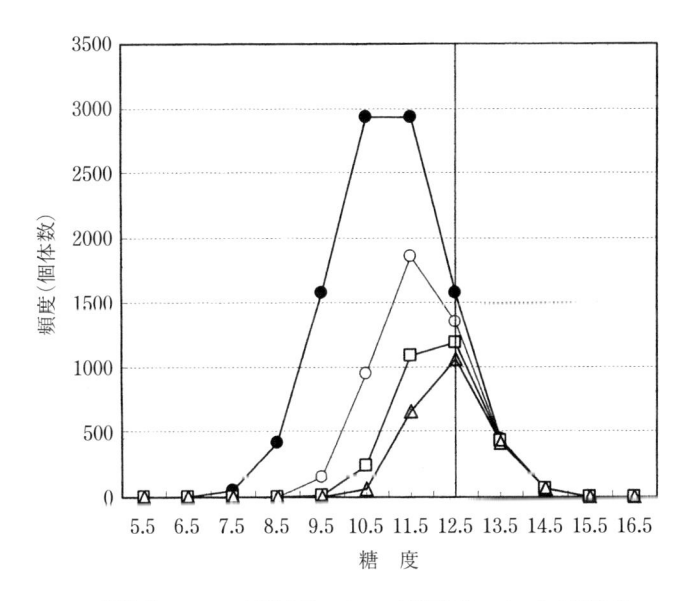

図 18 選抜前後の遺伝子型値の頻度分布. 選抜前は遺伝子型値が平均値 10.53, 分散 1.479 の正規分布をする 10,000 個体の集団（山田ら, 2010）. 環境変異と選抜については本文参照.

境分散は 1 年目の $\frac{1}{2}$ で 0.659, 標準偏差は 0.811 である. 表現型値の選抜水準は, 12.5-1.645×0.811＝11.17 となる. 選抜すると, 3,024 個体が残った.

同様に, 残った個体について 3 年目の選抜を, 1～3 年の平均値により行う. 環境分散は $0.439 \left(= \frac{1.317}{3} \right)$, 標準偏差は 0.663 である. 表現型値の選抜水準は 12.5-1.645×0.663＝11.41 で, 選抜の結果, 2,270 個体が残った. すなわち, 3 年の選抜でおよそ 3/4 以上を淘汰したことになる.

この例では, 選抜開始前に遺伝子型値が 12.5 を超える個体は 508 個体, 3 年の選抜後に残った個体のうち, 遺伝子型値が 12.5 を超える個体は 485 個体であり, 始めに遺伝子型値が 12.5％を超えていた個体のうち 4.5％は淘汰された. 淘汰された個体は 12.5％に近い遺伝子型値を持つ個体であり, 13.5％を超えた個体で淘汰されたものはなかった.

8.2 環境変異が正規分布しない量的形質

第 6 章で, 誤差（環境変異）の分布が正規分布せず, 分散分析できない形質の環境変動（年次変異）を図により, その様相をとらえる方法を示した.

裂果の環境変動は, 一般にこれにあたる. カキのへたすきや果頂裂果の場合, 裂果性のない遺伝子型は環境変動がなく, 裂果性の大きい遺伝子型ほど環境変動が大きくなる.

このような裂果性については, 1 年でも大きい裂果が生じれば, 平均的な裂果発生（遺伝子型値）も大きいので淘汰できる (**Yamada *et al.*, 1987**). しかし, 1 年で裂果発生がなかったとしても他の年に大きく裂果する可能性があるので, 遺伝特性について結論は出せず, 年を重ねた評価が必要である. 年を重ねた評価で裂果が出なければ, 遺伝的な裂果性が無いと評価できる. 裂果性のない実生のみを選抜するならば, 裂果性を少しでも示した実生はすべて淘汰すればよい.

対照となる主要経済品種が裂果性を少し持っており, 実生集団における裂果性のない実生の割合が高くない場合は, 裂果性だけで強い選抜を行うと残

る実生の数が少なくなり，主要経済品種程度の小さい裂果性を持っていて他の果実品質が優れる実生を早期に（選抜の一次評価の段階で）淘汰してしまう可能性もある．このような場合は，裂果性についての選抜水準について量的に検討することが必要となる．

裂果性のようなデータでも，変数変換することにより分散分析できる場合がある(6.4)．分散分析ができれば，8.1 と同様に選抜・淘汰できる(Yamada et al., 2002)．

分散分析ができない場合は，6.1〜6.3 の図 11〜14 に示した年次変動図を書いて，おおざっぱに変動の幅を読み取り，その変動の幅で年次変動すると見込み，選抜水準を決める方法がある．分散分析で環境分散を得た場合のような明確な選抜水準とすることはできないが，対照品種の成績と比較すれば，おおざっぱな選抜ができる．

カキのへたすきについて 1 年 1 樹 10 果を用い，24 実生 5 年間の評価をした 6.3 図 14 で，おおざっぱに変動の幅を読み取ることができる．へたすきをしない交雑実生はいずれの年でもへたすき指数が 0 で年次変動しない一方，へたすき性の強い交雑実生ほどへたすき指数の年次変動が大きい．図 14 では 5 年間の平均へたすき指数 1 の交雑実生は，大ざっぱには 0 から 2 程度の年次変動をしている．5 年間平均へたすき指数が 1 以上であれば淘汰しようとする場合，1 年の評価でへたすき指数が 2 を越えた場合は 5 年間の平均へたすき指数が 1 を越えると推定し，淘汰するとよい．なお，対照となる主要経済品種の 5 年間平均値により選抜基準を決める場合，5 年平均へたすき指数も 1 年の 5 分の 1 の環境変異を含んでいることに留意する．

ここでは裂果性を指数として評価したが，裂果が商品性の無い程度に大きいか否かで区分してそれぞれの果実を分類し，商品性の無い果実の割合を裂果率として同様に解析できる．裂果率のほうが商品生産上の評価の点から選抜水準を考えやすい．

遺伝的に裂果性が強い実生も裂果を全く生じない年があるので，1 年の評価で裂果が発生せず淘汰されずに残った実生の中には，まだ裂果性の強い実生がかなり残っている．

選抜はコストを考える必要があり，多くの反復調査を行うことはできない．裂果性が少ししかないものを落とす危険はあるが，選抜水準を引き上げるほうが効率的な場合がある．裂果性の相当に低い品種を育成することを育種目標とすれば，選抜水準を引き上げ，10 果程度を評価して全果がへたすきのないことを選抜水準とすることもできる．この場合でも 1 年の評価で淘汰されずに残った実生の中には裂果性の比較的強い実生がかなり残る．

8.3 数段階に離散的評価を行う形質

　量的形質は本来，連続変異を示すので，器械による測定で評価すれば，ほとんどの形質について連続的な数値評価が可能であろう．たとえば，色は色差計で測定でき，肉質はテクスチュロメーターなどでの評価できる．

　しかし，多くの形質について定量的な器械測定を行うことは，一般に，労力が多くかかる．育種では多くの交雑実生を果実成熟期の短期間に評価することが必要である．器械による定量的測定でなくとも，果実を観察（視覚）によって数段階に量的に区分して評価できる形質は多い．官能によって評価される食味を構成する形質（肉質，果汁の多少など）や総合的な食味も，量的に数段階で評価されることが多い．このように観察や官能により数段階に区分して評価する方法は，時間を要しないため，コストが低い．

　この場合，本来は正規分布に従って連続的な変異をしている形質を数段階の離散的な値で評価している，と考えることができる．これについては，Falconer（1960）に示されている閾値形質（threshold charcter）の概念を準用して考えることができる．

8.3.1 環境変異が正規分布する形質

　環境変異が連続的で正規分布に近似できる形質を数段階の離散的スコアで評価する場合を，カキの果実重を例に検討してみよう．1 年 1 樹 5 果の条件のサンプルについて，視覚的に小，やや小，中，やや大および大の 5 段階に区分されるとし，視覚による誤差はないものと仮定すれば，さきに用いた環境分散 σ_E で非遺伝的要因によって変動すると考えることができる．果実重

8.3 数段階に離散的評価を行う形質　（91）

(X)gを対数変換した値（$\log_{10}X$）は非遺伝的要因（環境要因）による変動が正規分布に近似できるので，ここでも対数変換値を用いて検討する．

1年1樹5果の果実重（対数変換値）の環境分散 σ_E^2 は 1.96×10^{-3} である（5.1.2）ので，標準偏差 σ_E は 0.0443 である．正規分布を仮定すれば，σ_E の1.96倍が95%信頼限界の値（±0.0868）となる．

中晩生品種については250g，早生品種では200gを遺伝子型値の選抜水準とし，この2つの値の幅を1階級の区分とし，5段階に評価した場合を考えよう．すなわち，対数変換値では，200＝2.301，250＝2.398であるので，その差0.097を階級の幅とした場合である．すると，小＝2.204（160g）以下，やや小＝2.204（160g）〜2.301（200g），中＝2.301（200g）〜2.398（250g），やや大＝2.398（250g）〜2.495（313g），大＝2.495（313g）以上となる．

この階級の幅は1年1樹5果のサンプルの測定値（表現型値）の遺伝子型値の95%信頼限界の幅よりやや大きい．250gの遺伝子型値を持っている実生の場合，その確率分布は図19に示したようになり，2階級に分布がまたがり，「やや小」および「小」の区分にはほとんど入らない．したがって，250g以上の遺伝子型値の実生を1年1樹5果で評価される実生群の中から95%の確率で得ようとした場合は，「やや小」以下と評価された実生はすべて淘汰すればよい．

200g以上の実生を残そうとする場合も環境分散は同じであり，200gの遺

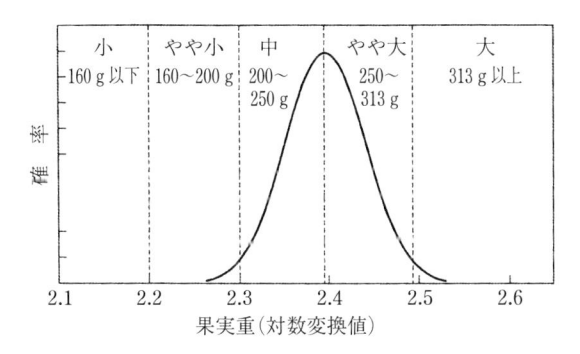

図19 果実重を5段階に区分して評価した場合に，平均値250gを持つ品種の（1年1樹5果評価の環境分散における）遺伝子型値の確率分布

伝子型値の実生が「小」になる確率はほとんどないので,「小」の果実は全て淘汰すればよいことになる.

日本で商品生産されているカキの果実の大きさの区分は,'富有'の場合,3L＝310g以上,2L＝260〜310g,L＝220〜260g,M＝190〜220g,S＝160〜190g,2S＝130〜160gである.'富有'より果実の小さい'平核無'や'西村早生'は1階級ずつずらした区分(たとえばL＝190〜220g)となっている.一般に,市販されている果実は2L〜Mが多い.

このように,離散的評価を行っても,その環境変動は基本的に連続的評価を行った場合と同様に考えることができる.ただし実際には,これに視覚評価による誤差が非遺伝的要因に加わる.離散的評価を行った形質がどれくらいの環境変動(非遺伝的要因による変動)を含むかは実際に交雑実生集団を評価した成績を用いて調べるとよい.

連続的な評価ができたと仮定した場合の標準偏差が小さければ,5段階に区分して評価したとしても,いずれの実生も年や果実の樹内抽出誤差による変動がほとんどない場合,すなわち,非遺伝的要因による変動によって異なる階級に評価されることはほとんどない場合も考えられる.

また逆に,標準偏差が大きければ,1つの実生の評価値が,年により抽出された果実により5段階のうちすべての階級値に及ぶ場合も考えられる.これでは遺伝子型値をとらえるには誤差が大きすぎる.このように環境変動の大きい(広義の遺伝率の低い)形質によって選抜・淘汰を行うべきではない.

離散的評価を行っている形質も階級数が多いと,その値で連続形質としての数量的評価が可能である.カキの果実成熟期で9月下旬を1,10月上旬を2,…12月上旬の8までの値をとる評価を行えば,連続的評価を行っている形質と同様の解析が可能である(Yamada *et al.,* 1993；1995).階級数を多く評価できれば,それだけ量的な解析は容易となるが,評価には労力・時間がかかる場合が多く,3〜5段階程度の評価が妥当な場合が多い.

大ざっぱには,交雑実生または品種・系統の評価値の年次変動の幅から,選抜水準を決めるとよい.たとえば肉質の軟らかい品種の育成が目標で,肉質の硬さを5段階(軟,やや軟,中,やや硬,硬)で官能評価し,「やや

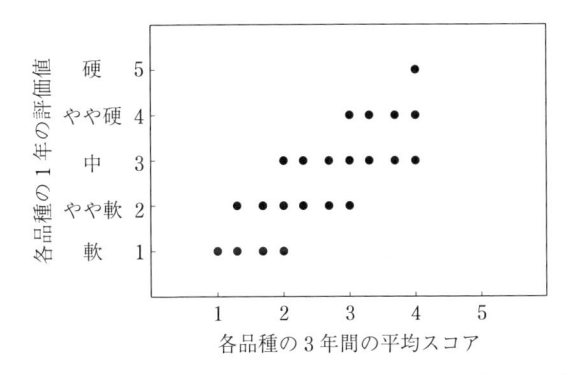

図20 ある品種群を用い，肉質の硬さを 5 段階で官能評価し 3 年反復した場合の評価値分布例．肉質「軟」に 1，「やや軟」に 2，「中」に 3，「やや硬」に 4，「硬」に 5 のスコアを与えた．

軟」または「軟」の品種を育成しようとしている場合を考えよう．品種・系統群または交雑実生群について，育種における交雑実生と同様の肉質の硬さの評価を行い，その評価値の年次変動を調査する．

その評価値の年次変動の例を図 20 に示した．この場合，1 年の評価では，遺伝的に「軟」の品種は「軟」から「やや軟」の変動を示し，「やや軟」の品種は「軟」から「中」の変動を示している．この場合は，「やや軟」以下の軟らかい肉質の交雑実生は「やや硬」または「硬」と評価されることはないと考え，1 年の評価で「やや硬」以上の交雑実生を淘汰するとよい．

8.3.2 環境変異が正規分布しない形質

裂果性の離散的評価では，環境変異は 8.3.1 に示したように正規分布で近似できない．

農研機構果樹研究所のブドウ育種における実生選抜の一次評価では，5 果房を用い，大ざっぱに裂果性を無（裂果粒なし），極少（裂果粒 5%以下），少（裂果粒 5〜10%），中（裂果粒 10〜20%），多（裂果粒 20〜50%），極多（裂果粒 50%以上）の 6 段階に区分して離散的評価を行っている．

離散的評価を行った場合も 8.2 に示した場合と同様に考えることができる．裂果性の中程度の品種・系統は裂果の大きい年から裂果が無い年まで変動す

る（上野ら，2007）．裂果性の小さい品種・系統は年により裂果の無い年から少ない年まで変動する．裂果性の無い品種・系統はいずれの年にも裂果は生じない．

　対照となる主要経済品種を同時に栽植し，その発生程度からその裂果評価の年次変動（環境変動）を調査する．図 20 と同様の図を作成し，選抜水準を決めるとよい．選抜水準となる対照品種を超える裂果性を持つ実生を淘汰する場合，同様の条件で評価した対照品種の年次変異が「無」から「少」までしか起こらないならば，「中」以上の裂果性を示した実生はすべて淘汰することができる．

8.4　食味形質

8.4.1　食味を構成する要因

　良食味は一般に果樹育種の重要な目標である．食味は官能によって評価される．一般に 1 つの交雑実生について多くの果実を試食することは調査者にとって大きな負担となるので，1 果または少数の果実しか評価できない場合が多い．この評価が非遺伝的要因による変動の小さいことが望ましい．

（1）食味を要因に分けて考える

　食味は，一般にいくつかの要因によって構成されている．たとえば，甘さだけが美味しさの要因ではなく，ブドウでは肉質，香り，酸味があり，また，肉質もさらに噛み切れやすさ，硬さなどに分けて考えることができる．

　漠然と「おいしい」か「おいしくない」かという評価をしても，その基準は人（育種家）によって異なる可能性があり，客観的に論議をすることができない．しかし，美味しさを構成する肉質の硬さ，粉質性，甘味，酸味，香りなどの要因は，器械による測定でも官能評価でも客観的に評価することができ，それぞれについて論議することが可能となる．

　すなわち，甘味が高いか，低いかということは客観的に評価できるため，どの程度の甘さかという論議ができる．また，肉質が良い，悪いという論議は，何が良いのか人によって異なるため共通の論議ができないが，果肉が噛み切りやすいか噛み切りにくいか，また，硬いか軟らかいか，というように

(2) 美味しさの方向

　美味しさとして重視するのはどの要因で，どの方向を美味しいとするのか，育種家はあらかじめ決めなければならない．これを誤ると育種目標の設定を誤ることになり，育種の命運が左右される．

　本来，消費者ニーズをつかむためには，多くの消費者に対して大規模なリサーチが必要であり，実際，農業以外の産業では多くの人員と予算を配置したリサーチが行われている．しかし，これには大きなコストがかかる．これを育種家が行うことは一般にむずかしい．外部のわずかな人の意見を聞いた程度では，かえって正しい結果は得られない．統計的解析を行って明確な結論が得られる規模の研究が必要である．

　これに対して，育種家は多くの品種をくり返し食べ，その果樹の味について熟知している．それをもとに一般の人が好む方向を見いだし，それを数十人が参加する試食会をくり返して検証しながら育種を進めることはコストが小さく容易である．そして，育種家が決めた方向で選抜された系統は生産地における試作試験（三次選抜）において多くの人の食味評価を受けることができる．また，そのような試験を経ない場合でも，新品種となったのちには多くの人々に食味評価されることになり，選抜方向が正しかったかどうかを検証することができる．

　農研機構果樹研究所のカキ育種では，1980年代前半より，肉質が軟らかく，粉質ではなく，多汁で糖度の高いものを良食味と位置づけている．完全に軟化して熟柿になると，全ての品種で果肉が軟らかくなるが，果皮が着色して収穫した時期では硬さに大きな品種間差異がある．'太秋'のように「シャキシャキ」した肉質でも軟らかいものがある（山田ら，1998）．

　肉質の粗密は，人によって好みがあり，どちらでも「良い食味」のカキがあると位置づけている．かつては，肉質が緻密で，糖度の高いものが良食味と考えられたことがあった．1980年代半ばに選抜され，1995年に品種登録された'太秋'（山根ら，2001）は粗い肉質であった．肉質は軟らかく多汁

で糖度もやや高いカキであった．これを初めに選抜する時は，肉質が粗いことに対して育種家の間で論議があったが，その後の系統適応性検定試験では食味がよいという評価であり，品種となり普及したのちも一般消費者に広く食味が優れていると評価されている．この結果は，選抜の方向が正しかったことを示している．

町田・前田（1966）は，ナシの肉質の特性を明らかにし，果肉の良否は果肉硬度で近似的に判定しうることを示した．これにより，肉質，甘味，酸味の数量的評価法が確立された．さらに，ニホンナシは品種発達の歴史の中で硬度の低いほうに改良が進んできたこと，そして，硬度は狭義の遺伝率が高く，また，選抜の目標値が既存品種集団の平均から離れているために交配計画で最も重視すべき形質であること，硬度は環境変異が小さく選抜が容易であることから硬度による選抜を提示して，ニホンナシの育種能率を飛躍的に高めた（町田・小崎，1975，1976；町田，1983）．

少数の人は，カキやナシも硬い肉質を好むかもしれない．しかし，美味しさが育種目標である場合，いずれの食味も良いという考え方では，1つの方向をめざした育種はできず，選抜もできない．食味は，すべての人が美味しいとすることはまず困難で，多くの人が美味しいとするものをめざす育種をしなければならない．その上で，多くの人が好む味が現在の品種の味からどちらの方向にあるか，また，歴史的にどのような方向で人々の嗜好が動いてきたか，今後動いていくかを判断すべきである．

農研機構果樹研究所のブドウ育種では，肉質が噛み切れて硬く，芳香があって糖度の高いものを良食味と位置づけている．これは育種家が多くの品種を食べ，20～30人程度の試食会をくり返す中で設定された．噛み切れて硬い肉質は，ヨーロッパブドウの生食用品種の肉質である．世界的には，生食用ブドウは主にヨーロッパブドウであり，雨量の少ない地域で栽培されているが，雨量の多い日本ではその栽培が難しいためにアメリカブドウが広く栽培されてきた．しかし，過去30年間の品種の動きは，'キャンベルアーリー'や'デラウェア'などのアメリカブドウの主要品種の消費需要と生産が低下し，アメリカブドウとヨーロッパブドウの中間の肉質を持った大粒ブド

ウである'巨峰','ピオーネ'などの生産が伸びた．また，農研機構果樹研究所で育成した'シャインマスカット'（山田ら，2008a）は，噛み切れて硬い肉質を持ち，マスカット香もあって良食味と評価されている上，欧米雑種であって耐病性がある程度強い．よりヨーロッパブドウに近い肉質を持った優良品種の育成という目標は，日本における品種の変遷と一致している．なお，ブドウ品種は大粒化，種なし化に動いており，大粒性，種なし栽培できることも重要な育種目標となっている．

8.4.2　食味構成要因の器械的評価と官能評価

　食味を器械で評価できるようにすることは，食味を科学的に解明することにつながり，また，熟練した育種家でなくとも評価できるようになる点で優れている．食味を構成する形質について官能評価との相関の高い器械評価法を確立することが必要である．

　果実の硬さは果実硬度計によって測定できる．肉質はテクスチュロメーターなどの器械により評価できる．Sato et al. (1997) は，ブドウの肉質の品種間変異は，レオメーターによる噛み切れやすさと果肉の硬さの評価によって明らかにすることができ，これがそれぞれの官能による評価と高い相関を持つことを示した．なお，レオメーターは円筒形のプランジャーを果肉に貫入させていき，その時の抵抗を測定する器械である．

　甘味については，官能で評価しようとすると，育種家が多くの交雑実生の果実を多く試食していくうちに舌が慣れてしまい，その絶対値については評価しにくくなる．甘味の低い品種から高い品種までの対照品種を常に頻繁に評価して，それとの比較により甘味を評価することもできるが，多くを試食していくうちに評価が難しくなってくる．このような形質については，簡便な屈折糖度計によるのが良い．

　果実によって含まれる糖の組成は品種により異なっており，また，果汁の量によっても人の感じる甘味の強さは左右される．屈折計で測定しているのは可溶性固形物含量全体についてであり，糖がその多くを占めることにより糖度として表しているに過ぎない．しかし，育種の一次評価の段階で，厳密

に1つ1つの実生について糖の組成まで評価していてはコストが大きい．育種目標を鑑みて，効率的に淘汰できる方法とすべきである．

　ブドウの酸味は酸含量を滴定酸で示すことにより，年次が異なっても，また，誰が見ても共通に論議できる数値が得られる．たとえば，一般に'デラウェア'では酸含量が 0.7g/100ml 程度，'巨峰'では 0.5g/100ml 程度まで下がると，食べるのに適当である．品種によって含んでいる酸の種類は少し異なるため，厳密には，人が感じる酸味と滴定酸との関係は検討を要する．

　果汁の多少についても器械による測定は可能であるが，一般に，官能による評価となっている場合が多い．

　官能評価自体が器械による測定より必ずしも誤差が大きいわけではない．器械による評価にはコスト（時間と費用）がかかる．官能評価との相関が高い方法を選んでいるだけであるから，選ばれた交雑実生は，最終的には官能による評価を行わなければならない．甘味のように，官能による一貫した評価が容易でないものもあるが，肉質，果汁などについては熟練した評価者による官能による評価を行えば，誤差は比較的少なくコストも低い．まず，官能評価の誤差（非遺伝的変動）の大きさを 8.3 に示したように検討すべきである．

　官能による評価は量的に行うことができる．たとえばカキでは，果汁の多少は，少から多の 5 段階で評価されている．少＝駿河，中＝次郎，多＝富有・平核無を対照品種とし，少を 0，多を 4 としてスコアをつけて量的に評価できる．肉質の緻密さについても，同様に，粗いか緻密かで 4 段階にわけられる（粗＝西村早生，中＝富有，密＝次郎，甚密＝駿河）．

　このような官能評価はスコアによる離散的評価が行われるが，本来，連続的な変異を示す形質について，区分しているものと考えることができる．

8.4.3　総合的な食味

　人が感じる「総合的な食味（美味しさ）」というものは存在する．育種を行う場合は，総合的な美味しさとはそれを構成する要因がどのような状態か客観的に示すことが必要である．そして，それぞれの構成要因ごとにある方向

を良食味と位置づけて，誰でも同じ選抜ができるようにしなければならない．

多様な味を許容する場合は，「良食味」をある程度の幅を持ったものとして位置づければよい．たとえば，カキで肉質が粗くても緻密でもよい，としたり，ブドウの香りをアメリカブドウの持つフォクシー香でもヨーロッパブドウの持つマスカット香でもよい，とするような場合である．

農研機構果樹研究所におけるブドウ育種では，ヨーロッパブドウの持つ「噛み切りやすくて硬い肉質」を良食味の要因として位置づけてきた．しかし，耐寒性・耐病性を重視する育種をする場合にはそれが劣るヨーロッパブドウを母本とできない場合もある．アメリカブドウ同士の交雑を行うと「噛み切りやすくて硬い肉質」の実生は生じない場合がある．そのような場合の良食味は，噛み切りやすいか噛み切りにくいかは問題とせず，「糖度が高く芳香のあること」だけを良食味と位置づけたほうがよいかもしれない．このように，選抜における良食味の位置づけは絶対的なものではなく，実生集団の変異と育種目標によって変わりうる相対的なものであり，また，食味にある程度の変異を含めて良食味と決めることも可能である．

育種における選抜では，総合的な食味を各要因の性質の関数として位置づけるとよい．各要因の性質が決まると一義的に総合的な食味評価の高低が決定されるわけである．

カキを例に，各食味構成要因について3段階に区分して評価している場合に，総合的な食味と各要因との関係を検討しよう．「総合的な食味（美味しさ）」を優れているものから劣るものまで量的なスコアを与えて評価することとする．すなわち，1（劣る）～5（優れている）のスコアで5段階に区分する．

カキでは，肉質が軟らかく，多汁で糖度の高いものを良食味と位置づけているので，「果肉の硬さ＝軟，果汁＝多，甘味（糖度）＝高」という場合に「食味＝5」とできる．

これから，1つの要因が1段階劣ると「食味＝4」と考えることができる．すなわち，「果肉の硬さ＝中，果汁＝多，甘味（糖度）＝高」，「果肉の硬さ＝軟，果汁＝多，甘味（糖度）＝中」，「果肉の硬さ＝軟，果汁＝中，甘

味（糖度）＝高」の場合が「食味＝5」より食味が少し劣るため「食味＝4」とする．

　ここで果汁が少となったり，果肉の硬さが硬となった場合のように2段階劣った場合は，さらに食味が劣る．その場合，総合的な食味も単純に1段階ずつ落とすという方法もある．果汁が減るのと甘味が劣るのとは，総合的な食味に及ぼす程度は異なると考える場合には，それぞれの組合せについて，総合的な食味をどう位置づけるか，育種家が区分する必要がある．その区分は選抜において有効な区分とするべきである．

　また，主要経済品種との比較も重要である．カキ'富有'より優れた食味の品種を育成しようという場合，'富有'は「果肉の硬さ＝中，果汁＝多，甘味（糖度）＝中」であるので，それを「食味＝3」と位置づければ，それを1要因でも'富有'より優れていれば「食味＝4」とし，「果肉の硬さ＝軟，果汁＝多，甘味（糖度）＝高」が「食味＝5」と位置づけることもできる．

　このように，評価は相対的なものであるので，実生集団の変異，主要経済品種の特性や選抜の目標から評価の区分を設定するとよい．このように位置づければ，選抜にあたって「食味＝5のもののみを選抜」，「食味＝3以下は淘汰」などというように，食味を1つの形質のように扱うことができる．

　ここでは各要因について3段階に区分した例を示したが，5段階に区分した場合でも，各要因の様々な組合せを作り，同様に総合的な食味の評価を位置づけることができる．

8.5　育種目標と選抜水準

　育種目標としては，一般に「高糖度の品種」，「大粒の品種」，「耐病性の品種」という言い方がされる．「高糖度の品種」といった場合，主要経済品種と比べて糖度が高いことを意味している．しかし，糖度という1つの形質だけが優れていても，裂果性が大きかったり，小果であったりしては経済栽培（経営として成立つ栽培）できない．これは「主要経済品種と比べて高糖度であり，他の形質の優良度の水準は主要経済品種程度か，経済栽培できる程度であること」を暗に含んでいる．

新品種は経済栽培できなければならないので，育種家は最終的には経済栽培に必要な形質はすべて評価し，選抜には，それらの形質の遺伝子型値が全て経済栽培できる水準を超えていることが必要である．育種目標は経済栽培に必要な全ての形質について設定することが必要であり，目標とする水準が形質ごとに異なっている．

主要経済品種は，経済栽培できないほどの欠点がなく，やや劣る形質も商品生産できるレベルであるために生産されている．その上で食味が優れる，外観が優れるなどの優れた特徴がある．

遺伝子型値の選抜水準は育種目標により決まり，表現型値の選抜水準は遺伝子型値の選抜水準と環境変異をもとに決まる．

8.5.1 選抜水準

個々の交雑実生の選抜・淘汰は，図 21 のように図式化できる．縦軸は形質ごとに評価値を相対化して表示している．選抜ラインは表現型値の選抜水準である．この図では，5 つの形質（A～E）を対象に一次評価を行い，選抜・淘汰を行うことを示している．形質ごとに具体的な選抜ラインは単位も水準も異なるが，簡単のため，表現型値の選抜ラインを形質を超えた直線で示している．

全ての形質の選抜水準を対照となる経済品種を越えて改良したい水準に設定した場合，遺伝子型値としてその水準を越える実生が集団の中にあれば有効であるが，1 つもなかった場合は新品種は生まれない．そして，やや欠点はあるが新品種として大きく普及する実生も淘汰してしまうことになる．現在の主要品種を改良したいという場合，多くの形質を同時に改良することが望まれるが，一般に多くの形質が同時に優れている実生の出現確率は非常に低い．ある形質が現在の主要品種より優れていて，他の形質は経済栽培できる程度，といった品種が生まれる場合が多い．一般に，それをまた親の 1 つとして用いることにより漸進的に品種改良が進む．

そこで，選抜の第一段階としては，一次評価で重視する形質について，経済栽培できないラインを設定し，それを下回る実生をまず淘汰してしまうと

よい．そののち，残った実生の中からいくつかの形質について対照となる経済品種を上回ると判断される実生を選抜して二次評価を行うとよい．

選抜される交雑実生は，すべての形質について最低ラインを上回っていなければならず，また，一部あるいは全部の形質について主要経済品種を上回っていなければならない．選抜とは，遺伝子型値がこのラインより高いか低いかを見分ける作業である．

図21の交雑実生 a の場合のように，致命的欠点があり，主要経済品種よりすぐれた点が1つも無い実生は淘汰できる．また，b のように，主要経済品種より優れた点が1形質でもあり致命的な欠点のない実生は選抜できる．c のように，優れた形質が1つあり，また一方で最低ラインを下回る形質が1つでもある実生は淘汰しなければならない．

d のように，主要品種より優れた形質がなく，かつ最低ラインは越えて

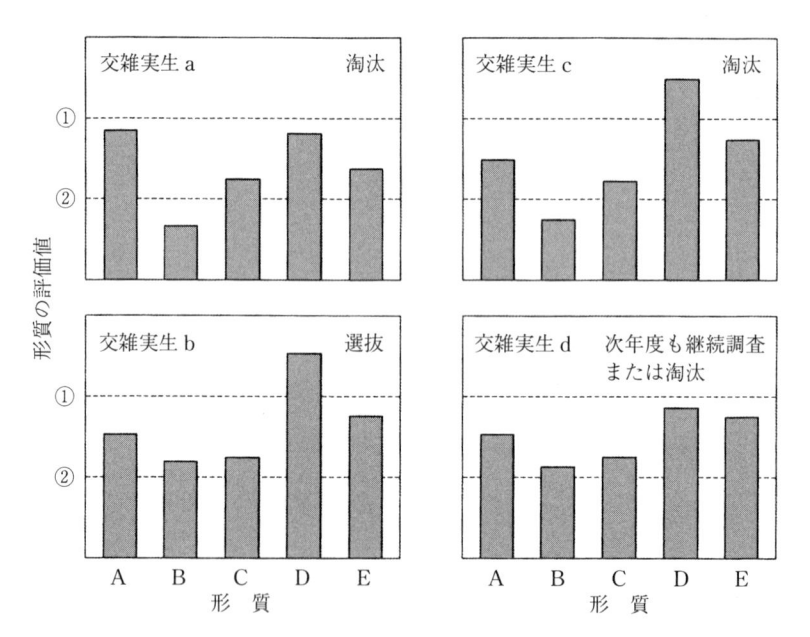

図21 交雑実生の形質の表現型値と選抜・淘汰
①改良したい選抜水準を遺伝子型値が越えると判断される表現型値ライン
②経済栽培最低水準を遺伝子型値が下回ると判断される表現型値ライン

いるという実生は，それが対照となる主要品種より優れていないと判断できるならば，現在栽培されている品種に置き換わる理由はないので淘汰する．環境変異のために判断がつかないと考える場合は，次年度も反復して調査を続ける．年を反復することにより環境分散は減少する．表現型値の選抜ラインはしだいに上昇し，a, b, c のどれか判断がつきやすくなる．

具体例で述べよう．'富有'より優れたカキ品種を育成したいならば，たとえば大果，食味良（多汁，軟肉質，高糖），汚損果・へたすき発生なし，などの目標を設定することができる．すべての形質が優れているならば申し分ないが，食味がすぐれていれば，汚損果など他の形質が富有よりやや劣っていても経済栽培できる水準を越えていれば，品種として普及できるので，淘汰せずに選抜する．

8.5.2　実生集団の遺伝的構成

選抜の有効性は交雑実生集団の遺伝的構成に左右される．

(1) ほとんどの交雑実生がa, cの場合

このような実生集団では，育種目標にかなう実生の頻度は非常に低い．多くの実生が淘汰され，一般に圃場の回転が早い．現存の実生集団の多くの実生について年を反復して評価する必要はなく，ごく一部の実生を二次評価の対象として選抜しやすい．

ある１つの形質 A だけが選抜水準を越える実生の頻度が低く，他形質では多くの実生が選抜の水準を越える，という場合は，低い頻度でも A の形質について１個体でも選抜水準を越えれば品種が生まれるため，育成個体数を多くすれば育種が成功する可能性もある．どの程度の確率でそれが得られるかという見通しを持つことが重要である．

その確率が非常に低くて，育種が成功する見込みがないと考えられる場合は，交雑を考え直し，実生集団を改良しなければならない．これは，①交配親の選択が良くなかったか，あるいは②現在の交配親となる品種・系統では一代では目標に到達できないということである．

前者の場合は交配親の選択を改良するべきであり，後者の場合は，中間母

本としてaまたはcの交雑実生を選抜し，それらの系統を次代の親として用い，漸次，世代を重ねて母本を選抜し，目標に近づける．その場合，中間母本としても優れた系統は非常に少ないのが通常であり，淘汰は多くの交雑実生について容易に行える．

　後者の例としては，晩生の品種群しかない状況から出発して早生の優良品種を育成しようとしたが，一代の交雑では早生は出現せず，中生程度は出現する，という場合がある．早生という選抜ラインを設けると，すべての実生を淘汰せざるをえない．熟期以外の主要な形質を総合的にもとの親品種群と比較した時，同等またはそれに近い，あるいはそれを上回る実生で，親品種群より早生化しているものを母本として選び，次代の親とする．

　また，選抜できる実生の数が少ない場合，その原因が育成した交雑実生の数が少なく選抜水準を越える実生が確率的に出現しなかったことにある場合もある．この場合は実生を多く育成すれば低い確率でも優れた個体が得られる．育種では理想的な個体を得る確率は一般に低い．低い確率でも多くの実生を育成し，1個体の優れた個体を選抜するのが育種であるともいえる．これには，後述の統計的遺伝解析を行って，優れた個体を得る確率を推定し，これに投資できるコストを勘案して，育種戦略を立てるのがよい．

(2) ほとんどの交雑実生がb，dの場合

　交雑実生集団のレベルが高く，bやdばかりが多く生じている場合は，多くの交雑実生を淘汰できず，大きい集団を抱えたままになる．結実1，2年目における評価では多くの交雑実生を淘汰できない場合が生じる．

　選抜という作業は，優れた遺伝子型をごく少数見つける作業であり，一次評価という段階は，迅速に優れていないものを淘汰し，重点的に評価する交雑実生を絞る作業である．仮に主要経済品種を上回る可能性のある交雑実生が全体の大半生じたとした場合でも，一般にその交雑実生の中で最も優れた1実生あるいは少数の実生が将来主要な経済品種になるわけであり，やはり交雑実生集団の大半は最終的には淘汰される．

　多くの実生を二次評価することはできない．この段階の選抜・淘汰は，重点的に検討できる数の交雑実生に絞る，というのが目的であるから，全体の

数%という実生だけを残してあとは淘汰する必要がある．

　淘汰できない実生が多く残るという場合，たとえば，やや小果であっても環境変異によって小果になった可能性があるので淘汰せず残した，というように，環境変異のために遺伝子型値を捕まえきれず，残った実生が多いのが一般的である．このような選抜を続けていても，2年や3年で必ずしも選抜水準を越える実生が十数個体に減らない．数年間の反復調査でも多くの実生がdの状態のまま続くこともありうる．

　育種の効率からは，それぞれの実生について一次選抜段階で長年月の評価や，樹を反復した評価を行うよりも，より改良された新たな交雑により新たな交雑実生を育成して評価したほうがよい場合が多い．

　そこで，選抜水準を引き上げることが必要である．bが多い場合は，改良すべき形質を増やす，選抜水準を引き上げる，一次評価で重視するすべての形質について優れているものを選抜する，などが考えられる．また，bだけを選抜し，dをすべて淘汰することも考えられる．dはこの状態のままでは主要経済品種より優れている点がないというものであるから最終的には淘汰されるべきものである．

8.6　一次評価における選抜

8.6.1　選抜の実際

　結実1年目の評価としては1年1樹3～10果，結実2年目の評価としては2年1樹3果～10果などの環境分散を算出し，選抜水準を設定する．2年間の調査反復を行った交雑実生の表現型値の選抜水準は，環境分散が小さくなるので，結実1年目より高くなる．

　果実が成熟する時期に果実調査を行い，経済品種としての最低選抜水準を越えない交雑実生はすべて淘汰する（図21a, c）．そして，経済品種を改良したいとして設定した選抜水準を超える形質があり，他のすべての形質が経済品種として栽培できる最低水準を超えている交雑実生（図21b）は二次評価を行う候補として選抜する．環境変異のために明確ではないが，優れた形質の無い交雑実生（図21d）は次年度も継続調査とするか，あるいは淘汰

とする．多くを淘汰したほうが有利か，継続して何年も特性評価したほうが有利かは，コスト，実生集団の遺伝的構成，育種目標などに依存する．

なお，次年度も継続調査とした交雑実生（図 21d）の中で，経済栽培できる最低ラインは越えているものの，多くの形質が全体としてみるとレベルが低く，将来淘汰される可能性の高い交雑実生は，果実形質評価時には淘汰予備群としての評価を評価票に書き込んでおく．

改良したい形質について優れており，いずれの形質も遺伝子型値の選抜水準を超えている可能性の高い実生を上位より 20 個体程度以下を「注目実生」として選抜し，二次評価を行う．一部の形質に著しい特長があり，他の形質の遺伝的特性がまだ不明という実生は積極的に選抜する．

このようにして選ばれた交雑実生は二次評価が行われるが，実生数が少ないので多くの形質について重点的に検討できる．多くの形質について遺伝特性をつかみ，必要な形質が改良したい水準を越えている実生を二次選抜して三次選抜（試作試験，系統適応性検定試験）に供試する．

「注目実生」として選抜するまでには至らないが，年の反復を行ってさらに遺伝特性をつかめば選抜できる可能性を持つと判断される実生は，「注目実生」の予備群であり，誤って淘汰しないよう「注意実生」としてマークしておく．「注意実生」は，他の多くの一次評価中の個体と同様の栽培管理と特性評価を続ける．

8.6.2 選抜・淘汰の例外

選抜水準に少し達しなくとも優れた点のある少数の実生は淘汰せずに残しておくほうが無難である．選抜水準の設定自体は集団全体として見た環境変異をもとにしており，遺伝子型値が選抜水準を越えていても，ある程度の確率で表現型値は選抜水準を下回っている実生が生じる．

また，ある形質または多くの形質が著しく優れている交雑実生が，1 つの形質について設定した経済栽培可能最低水準を下回ったような場合も，例外的に選抜したほうがよい．著しく食味が優れていれば，当初設定した栽培技術水準を変え，コストがかかってもこれまでにない技術の経済栽培（たとえ

ば高度な施設栽培)が成り立つ可能性がある.
　育種家が「これは」と思いを寄せる個体は早期に淘汰する必要はなく,「注目実生」として選抜するとよい.しかし,そのような感覚で多くの実生を残すと,選抜は進まず育種の効率は落ちる.残しても少数とすべきである.

8.6.3　少数実生の選抜

　結実開始 1〜3 年のうちに一次評価における選抜を完了する.二次評価を行うことのできる交雑実生の数は,二次評価の方法と育種家がかけられる労力に依存するが,一人の育種家の場合,一般に 20 実生くらい以下が望ましい.あまりに多くの実生を選抜してはその評価がおろそかなものになりやすい.二次評価している実生は更に 1〜3 年間評価を続ける中で多くが淘汰される.一次選抜して次年度より新たに二次評価を行う実生の数は,その年に二次評価で淘汰された実生の数に近い数とし,二次評価を行う実生の数はほぼ一定に維持する.

　二次評価を行う候補とされた交雑実生は,果実成熟・収穫時の評価では総合的な優秀性の程度から 2〜3 段階(たとえば優秀度の高い順から A, B, C などの区分)に分類しておく.果実成熟シーズンが終わった段階で,後述する年次変動の補正も行って成績を再検討し,優秀度の高い順に上から 10 実生程度を選抜する.そこに入らなかった実生は次年度も一次評価を行う,または年の反復もあり,すでに遺伝特性をつかめていると判断できる場合は淘汰する.

　果実成熟シーズン終了時に二次評価を次年度に行う「注目実生」を 10 選ぶとする.果実評価時には,一応優れているとして選んだその実生が上位 10 の中に入るかどうかは,その後に成熟する実生もあるのでわからない.優秀度の高い A 評価の実生の数が少ない場合,優秀度の低い B 評価や C 評価の実生を繰り入れて,全体で上から 10 実生を選ぶ.また,A 評価の交雑実生が多すぎる場合は,次年度から A 評価の水準を引き上げる.

8.6.4　淘汰予備群評価をした交雑実生の淘汰

　果実成熟シーズンが終わった段階で，次年度も一次評価を行うとした交雑実生が残りすぎる場合は，図 21d の実生について，すべてまたは一部の形質の選抜水準を引き上げ，淘汰するものを再検討する．

　その場合，淘汰予備群の表記のあるものは積極的に淘汰する．そして，次年度も同様の遺伝的構成を持つ実生集団を対象に選抜・淘汰する可能性が高いので，その引き上げられた選抜水準によって，次年度の果実成熟シーズンの選抜・淘汰を行うとよい．次年度も選抜水準を検討し，それが高すぎた場合は引き下げるようにする．

8.6.5　結実が少ない交雑実生の評価

　実際の育種では，結実開始早期には十分な果実数がなく 1〜2 果しか得られない場合も多い．この場合にも，最低選抜水準を越えるかどうかの評価は環境分散の推定値（たとえば 1 年 1 樹 1 果）から行うこともできる．しかし，1 果というのは一般に変動が大きい．また，強い枝の先端に結実した 1 果には，通常の強さの枝に結実した果実を対象として推定した環境分散をあてはめることができない．一般に，1，2 果など，もともとあまりに少ない果実数の反復で遺伝的特性を判定するのは難かしい．高い広義の遺伝率を得るために必要な果実の反復数（たとえば 5 果）が得られるまで樹体を養成し，果実が結実するようになってから選抜を行うのが原則であり，むしろ，それだけの果実が得られるような栽培管理を行うべきである．

　数年を経て，多くの交雑実生が果実を結実しているのに，果実が得られない交雑実生については，着花が少ない，または結実性が不良である，ということを評価し，淘汰する．また，樹勢が弱く，生産性が低い場合もある．この場合もこれを評価して淘汰する．

　着花・結実が不良で果実を得られない交雑実生が多い場合は，選抜圃場における栽培管理法の総体的な改善を検討する必要がある．わずかな果実しか得られない場合には，樹体が正常でない，日当たりが悪い，剪定が不適切であるなどによることがある．果実評価に当たっては，収穫時に，樹体が正常

に栽培されているかどうかを評価しておく．優れた果実特性を持っているが結実の少ない場合は選抜し，着花性，結実性，樹勢などを重点的に評価する．これも栽培技術によって経済栽培できる可能性がある．

8.6.6　年次変動の補正

　実際の育種においては，交雑実生はそれぞれの果実成熟期に，対照となる品種とともに果実が収穫され，評価される．果実の実物をみて評価する上に，その果実を収穫する時に樹の状態を観察でき，また，早生から晩生まで各時期にこれまで生産・出荷されている経済品種とも比べて評価できる．交雑実生の選抜・淘汰の判定は，この評価時に行うのが最もよい．

　年次変動が大きい場合は，その補正を行うことにより誤差を少なく評価できる．平行移動的な年次変動は，選抜の対照となる主要経済品種も含めて，同じように起こるので，選抜水準自体が年により平行移動的に年次変動すると考えなければならない．たとえば，全体の品種・樹が，平年値より糖度が低くなった場合には，平年値と同じ選抜水準では糖度の高い優れた交雑実生を淘汰してしまうことになる．

　年次変動を補正するための対照品種を早生〜晩生までの各時期に設定し，その全品種の平均値の年偏差によって年次効果を補正しようとすると，年次変動の補正値を得るのは収穫シーズンが終わったあとになる．収穫した果実を実際に評価しながら，その成績の年次変動を補正することはできない．補正は果実収穫シーズンが終了してから行う．

　また，実生集団を評価した結果，その遺伝的構成からみて当初設定した選抜水準が最適でないとわかる場合もある．圃場による変動が大きい場合は，圃場間変動の補正も有効である．対照品種を各圃場に栽植しておけば，その補正が可能であり，年次変動に準じて補正できる．

　最終的な選抜・淘汰の決定は果実収穫シーズン終了後に行う．すなわち，果実特性評価時には予備決定しておき，果実収穫シーズン終了後にデータを調整して最終決定を行う．

　遺伝子型×年の交互作用が大きい場合に，同様の性質を持つ遺伝子型をグ

ルーピングすることにより，そのグループ内では交互作用がなく，すべての遺伝子型が平行移動的に年により変動するという可能性が考えられている．しかしながら，これまでそれが有効であった例は報告されていない．

　交雑実生の果実形質の評価に当たっては，その交雑実生の果実特性評価時期までに成熟し評価した対照品種の成績から年次変動が大きいと考えられた場合は，選抜水準をややゆるくして淘汰の判定を行うとよい．そして，評価票にその交雑実生の優れている点と欠点，たとえば小果，低糖，高糖などの評価を記入するとともに，通常の選抜水準では淘汰となるものについては，積極的に「淘汰予備」という評価を記入する．果実成熟シーズン後に数値の年次変動を補正し，選抜水準を調整して最終的な選抜・淘汰の判定を行う．

　たとえば，全体に大果となった年には，果実収穫シーズン終了後に年次変動を補正して，果実重の選抜水準を引き上げることになる．その結果，果実形質評価時には淘汰と判定されなかった交雑実生が選抜水準を下回る場合には，淘汰と判断することになる．また，台風などで葉が少なくなったために，全体として糖度が下がる場合もある．その影響が大きい年には，糖度を選抜・淘汰の対象形質としないほうがよい．

第9章　地域・場所間変動と選抜

　前章までは，育成地における選抜について述べてきた．日本の国立機関で育成し，選抜された系統は，その果樹の生産地の都道府県立果樹関係試験研究機関において一斉に試作・栽培試験（系統適応性検定試験）が行われている．毎年，この試験における成績検討会において，特性が解明され，かついくつかもしくはすべての地域で普及性があると判定された系統が，新品種候補として選抜される（三次選抜）．このような試験は海外における育種でも行われる．

　この系統適応性検定試験に参加する試験研究機関は多く，2005年には，ナシでは青森から鹿児島に至る39カ所，ブドウでは北海道から鹿児島まで36カ所，カキでは山形から宮崎まで31カ所，モモでは宮城から宮崎の24カ所の場所で実施された．

　日本の系統適応性検定試験では，各系統あたり1〜2樹（または高接ぎ枝）が供試されることが多く，一般に，対照となる主要経済品種も同時に栽培・特性評価される．その成績は以下のモデルによって表すことができる．

　各形質について各年における各場所における値が，供試したすべての品種・系統について得られているならば，母数モデルとして，

$$P_{ijk} = \mu + G_i + L_j + Y_k + (G \times L)_{ij} + (G \times Y)_{ik} + (L \times Y)_{jk} + E_{ijk}$$

P_{ijk}：その形質のi番目の品種・系統のj番目の場所におけるk番目の年の値
μ：定数（総平均値）
G_i：i番目の品種・系統の効果
L_j：j番目の場所の効果
Y_k：k番目の年の効果
$(G \times L)_{ij}$：i番目の品種・系統とj番目の場所の交互作用
$(G \times Y)_{ik}$：i番目の品種・系統とk番目の年の交互作用
$(L \times Y)_{jk}$：j番目の場所とk番目の年の交互作用
E_{ijk}：i番目の品種・系統のj番目の場所におけるk番目の年の誤差

しかし実際には，すべての場所において全品種・系統の値がすべての年について得られることはまれで，欠測値が生じる．樹はすべての場所で斉一に生育せず，形質によっては試験成績が栽培管理によってかなり変動する．樹齢を経るにつれて形質の値が変化する場合もある．また，年によって供試できる果実数が異なる．年の効果（その年にすべての場所で同様に生じる効果）は，試験を行っている地域が広いと一般にあまり大きくないことが予想される．

9.1 試作試験の主な目的

試作試験の目的は，まず，①「全国的に見た平均値として，対照となる既存の主要品種（今後，試験中の系統が置き換わると期待される，現在栽培されている品種）と比較して，優れているか劣っているかを評価すること」である．場所の反復は樹や果実の反復でもあり，様々な環境（場所）における反復でもあるため，総体としてかなり多くの反復をしたことになり，わずか1〜2年の成績であっても対照品種との差を検出できる場合が多い．

次に，②「各場所（または気候条件の似ているいくつかの場所を総合した地域）における系統と場所（または地域）の交互作用」を把握することである．すなわち，「全国の平均値としては対照となる既存品種（対照品種）よりこの系統は劣っているが，この場所では対照品種より優れる」といった現象を把握することが期待される．しかし，一般に各場所における供試樹は樹齢が若く，樹の反復も無いか，せいぜい2樹といった場合が多く，形質によっては，各場所における各年の値が栽培管理などの誤差をかなり含んだものである場合が多いため，この交互作用については結論が出せない場合も多い．各場所で樹や果実の反復，年の反復を十分にすれば，この交互作用は解明できるが，それには樹体を大きく育てねばならず，試験開始後，数年間で選抜を行うことを目的とするこの試験では難しい場合が多い．

果実成熟期について見ると，全国の平均値により早生品種から晩生品種まで区分した場合，ある場所では早生品種が晩生となり晩生品種が早生となることは，一般に起こらない．このような場合は系統と場所の交互作用はない

（小さい）といえる．また，裂果性について考えると，一般に，裂果しやすい品種はいずれの場所においても対照品種と比べて大なり小なり裂果しやすい．しかし，ある場所ではいずれの品種・系統もどのような年であっても全く裂果せず，裂果を起こしやすい環境の場所では裂果の品種間差異が明確に表れるならば，系統と場所の交互作用がある成績となる．

また，ワイン用ブドウを選抜する場合には酸含量が重要な形質であるが，温度の高いある場所ではいずれの品種・系統も酸が下がるが，気温の低い他の場所では一部の品種・系統は下がらないことがある．これも系統と場所との交互作用の例である．

これらのほかに，場所の効果の中に含まれる，いわゆるその果樹の適地に関する情報も得られるとよい．

これらのことが解明されると，それぞれの生産地で普及性があるかどうかの判定ができる．

9.2 系統適応性検定試験成績の分散分析

試験成績を分散分析により解析するには，実際には，全国的な平均値の特性比較（9.1①）の目的を重視し，もう少しラフなモデルを仮定したほうがあてはまりやすい．

ある場所において，ある程度の樹齢がたって果実がかなり結実し，特性がわかる樹の状態となった時に得られた数年間の値を平均して，その場所の値とする．そうすると，モデルは母数モデルとして，以下のように，単純な2元配置の分散分析のモデルで考えられる．

$$X_{ij} = \mu + G_i + L_j + E_{ij}$$

X_{ij}：i 番目の品種・系統の j 番目の場所における値
μ：定数（総平均値）
G_i：i 番目の品種・系統の効果
L_j：j 番目の場所の効果
E_{ij}：i 番目の品種・系統の j 番目の場所における誤差

9.2.1 モデルの適合性

　分散分析の前提条件は，各要因が独立で，この加法モデルが仮定できること，誤差 E_{ij} が正規分布することである．表 18 では，各系統・対照品種ごとの平均値，$\overline{X}_{i\cdot}$ は $\mu+G_i$ の推定値であり，各場所ごとの平均値 $\overline{X}_{\cdot j}$ は $\mu+L_j$ の推定値である．また，総平均値 $\overline{X}_{\cdot\cdot}$ は μ の推定値である．したがって，個々の X_{ij} から各系統・対照品種ごとの平均値と各場所ごとの平均値を引いて，総平均値を加えると，$X_{ij}-(\mu+G_i)-(\mu+L_j)+\mu=E_{ij}$ となるので，これを誤差推定値とする．

　表 19 に示したすべての誤差推定値の分布が正規分布に近似できるかどうかを Kolmogorov-Smirnov の 1 試料検定法で検定する．

表 18 品種・系統と場所を要因とするくり返しなしの 2 元配置分散分析のデータ

系統・対照品種	場所						平均値
	1	2	3	4	⋯	b	
No. 1	X_{11}	X_{12}	X_{13}	X_{14}	⋯	X_{1b}	$\overline{X}_{1\cdot}$
No. 2	X_{21}	X_{22}	X_{23}	X_{24}	⋯	X_{2b}	$\overline{X}_{2\cdot}$
No. 3	X_{31}	X_{32}	X_{33}	X_{34}	⋯	X_{3b}	$\overline{X}_{3\cdot}$
⋮	⋮	⋮	⋮	⋮		⋮	⋮
No. a	X_{a1}	X_{a2}	X_{a3}	X_{a4}	⋯	X_{ab}	$\overline{X}_{a\cdot}$
平均値	$\overline{X}_{\cdot 1}$	$\overline{X}_{\cdot 2}$	$\overline{X}_{\cdot 3}$	$\overline{X}_{\cdot 4}$	⋯	$\overline{X}_{\cdot b}$	$\overline{X}_{\cdot\cdot}$

表 19 2元配置分散分析における誤差推定値

系統・対照品種	場所			
	1	2	⋯	b
No. 1	$X_{11}-\overline{X}_{1\cdot}-\overline{X}_{\cdot 1}+\overline{X}_{\cdot\cdot}$	$X_{12}-\overline{X}_{1\cdot}-\overline{X}_{\cdot 2}+\overline{X}_{\cdot\cdot}$	⋯	$X_{1b}-\overline{X}_{1\cdot}-\overline{X}_{\cdot b}+\overline{X}_{\cdot\cdot}$
No. 2	$X_{21}-\overline{X}_{2\cdot}-\overline{X}_{\cdot 1}+\overline{X}_{\cdot\cdot}$	$X_{22}-\overline{X}_{2\cdot}-\overline{X}_{\cdot 2}+\overline{X}_{\cdot\cdot}$	⋯	$X_{2b}-\overline{X}_{2\cdot}-\overline{X}_{\cdot b}+\overline{X}_{\cdot\cdot}$
No. 3	$X_{31}-\overline{X}_{3\cdot}-\overline{X}_{\cdot 1}+\overline{X}_{\cdot\cdot}$	$X_{32}-\overline{X}_{3\cdot}-\overline{X}_{\cdot 2}+\overline{X}_{\cdot\cdot}$	⋯	$X_{3b}-\overline{X}_{3\cdot}-\overline{X}_{\cdot b}+\overline{X}_{\cdot\cdot}$
⋮	⋮	⋮		⋮
No. a	$X_{a1}-\overline{X}_{a\cdot}-\overline{X}_{\cdot 1}+\overline{X}_{\cdot\cdot}$	$X_{a2}-\overline{X}_{a\cdot}-\overline{X}_{\cdot 2}+\overline{X}_{\cdot\cdot}$	⋯	$X_{ab}-\overline{X}_{a\cdot}-\overline{X}_{\cdot b}+\overline{X}_{\cdot\cdot}$

9.2.2 分散分析表

品種・系統と場所を要因とするくり返しなしの 2 元配置分散分析は表 20 に示したようになる．ここでは母数モデルであり，κ_g^2 は $\Sigma G_i^2/(a-1)$，κ_l^2 は $\Sigma L_j^2/(b-1)$ の期待値を示す．σ^2 は誤差分散を示す．有意差検定（F 検定）は，品種・系統については，$\dfrac{\text{品種・系統の平均平方}}{\text{誤差の平均平方}}$ の比により，場所については $\dfrac{\text{場所の平均平方}}{\text{誤差の平均平方}}$ の比により行う．

9.2.3 品種・系統の効果

「品種・系統の効果」とは，全場所共通に現れる品種・系統の差，たとえば，どの場所でも大果品種は大果，小果品種は小果となるといった効果を示している．

各系統・対照品種ごとの平均値，$\overline{X}_{1\cdot}, \overline{X}_{2\cdot} \cdots \overline{X}_{a\cdot}$ は，品種・系統の効果を示すもの（$\mu + G_i$ の推定値）であるが，それぞれの値は誤差を含んでいる．その誤差の大きさによって，それらの間の差が遺伝的な差異であるのか，誤差によるものであるのかがわかる．

たとえば，10 場所で試験が行われ，果実重を調べた場合に，全場所における平均値がある系統で 230g，ある対照品種で 260g であったとする．試験の結論として「この系統はこの対照品種より果実が大きい」というためには

表 20 品種・系統と場所を要因とするくり返しなしの 2 元配置分散分析

変動因	自由度	平方和	平均平方の期待値
品種・系統	$a-1$	$b \sum_i (\overline{X}_{i\cdot} - \overline{X}_{\cdot\cdot})^2$	$\sigma^2 + b\kappa_g^2$
場所	$b-1$	$a \sum_j (\overline{X}_{\cdot j} - \overline{X}_{\cdot\cdot})^2$	$\sigma^2 + a\kappa_l^2$
残差	$(a-1)(b-1)$	$\sum_i \sum_j (X_{ij} - \overline{X}_{i\cdot} - \overline{X}_{\cdot j} + \overline{X}_{\cdot\cdot})^2$	σ^2
全体	$ab-1$	$\sum_i \sum_j (X_{ij} - \overline{X}_{\cdot\cdot})^2$	

a：品種・系統の数，b：場所の数

誤差の大きさを知らねばならない．得られた値の変動が大きければ，この30gの差が誤差による場合もある．これを明らかにしようとするのが統計的検定である．有意な差があれば，果実が大きいという結論を出せる．

分散分析によって「場所の効果」を分析して見いだすことは，2元配置の分散分析をせずに「品種・系統」を要因とする1元配置の分散分析を行った場合と比べ，全場所の平均値としての品種・系統による差異を考える上での誤差を少なくする，ということであり，品種・系統間の差異を考える上での誤差を，「場所による効果」と「場所の効果以外の誤差」に分けている．この「場所の効果以外の誤差」に基づいて有意差検定するので，誤差が小さくなれば有意差が得られやすく，品種・系統による差異をより明確にしやすい．

9.2.4　場所の効果

この2元配置の分散分析モデルにおける「場所の効果」とは，場所によって各品種・系統に共通に現れる「その場所特有の気候条件の効果と土壌条件の効果（ある場所では温度が高く，すべての品種・系統の成熟期が早いなど），栽培者の管理による剪定，摘蕾，摘果，灌水などの効果（ある場所では栽培管理が良くてすべての品種が一様に大果となるなど），収穫基準のずれによる効果（ある場所では全ての品種を早取りするなど）」などが合わさった効果を示している．

「場所の効果」が有意であることは，このような要因の効果があるということを示している．「場所の効果」が大きいということは，すべての品種・系統の平均成績の場所による変動が「誤差」（場所の効果以外の誤差）に比べて大きいということである．この原因には，場所による気候条件の差が大きく，その果樹のその形質についての適地と不適地があることによる場合も考えられる．また，主に栽培管理などの差による可能性もある．すなわち，「場所の効果」といっても，その場所では，灌水の施設がなかった，すべての品種・系統について摘蕾の程度が弱かったなどの効果も表れており，それぞれの場所の気候条件による差がなくても「場所の効果」がある可能性がある．

系統適応性検定試験は地域における気候などへの反応性を検討することを

目的の1つとしている．全品種・系統について気候に対する反応が顕著に起こる場合，その効果は「場所の効果」として表れる．気候条件の大きく異なる場所間で成績が大きく異なる場合は，それまでのその形質の環境変異に関する知見をもとに，それが気候によるものであると考察することができる．たとえば，ブドウの果皮色は商品生産上重要な形質であるが，一般に成熟期が高温の地域ほど劣ることが知られている．着色度の変動しやすい「巨峰」や「ピオーネ」，また赤色大粒ブドウの「安芸クイーン」などの場合は，場所による着色の差が大きく表れる．この場合，着色しやすい場所では，一般にいずれの品種についても着色が優れる．このような場合は，気候要因による「場所による効果」がかなり表れる．

なお，各場所での栽培規模・反復が少なく，その成績に誤差をかなり含んでいる場合でも，1つの地域内にいくつかの場所で試験が行われていれば，それは地域内での反復ととらえられる．また，そのグループの中の場所で同一の反応が得られた場合には，地域による差異としてとらえることができる．

「場所の効果」を「真の場所による気候条件のみの効果」だけとするためには，それ以外の要因によるふれを無くさなければならず，場所ごとに異なる栽培管理条件と収穫・評価の基準を厳密に同じにして試験を遂行しなければならない．栽培管理は，樹勢の調節ということを念頭にいずれの場所でも品種特性を比較できる管理が行われるが，その管理方法には試験遂行者による差異があり，また，灌水施設の有無などの条件も場所により異なっている．剪定も，その方法の数量化には困難があり，それぞれの慣行にしたがっている場合が多い．施肥についても，降雨，気温の変化は地域によって異なるもので，それに応じた方法が，主要栽培品種に関して，それぞれの地域において確立されており，これを全国で同一とすることは合理的ではない．したがって，栽培管理方法もいずれの場所においても厳密に同じに行うことはできず，気候条件のみについて論じることをこの試験の目的とすることは一般にむずかしい．

9.2.5 誤差

「誤差」は，場所と品種の間に起こる各要因の交互作用の効果（その年の気象と場所の交互作用，たとえば南関東では降雨が少なかったが，北九州では多かった，などの年と場所の交互作用，ある品種は降雨の多いのに反応して大きくなるが，別の品種はその効果が小さいなどの品種と年，場所との交互作用），各場所における栽培管理の不均一（ある系統はよく摘果したが，他の系統は摘果が不十分であった，ある系統は灌水したが，他の系統はしなかったなど）である．できるだけ均一な管理を各場所で行ったとしても，このような誤差は大なり小なりおこりうるものである．さらに，形質評価における誤差（果実数が少ないことによる誤差，同一果実の測定者による判定誤差など）もこの「誤差」の中に含まれる．

9.3 分散分析例

黄緑色ブドウの'ハニービーナス'は農研機構果樹研究所で選抜したのち1992年から全国34か所の国公立試験研究機関で苗木を植えて系統適応性検定試験を行い，1997年度に選抜されて1998年に新品種となった．

山田ら（2003a）は，9.2のモデルにしたがい，'ハニービーナス'と'巨峰'の25場所の系統適応性検定試験成績について分散分析を行った（表21）．屈折計で測定した'ハニービーナス'の糖度は，25場所の平均値が21.1%で，'巨峰'より2.3%高く，その差は1%水準で有意であった．一方，果粒重は'ハニービーナス'の25場所の平均値は8.4gで，'巨峰'よりも3g程度小さく，その差は1%水準で有意であった．したがって，'ハニービーナス'は，'巨峰'より糖度が高く，果粒重の小さい品種であるといえる．

糖度の差について95%信頼限界を計算すると，次のようになる．

表21では，25場所の'ハニービーナス'の平均値は$\bar{X_1}$．'巨峰'は$\bar{X_2}$．である．これらは，それぞれ$\mu+G_1$と$\mu+G_2$の推定値であり，この推定値にともなう誤差はそれぞれ分散σ^2をもつ25個の独立な誤差の平均であるから，その分散はともに$\sigma^2/25$となることが期待される．

$\bar{X_1}$と$\bar{X_2}$は同じ分散σ^2をもつ母集団から抽出された2つの平均値である．

9.3 分散分析例

表 21 ブドウ系統適応性検定試験（1995-1997）における'ハニービーナス'と'巨峰'の形質の比較（山田ら 2003a）

品種	開花期 （月日）	収穫期 （月日）	果粒重 [z] (g)	糖度 (%)	酸含量 (g/100mL)
ハニービーナス	6.3	9.3	8.4(0.924)	21.1	0.50
巨峰	6.4	9.9	11.6(1.064)	18.8	0.49
有意性					
品種間	NS	**	**	**	NS
場所間	**	**	**	NS	**
解析に用いた場所数	25	25	25	25	24
推定された分散成分 [y]					
κ_g^2	0.0(0%) [y]	7.1(3%)	0.0095(71%)	2.48(65%)	0.0(0%)
κ_l^2	148.3(79%)	228.5(84%)	0.0024(18%)	0.33(9%)	0.0053(50%)
σ^2	40.5(21%)	36.3(13%)	0.0014(11%)	1.00(26%)	0.0053(50%)

開花期は満開日を示す．開花期および収穫期は 1 月 1 日からの日数によって月日を数量化して解析に供した．

[z] 果粒重は，対数変換値を用いて解析した（カッコ内に対数変換値を示している）．分散成分は対数変換値による．

[y] 母数モデルとし，$\kappa_g^2 = \sum_{i=1}^{2} G_i$，$\kappa_l^2 = \sum_{i=1}^{25} L_j/24$，カッコ内の値は $\kappa_g^2 + \kappa_l^2 + \sigma^2$ に対する百分率を示す．

2 つの独立した変数の差の分散は個々の変数の分散の和になると期待される（第 3 章）．大きさ n の標本の平均値は分散 σ^2/n をもつ．したがって，差の分散 σ_D^2 は，

$$\sigma_D^2 = 2\sigma^2/n$$

ここでは，σ^2 は 1.00，$n=25$ であるので，平均値の差の分散 $2\sigma^2/n$ は，$2\times 1.00/25 = 0.08$ である．また，標準誤差は $\sqrt{(2\sigma^2/n)}$ で 0.28 となる．自由度は 24 である（σ^2 の自由度）．21.1%と 18.8%の差 2.3%の信頼区間は，

$$2.3 \pm (t_{0.05} \times 0.28) = 2.3 \pm 0.6$$

$t_{0.05}$ は自由度 24 の 5%の t 値である．差の 95%信頼区間は，1.7～2.9%となる．この試験からは，'ハニービーナス'は'巨峰'より，およそ 1.7%～2.9%糖度が高かったといえる．

ブドウの場合，収穫時期を遅らせると，糖度は上昇し，酸含量は低下する．逆に，早取りすると，酸含量が高くて食べにくい．収穫が遅くなると，過熟臭が出て風味が落ちる．商品生産の点からは，収穫後の日持ちを考えるとできるだけ早く収穫したい．これらの点を総合し，一般に，本来の風味が出た早めの時期に収穫されることとなる．試験では，数回にわけて収穫し，最も適当な収穫時期の成績を用いることができる．その場合の指標としては酸含量が有用である．酸含量が高いと食べられないので，各品種ごとに収穫に適した酸含量があり，'巨峰'では 0.5g/100ml 程度である．

'ハニービーナス'も，試験の結果，酸含量平均値が 0.5g/100ml であり，'巨峰'と同じ酸含量の時期に収穫するのが良いと評価された．この酸含量での収穫時期の糖度は'巨峰'より 2〜3％近く高い，と考えられる．その成熟段階の収穫時期は'巨峰'より平均6日早かった，といえる．

また，糖度については場所による効果が有意でなかった．東北から九州までの場所を全体としてみた場合に，'巨峰'，'ハニービーナス'がともに糖度が高くなる，または低くなる場所が特にあると考える必要がないことを示唆している．

開花期，収穫期，果粒重，酸含量については，場所の効果が 1％水準で有意であった．

開花期は主に気温によって決定されるため，場所による効果は特に明確に表れ，温度の低い場所では遅くなる．宮崎・鹿児島では5月中旬，宮城・秋田・岩手では6月下旬となった．一方，25場所における平均開花期は，'ハニービーナス'が6月3日，'巨峰'が6月4日であり，有意な差はなかった．

収穫期も，開花期と同様に，北の地方ほど遅い傾向が認められた．これはブドウの開花から成熟までの日数が日平均気温の積算との相関が高く（小林，1985），成熟が積算温度で支配されることと関係している．

このように，開花期，収穫期は気候による影響が大きく，栽培条件などの人為的な要因の影響は小さい形質であるといえる．

果粒重と酸含量も場所による効果は有意であったが，開花期や収穫期のよ

うな地域による一定した傾向は認められなかった．果粒重は，栽培方法などの人為的要因が場所間の差異にかなり影響していると考えられる．

9.4 育成地と全国の成績との関係

　育成地だけの評価で，対象としている系統と対照品種との間で差があったとしても，全国の生産地の様々な環境のもとにおいた場合の反応性とは必ずしも一致しない可能性も考えられる（品種と場所との交互作用）．実際に全国の様々な生産地で栽培してみることが普及性をみる上で確実な方法である．

　育成地の1枝，1樹程度の評価で選抜した時には明確に表れなかった対照品種との差が，多くの樹を植えて平均値を比較してみると（多くの反復を行うことになり）表れる場合もある．育成地以外の多くの環境のもとで栽培することは，様々な環境のもとでの反復を行う試験であり，それだけ遺伝特性を正確に把握する試験であるといえる．反復により誤差を減少させる試験であるという見方もできる．

　晩生品種は低温の地方では十分に成熟できず，商業生産が困難となる．また，耐寒性の弱い品種は，冬季の低温に堪えられず，枯死する．完全甘ガキ品種は低温の地方では果実の渋みが完全に無くならず甘ガキとならない．このように，実際にそれらの場所で栽培してみることにより，その系統がそこで普及できる品種となるかどうかを評価できる．

　品種と場所との交互作用が大きく，育成地での特性と生産地の特性にずれが大きい時は，育成地での選抜水準をゆるくして，多くの系統を選抜し，多くの系統を系統適応性検定試験に供試したほうがよい．逆に，育成地で対照となる経済品種との差が全国における反復試験の平均値においても同様であるならば，大規模な全国試験を行うコストは非常に大きいので，育成地における選抜を確実に行ったほうがよい．

　この問題について，山田ら（2003b）はカキの系統適応性検定試験成績を検討した（表22）．7品種・系統という少数についての結果であるが，8形質の全国平均値と育成地の値との相関係数は平均0.90と高かった．全国の平均値の品種・系統間の分散のうち育成地の成績に対する回帰で説明される

割合は平均78%と高かった．なかでも開花期および収穫期はそれぞれ94および97%が回帰によって説明され，育成地における品種間差異はそのまま全国平均値における品種間差異とみなすことができた．このように非常に高い値が得られたのは，収穫期については早生から晩生までの品種を含み，遺伝変異が広かったことも関与している．

このように，全国平均値としての早生，中生，晩生の評価は，育成地でかなり正確にできると考えられる．実際，育成地におけるカキの果実成熟期は広義の遺伝率が高く，育成地でも容易に遺伝特性を把握できた（第3章）．

果実重は，7品種・系統に'西村早生'なみの軽い系統から果実の大きな主要経済品種である'富有'より10%程度重い系統まで含まれていた．相関係数は0.94，回帰によって説明される分散の割合は86%と高かった．これらの形質は遺伝子型と場所との交互作用が相当に小さいと考えられる．

一方，裂果の一種であるへたすき果の発生率についての相関係数はやや低く，遺伝子型×環境の交互作用がやや大きいことが示唆される．へたすき性のある品種については育成地における遺伝子型×年の交互作用が大きく，数年の反復で遺伝特性を正確に把握することはむずかしい．

表22 カキ8形質の系統適応性検定試験における平均値と育成地の成績との関係（山田ら 2003b）

形質	育成地と全国平均値との相関係数	回帰で説明される割合(%)[z]	7品種・系統の全国平均値	7品種・系統の全国平均値の標準偏差	7品種・系統の育成地における平均値
開花期（月日）	0.98	94	5月25日	2.64	5月27日
収穫期（月日）	0.99	97	10月25日	15.9	10月25日
果実重（g）	0.94	86	241	29.0	278
果皮色（カラーチャート値）	0.91	80	5.8	0.088	6.6
へたすき果発生率(%)	0.75	48	14.6	12.2	5.6
汚損果発生率(%)	0.94	86	20.0	9.9	27.8
糖度（%）	0.85	68	16.0	0.91	16.6
含核数	0.86	68	3.3	0.87	3.7
平均値	0.90	78			

[z] 全国平均値の品種・系統間の分散のうち育成地の成績に対する回帰で説明される割合．

以上の結果は，カキについては多くの形質で遺伝子型×場所の交互作用が一般に小さく，育成地における選抜が有効であることを示している．育成地において，できるだけ系統の遺伝特性をつかむ努力をし，対照の今後新品種に置き換わるべき経済品種よりも優れる特性があり，欠点が小さく，商業生産できることをとらえた上で選抜し，系統適応性検定試験に供試したほうがよい．育成地で商業生産と同じ栽培管理を行うことが必要であり，栽培技術なくしては遺伝特性の把握ができず，有効な選抜はできない．

　しかし，育成地で長年月の評価を続けていては，選抜までの期間が長くなり，効率的ではない．育成地では，初結実後の数年の間にできるだけ遺伝特性を把握して選抜すべきである．その評価では環境変異が大きく遺伝特性を十分把握できない形質を全国の試作試験で重点的に検討すると良い．

　系統適応性検定試験は大規模な反復試験であるとともに，生産地における試作でもある．新品種を普及させるためには生産地における試作の過程が必要である．各生産地の研究機関における試作が普及に及ぼす影響は大きい．普及を考えると，この試験をしない場合は，代わりに品種登録後に一部の先進的な生産者による導入・試作が必要となる．

　育成地である形質の遺伝特性を把握できたとしても，それぞれの地域で栽培されている経済品種は異なっており，今後，新品種として望まれる品種も少しずつ異なっている．すなわち，選抜水準は地域によっても少し異なっているといえる．その意味では，育成地であまり厳密に少数の系統を選ぶより，特性の幅を持ったある程度の数の系統を選抜し，各地における普及性を検討するのがよい．

9.5　育成地における特性評価

　育成地で二次評価を行う場合，対照品種との比較から特性を解明する．育成地での選抜を行ったのち生産地における試作試験を行う場合も，同時に育成地においても栽培・評価を続け，対照となる主要経済品種との比較から遺伝特性を比較し，有利性を把握する．

　このような試作試験を行わず，育成地において二次評価を行って選抜を完

了しようとする場合も，同様に対照となる主要経済品種との比較から遺伝特性を把握しなければならない．

このような育成地における対照品種との形質の比較は，一般に主として平均値による比較が行われる．すなわち，対照品種より平均して何日熟期が早い，糖度が高い，という評価が行われる．この試験は，樹と年を反復した試験とすべきである．樹と年の反復のある場合は，3.2.6 の表 5・6，3.5 の表 12・13 に示した分散分析に準じて解析を行えばよい．

しかしながら，樹の反復をするコストも相当に大きい．樹が正常に生育し，遺伝変異に対する樹間変異が小さい場合は，その樹の特性がほぼ遺伝特性を示していると考えることができる．一般に，商品生産を前提とした栽培では，一般に樹勢を中庸に維持する栽培管理を行うので，樹間変異は小さい．樹の反復をせず，年の反復だけを行う場合は，表 3・4 に準じ，品種・系統と年を要因とした2元配置の分散分析を行えばよい．

また，反復した2樹のうち樹勢が中庸であった1樹の成績を代表値として用いる場合や，品種・系統あたり2樹ずつ供試しても，形質評価のコストを低くするため，2樹の果実をこみにして果実評価する場合も，この2元配置の分散分析を行うとよい．

試験の主な目的は，対照品種と選抜系統の成績の間に遺伝的な差異があるかどうかを明らかにすることである．ここでは品種・系統と年を要因とした2元配置の分散分析を行った例を示す（表 23）．これは農研機構果樹研究所でカキ新品種'早秋'が育成地で選抜されたのち，系統適応性検定試験中に育成地で対照品種（'西村早生'，'伊豆'および'松本早生富有'）と比較して栽培・評価したものである．'早秋'（試験時はカキ安芸津13号）は選抜されて新品種となった．解析のモデルは母数モデルとし，

$$X_{ij} = \mu + G_i + Y_j + E_{ij}$$

X_{ij} は i 番目の品種・系統の j 番目の年の値，μ は定数（総平均値），G_i は i 番目の品種・系統の効果，Y_j は j 番目の年の効果，E_{ij} は i 番目の品種・系統の j 番目の年の誤差．

表23 カキ'早秋','西村早生','伊豆'および'松本早生富有'の特性比較（山田ら 2004）

品種	開花期(月日)	収穫期(月日)	果実重(g)	果皮色[z]	糖度(%)	種子数(個)	日持ち日数(日)
早秋	5.25 a[y]	10.3 a	256	6.7 b	15.3 a	1.9 a	14 b
西村早生	5.20 b	10.5 a	237	6.0 a	15.5 a	5.2 c	18 bc
伊豆	5.25 a	10.11b	253	6.4 b	15.1 a	3.4 b	9 a
松本早生富有	5.27 c	11.2 c	263	6.3 ab	16.5 b	4.6 c	22 c
品種間差異の有意性[x]	**	**	NS	*	**	**	**
年次効果の有意性[x]	**	**	*	NS	**	*	NS

各品種1樹を用い，1998～2002年の5年間，毎年，育成系統適応性検定試験・特性検定試験調査方法（農水省果樹試験場 1994）にしたがって特性調査を行った．
[z] 果頂部の果皮色をカラーチャート（日園連）富有用で評価した．
[y] 同一の形質で異なる文字を示した品種間には，5%水準のLSDで有意差があることを示す．
[x] 各品種の各年の値を用い，品種と年を要因とするくり返しなしの2元配置の分散分析を行い，品種間差異および年次効果の有意性を検定した．

　　誤差には，品種・系統×年の交互作用，樹×年の交互作用，樹内果実の抽出による誤差，果実を評価する時の誤差が含まれている．品種・系統の効果には，品種・系統の遺伝的な効果のほか樹による効果が含まれる．

　　品種間差異の有意性は $\frac{品種間平均平方}{誤差平均平方}$ を F 値として検定する．有意性の認められた形質については，5%水準の LSD により品種間の差を検定している．年次効果は $\frac{年次間平均平方}{誤差平均平方}$ により有意性を検定した．2元配置の分散分析によって年次効果の影響を除くことにより，それだけ遺伝的な差異を検出しやすくなった．

　　LSD は，Least Significant Difference（最小有意差）である．この場合，品種の値は4年間の平均値（$\overline{X}_{i\cdot}$）であるので，

$$\overline{X}_{i\cdot} = \mu + G_i + \frac{\sum E_{ij}}{b} = \mu + G_i + \frac{E_{i1} + E_{i2} + E_{i3} + E_{i4}}{4}$$

$\overline{X}_{i\cdot}$ は $\mu + G_i$ の不偏推定値であり，この推定値に伴う誤差はそれぞれ分散 σ^2

をもつ b 個の独立な誤差の平均であるから，その分散は $\sigma^2/4$ となることが期待される．

2 つの平均値（品種の値）の差の分散はそれぞれの分散の和となるので，標準誤差は，$\sqrt{(2\sigma^2/b)}=$ である．これが $(a-1)(b-1)$ の自由度（9）をもつ．自由度 9 の t 分布の 5%値は 2.262 である．したがって，平均値の特定の対の差は，LSD$=2.262\times\sqrt{(2\sigma^2/4)}=2.262\times(\sigma/\sqrt{2})$ を超えると，5%水準で有意となる．

LSD も他の検定と同様に，遺伝子型値に全く差がなくても，20 回検定を行うと 1 回は 5%水準で有意となることが期待される（第 1 種の過誤）．4 品種を比較すると 6 回の検定を行った結果が示されるので注意が必要である．なお，この場合も 1 回 1 回の検定についてみると，遺伝子型値に差がなくても有意差があるとする過誤の確率は 5%のままである．

この問題を緩和するため，分散分析で品種間差異が有意であった形質でのみ LSD 検定を行うことが勧められている（スネデカー・コクラン，1972；Fisher's protected LSD）．そして，第 1 種の過誤は 5%の確率で起こると期待されることを念頭においた考察が必要である．

一方，一つの形質について品種間の比較の検定を何回も行う，その全体について，遺伝子型値に差がない時に誤って有意差があるとする確率を最大でも 5%にしようとする方法が Tukey の検定である．この検定では，2 つの品種の数値の差は同じでも，比較する全体の品種数が増えるにつれて有意とならなくなっていく．また，多くの形質について同様の検定を行うとすると，その総検定数についても考慮する必要がある．

ここでの品種の値は樹間の環境変異を含んだものであるが，樹勢が中庸となるように留意し，商品生産としての管理を行われていれば，樹間変異は小さい．逆に，生育の異常な樹を用いた場合は，解析を行うべきではない．また，栽培法が大きく異なっている場合は，品種間の数値に差異が認められても，それが栽培法の違いによる可能性がある（環境変異）．その場合は栽培法による影響をこみにした品種の違いとなる．

第4編　狭義の遺伝率

第10章　狭義の遺伝率の概念

　これまで果樹育種の統計遺伝学的解析の中で最も良く用いられてきたものの1つが狭義の遺伝率である．果樹育種における選抜の効率について，狭義の遺伝率とそれを用いて導かれる遺伝獲得量が指標として用いられる．Luby and Shaw (2001) は，DNAマーカー選抜についても，その効率を遺伝率と遺伝獲得量をもとに論じている．

　本書では第5編・第6編で，果樹育種の実態から，果樹の遺伝解析方法に狭義の遺伝率を用いるべきではないことを述べるが，そのためには，まず狭義の遺伝率とは何かについて示さねばならない．ここでは，他殖性作物である果樹によく用いられてきた Falconer (1960) に示されている狭義の遺伝率の概念を示す．

　第2編では，ある個体の形質を測定した時に得られた値が表現型値 (P) であり，表現型値は遺伝子型による効果（遺伝子型値，G）と非遺伝的変異による効果（環境偏差，E）の和として表され，$P=G+E$ とした．広義の遺伝率 h_B^2 は V_G を遺伝子型値の分散，V_P を表現型値の分散として，$h_B^2=V_G/V_P$ で表された．

　Falconer (1960) では他殖性作物や家畜の育種が想定されており，ある一定の集団とそれを構成する個体があること，集団内で無作為に交配することをモデルとしている．遺伝子型による効果を相加的な遺伝効果 A と相加的ではない効果（優性効果）D に分けて，$P=G+E=A+D+E$ とする．表現型値の分散のうち相加的な遺伝効果による分散の割合が狭義の遺伝率 h_N^2 とされる．V_A を相加的遺伝分散（additive genetic variance），V_D を優性分散（dominance variance），V_E を環境変異による分散として，$h_N^2=V_A/V_P$ で表される．

10.1 Hardy-Weinberg の法則

ここで想定されている集団は，他殖性の大きな無作為交配集団である．このような集団では，選択，突然変異，移住がなければ，集団平均値，遺伝子頻度，遺伝子型頻度は世代を経ても変化しない（Hardy-Weinberg の法則）．まず1対の対立遺伝子で支配される遺伝子座の場合を考えてみよう．

遺伝子型は A_1A_1, A_1A_2, A_2A_2 の3つで，無作為に交配するとし，集団内における A_1 の遺伝子頻度を p, A_2 の遺伝子頻度を q, $p+q=1$ とする．その場合，遺伝子型頻度は遺伝子頻度によって決まる．すなわち，接合子の遺伝子型頻度はそれらを生み出す配偶子の頻度によって決まる（表24）．

親世代の遺伝子型頻度は A_1A_1 が p^2, A_1A_2 が $2pq$, A_2A_2 が q^2 であり，遺伝子頻度は A_1 について p, A_2 について q である．

子世代における A_1A_1 の頻度も p^2, A_1A_2 は $2pq$, A_2A_2 は q^2 であり，遺伝子型頻度は変化しない（表24）．また，遺伝子頻度も，A_1 は，A_1A_1 の分が p^2, A_1A_2 の分が $2pq$ の $\frac{1}{2}$ で pq, これを合わせて $p^2+pq=p(p+q)=p$ となる．同様に A_2 の遺伝子頻度は q となるため，親世代と変らない．すなわち，世代を経ても遺伝子頻度と遺伝子型頻度は変化しない．

なお，世代を経ても遺伝子頻度と遺伝子型頻度は変化しないことは，複対立遺伝子でも成立する．

表24 無作為交配集団において親世代の遺伝子頻度を A_1 について p, A_2 について q とした場合の子世代の遺伝子型頻度（Falconer 1960）

		雌の配偶子とその頻度	
		A_1 p	A_2 q
雄の配偶子とその頻度	A_1 p	A_1A_1 p^2	A_1A_2 pq
	A_2 q	A_1A_2 pq	A_2A_2 q^2

配偶子における雌雄個体由来の遺伝子頻度は等しいとする．

10.2 育種価

ある個体の価値を「その子の平均値によって測った値」を育種価 (breeding value) と呼ぶ (Falconer, 1960)．したがって，育種価とは，個体

(遺伝子型)ごとに測定できるものである．次に「子の平均値」であるが，この場合は，今問題としている個体（遺伝子型）がある集団の一成員であることを前提としている．その集団の他のすべての個体（または無作為に取った多くの個体）と交雑し，それぞれの交雑組合せについても非常に多くの子を作る．その全体の平均値がここでの「子の平均値」である．

Falconer (1960) は，「ある個体をその集団から無作為に取った多くの個体と交配した場合，その後代（子）の，その集団平均値からの平均偏差を2倍したもの」を育種価と定義している．問題としている個体（親）は，その子の持つ遺伝子の半分にあたるものを渡す．あと半分は集団から無作為に取られた個体から来る．したがって，問題としている親個体の育種価は子の平均値の2倍とするわけである．育種価は絶対値として表すこともできるが，通常は，便宜のため，集団平均値からの偏差の形で表される．

集団を構成する親個体をA，B，C，D，…とすると，組合せA×Bの子集団の平均値は，①Aが A×B, A×C, A×D, …のいずれにも共通して同じだけ与える効果，②同様に B がいずれの組合せにおいても子に伝える効果，③AとB が組み合わさった時のみに生じる効果，という3つの効果の和に分けて考えることができる．①と②はA または B が組合せの相手にかかわらず常に後代に与える効果であり，A または B が持っている相加的な効果である．

子集団平均値を0とし，集団平均値からの偏差で表せば，すべての組合せの子の総平均値は0であり，①と②のそれぞれの個体の「いずれの組合せにも共通して与える効果」も総平均値は0となる．③の「ある個体とある個体が組み合わさった時のみに生じる効果」の総平均値も0である．

Aを集団の他のすべての個体と交配して子を作った場合，A×B, A×C, A×D, の子集団の総平均値は，②と③の効果の総平均値が0となるので，①の A がいずれの組合せにおいても子に伝える効果のみを示している．この2倍がAの育種価である．

育種価によって親としての個体の能力を測ろうとすることは，優れた親かどうかを決める1つの方法と考えられる．Aそのものを測定して評価し，果

実が大きいとか，収量性が高いとかいうことで親としての能力を評価しようとするものではなく，実際に交雑を行ってみて，その平均値で評価しようというものである．

これに対して，A そのものを評価し，遺伝的に果実が大きい，糖度が高いという評価をしているのは，A の遺伝子型値をとらえようとしているものである．$P=G+E$ で示されることから，n 回の反復した評価を行えば，$\overline{P}=G+(\Sigma E)/n$ となり，その平均値により環境によるふれを小さくして G を評価しようとするものである．これまで選抜の項で示してきたように，果樹の場合，同一の遺伝子型について栄養繁殖して個体を多く作り，反復調査することにより実際に遺伝子型値を推定することができる．

育種価と遺伝子型値は，親となる個体を2つの別の尺度で評価しているものであり，一致する必然性は無い．この差を優性偏差（dominance deviation）と呼ぶ．育種価の高い個体を良い親個体とするならば，優性偏差が大きい場合は，その個体を反復して評価して遺伝子型値をいかに正確につかまえても育種価は低く，平均値として良い子は生まれないことになる．集団全体として見て，個体の表現型値が育種価の指標としてどの程度信頼できるか，という程度を示すものが狭義の遺伝率である．

10.3 単一遺伝子座におけるモデル

Falconer（1960）は，育種価と遺伝子の効果について，簡単のため，1 遺伝子座の1対の対立遺伝子によって支配される形質について示している．

10.3.1 遺伝子型値

2倍体において1つの遺伝子座を考え，一対の対立遺伝子で遺伝子型が決まっているとする．一対の対立遺伝子を A_1 および A_2 と表す時，遺伝子型は A_1A_1，A_1A_2，A_2A_2 の3つとなる．遺伝子型値について A_1A_1 と A_2A_2 の値の平均値を0とし，それぞれの偏差を $+a$ と $-a$ とする（図22）．なお，$a>0$ とする．A_1A_2 の遺伝子型値は A_1A_1 と A_2A_2 の平均値である0からの偏差 d とする．d は優性の程度を表し，優性がなければ $d=0$，A_1 が A_2 より優性であれ

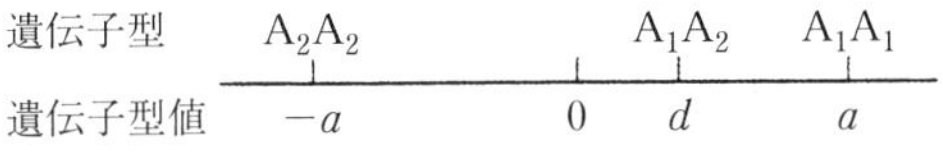

ば d は正，A_2 が A_1 より優性であれば d は負，完全優性であれば d は $+a$ か $-a$ に等しく，超優性であれば d は $+a$ より大きいか $-a$ より小さい．

遺伝子型	A_2A_2		A_1A_2	A_1A_1
遺伝子型値	$-a$	0	d	a

図22 任意に設定した遺伝子型値（Falconer 1960）

前述のように，A_1 と A_2 の遺伝子頻度をそれぞれ p および q とする時，無作為交配集団では A_1A_1 の遺伝子型頻度を p^2，A_1A_2 を $2pq$，A_2A_2 を q^2 とする．集団の平均値（M）は，遺伝子型値と頻度から，A_1A_1 寄与分が $a \times p^2$，A_1A_2 寄与分が $d \times 2pq$，A_2A_2 寄与分が $-a \times q^2$ であるので，これらを加算して，以下に示すようになる．

$$M = ap^2 + 2dpq - aq^2 = a(p^2 - q^2) + 2dpq = a(p+q)(p-q) + 2dpq$$
$$= a(p-q) + 2dpq$$

10.3.2 遺伝子の平均効果

1つ1つの遺伝子についても育種価と同様の概念が示されており，遺伝子の平均効果（average effct of a gene）と呼ばれる．この定義は，「2倍体で1つの親から1つの遺伝子を受け取り，もう1つの遺伝子を一定の集団から無作為に選ばれた親から受け取った個体の遺伝子型値の平均値を集団平均値からの偏差で示したもの」である．育種価では，個体の値なので2倍したが，遺伝子の平均効果では1つの遺伝子なので2倍しない．育種価は遺伝子の平均効果の和である．

集団全体の個体を親とした分の効果は平均された効果となり，集団平均値に等しくなる（すなわち，集団平均値からの偏差で表せば 0）．したがって，子が遺伝子をもらう「もう1つの固定した親」（個体または遺伝子型）からの効果だけが子個体（遺伝子型）集団の平均値となる．

これを遺伝子型 A_1A_1，A_1A_2，A_2A_2 について考えてみよう．それぞれの遺伝子型の頻度は，それぞれ p^2，$2pq$ および q^2 とする．

(1) A_2A_2 の遺伝子型を持つ個体の育種価

まず，A_2A_2 の遺伝子型を持つ個体の育種価を考える．集団全体の個体が

その頻度に応じてこれに交配することとなるので，

　$A_2A_2 \times A_1A_1$ 頻度 p^2 → 子個体はすべて A_1A_2，遺伝子型値 d で頻度 p^2

　$A_2A_2 \times A_1A_2$ 頻度 $2pq$ → 子個体は A_1A_2 と A_2A_2 が 1：1，遺伝子型値はそれぞれ d および $-a$ で頻度 $2pq$

　$A_2A_2 \times A_2A_2$ 頻度 q^2 → 子個体は全て A_2A_2，遺伝子型値は $-a$ で頻度は q^2

これらを足し合わせると，子個体集団の平均値の期待値となる．

$$d \times p^2 + d \times 2pq \times \frac{1}{2} + (-a) \times 2pq \times \frac{1}{2} + (-a) \times q^2 = dp - aq$$

以上は遺伝子型の組合せから計算したが，無作為に配偶子が来ると考えれば，遺伝子頻度ごとに計算しても同じこととなる．A_2A_2 の配偶子はすべて A_2 であるので，

　$A_2 \times A_1$ 頻度 p → 子の遺伝子型値は d で頻度 p

　$A_2 \times A_2$ 頻度 q → 子の遺伝子型値は $-a$ で頻度 q

これを足し合わせて，$dp - aq$

これを集団平均値（M）からの偏差で表すと，

$$dp - aq - \{a(p-q) + 2dpq\} = -p\{a + d(q-p)\}$$

これの 2 倍が育種価であり，$-2p\{a + d(q-p)\}$ が A_2A_2 の育種価となる．

(2) A_2 遺伝子の平均効果

遺伝子の平均効果についても同様に考えることができる．A_2 遺伝子に着目する．A_2 遺伝子に無作為にきた配偶子が組み合わされると考えて遺伝子頻度ごとに計算すると，

　$A_2 \times A_1$ 頻度 p → 子の遺伝子型値は d で頻度 p

　$A_2 \times A_2$ 頻度 q → 子の遺伝子型値は $-a$ で頻度 q

これを足し合わせて，$dp - aq$

集団平均値からの偏差は，先に示したものと同じで，$-p\{a+d(q-p)\}$ となる．これが A_2 遺伝子の平均効果である．

(3) A_1A_1 の育種価と A_1 遺伝子の平均効果

同様に計算すると，A_1 遺伝子の平均効果は $q\{a+d(q-p)\}$ となり，A_1A_1 の育種価は $2q\{a+d(q-p)\}$，A_1A_2 の育種価は $(q-p)\{a+d(q-p)\}$ となる．A_1A_2 の育種価は 2 つの遺伝子の平均効果の和となっている．

育種価や遺伝子の平均効果は集団の遺伝子頻度が決まらないと定まらない．

10.3.3 優性偏差

優性偏差は遺伝子型値と育種価の差である．遺伝子型値を集団平均からの偏差で表すと，

A_1A_1 は，$a-M=a-\{a(p-q)+2dpq\}=2q(a-pd)$

A_1A_2 は，$d-M=d-\{a(p-q)+2dpq\}=a(q-p)+d(1-2pq)$

A_2A_2 は，$-a-M=-a-\{a(p-q)+2dpq\}=-2p(a+dq)$

育種価は集団平均値からの偏差で表されているので，遺伝子型値と育種価との差を計算すると，

A_1A_1 は，$2q(a-pd)-2q\{a+d(q-p)\}=2q\{a-dp-a-dq+dp\}=-2q^2d$

A_1A_2 は，$a(q-p)+d(1-2pq)-(q-p)\{a+d(q-p)\}$
$=d(1-2pq)-(q-p)\{a-a+d(q-p)\}$
$=d\{1-(p+q)^2+2pq\}=2pqd$

A_2A_2 は，$-2p(a+dq)-[-2p\{a+d(q-p)\}]$
$=-2pa-2dpq+2pa+2dpq-2dp^2=-2p^2d$

いずれの遺伝子型についても優性偏差は d との積で表されており，$d=0$ の場合は優性偏差は 0 となる．それは，A_1A_2 の遺伝子型値は A_1A_1 と A_2A_2 とのちょうど中間に来る，ということである．また，$d=0$ の場合は，A_1A_1 の遺伝子型値を集団平均からの偏差で表すと $2qa$ となり，A_2A_2 の遺伝子型値は $-2pa$ となる．A_1 と A_2 の遺伝子頻度が等しければ $p=q=0.5$ で，集団平均からの偏差で表した遺伝子型値は A_1A_1 は a，A_2A_2 は $-a$ となる．

これらの結果をまとめると表 25 のようになる．

以上の論議は，集団平均値を尺度とし，それからの偏差で表している．集団平均値が遺伝子頻度の関数である以上，遺伝子型値も遺伝子頻度の関数となる．育種価も遺伝子頻度の関数である．したがって，これらの論議をする時には対象となる親集団を決めなければならず，その集団は大きな無作為交配集団（もしくはそれとみなせる集団）である必要がある．

表25 1対の対立遺伝子で支配される場合の遺伝子型値，育種価および優性偏差（Falconer 1960より一部改変）

遺伝子型	A_1A_1	A_1A_2	A_2A_2
頻度	p^2	$2pq$	q^2
遺伝子型値	a	d	$-a$
遺伝子型値	$2q(a-pd)=2q(\alpha-qd)$	$a(q-p)+d(1-2pq)$ $=(q-p)\alpha+2pqd$	$-2p(a+qd)$ $=-2p(\alpha+pd)$
育種価	$2q\{a+d(q-p)\}=2q\alpha$	$(q-p)\{a+d(q-p)\}$ $=(q-p)\alpha$	$-2p\{a+d(q-p)\}$ $=-2p\alpha$
優性偏差	$-2q^2d$	$2pqd$	$-2p^2d$

集団平均値 $M=a(p-q)+2dpq$ からの偏差で示す．
$\alpha=a+d(q-p)$ とおいた．

10.4 遺伝子座間の交互作用

10.3は1つの遺伝子座についての論議であった．実際には，1つの量的形質には数個または多数の遺伝子座が関与しており，2つ以上の遺伝子座の交互作用について考えねばならない．

遺伝子座が2つ以上関与している形質を考えると，遺伝子型値と育種価の間には，1つの遺伝子座における優性偏差のほかに，遺伝子座間の交互作用による偏差（エピスタシス偏差）も生じる場合がある．

遺伝子座がいくつ関与していても，遺伝子型値，育種価，優性偏差の各要因が相加的に働くならば，その形質の遺伝子型値，育種価および優性偏差は，それぞれ各遺伝子座における効果の和となる．

しかし，遺伝子座間に交互作用があれば，総計としての値には，それらの効果に加えてその交互作用の効果が加わる．G を総計としての遺伝子型値，A を個々の遺伝子座における育種価の和，D を個々の遺伝子座における優性

偏差の和，I をそれぞれの遺伝子座間の交互作用の効果の和とすると，

$$G = A + D + I$$

1つの遺伝子座の場合には，A_1A_2 というヘテロの組合せで，A_1，A_2 それぞれの遺伝子の相加的な効果の和からずれる程度を優性としたが，これは1つの遺伝子座内における遺伝子間の交互作用である．

遺伝子座間の交互作用とは，たとえば，遺伝子座 A において A_1A_1，遺伝子座 B において B_1B_1 が組合わさった時のみに生じる相加的な効果からのずれである．このような遺伝子座間の交互作用を I はひとまとめにしている．このように，エピスタシスとは各遺伝子座間における遺伝子の組合せによって生じる効果である．

10.5 分 散

1つの遺伝子座については，エピスタシスがなければ，

$$P = G + E = A + D + E$$
$$G = A + D$$

ここで，P は表現型値，G は遺伝子型値，E は環境偏差，A は育種価，D は優性偏差である．

変異の大きさは分散で表される．各要因について分散で表すと，集団平均値からの偏差で表されていると，集団平均値＝0 であるので，V_G を遺伝子型分散，V_A を育種価の分散，V_D を優性偏差の分散，cov_{AD} を育種価と優性偏差との共分散とすると，

$$V_G = \Sigma(G-0)^2/(n-1) = \Sigma(A+D)^2/(n-1) = \{\Sigma A^2 + \Sigma D^2 + \Sigma 2AD\}/(n-1)$$
$$= V_A + V_D + 2cov_{AD}$$

この cov_{AD} については，1対の対立遺伝子で支配されている場合を考えると，育種価と優性偏差（集団平均からの偏差で表されている）を乗じたものにその頻度を乗じ，足し合わせればよい．すなわち，表 25 の値を用い，

$$cov_{AD} = 2q\alpha \times (-2q^2 d) \times p^2 + (q-p)\alpha \times (2pqd) \times (2pq)$$
$$+ (-2p\alpha) \times (-2p^2 d) \times q^2$$
$$= 4p^2 q^2 \alpha d(-q+q-p+p) = 0$$

このように，育種価と優性偏差の間の共分散は 0 で，それらの間には相関関係はない．したがって，遺伝子型分散は育種価の分散と優性偏差の分散の和で表される．

$$V_G = V_A + V_D$$

遺伝子型値と環境要因の効果が独立であれば，

$$V_P = V_G + V_E = V_A + V_D + V_E$$

遺伝子型値の分散（V_G）は遺伝子型分散（genotypic variance），育種価の分散（V_A）は相加的遺伝分散（additive genetic variance），優性偏差の分散（V_D）は優性分散（dominance variance）と呼ばれる．

2 つ以上の遺伝子座が関与している場合，遺伝子座間の交互作用がなく，遺伝子座ごとの効果の和で総合的な値が決まっているとすれば，上述の全ての分散は，各遺伝子座ごとの分散の和として考えれば，$V_P = V_G + V_E = V_A + V_D + V_E$ をそのまま適用できる．エピスタシスのない場合は，狭義の遺伝率 h_N^2 は，$h_N^2 = \dfrac{V_A}{V_P}$ として定義される．

育種価は「ある個体をその集団から無作為に取った多くの個体と交配させた場合，その後代（子）の，その集団平均値からの平均偏差を 2 倍したもの」と定義された．エピスタシスのある場合は育種価の分散は，形質に関与する 1 つの遺伝子座内の相加効果が関連する分散をその形質に関与する遺伝子座について合計した値である V_A に加えて，一部のエピスタシスの分散を部分的に含むことになる．エピスタシスのある場合は，育種価をそのようにとらえながら利用する必要がある．詳細は Falconer の著書を参照されたい．

10.6 モデルの違い

図22に示した，1つの遺伝子座における遺伝効果に戻ろう．

A_1A_1とA_2A_2の値の平均値を0とし，それぞれの偏差を$+a$と$-a$として，それぞれの遺伝子型値とした．A_1A_2の遺伝子型値はA_1A_1とA_2A_2の平均値である0からの偏差dとした．

ここで，A_1A_1とA_2A_2の値の平均値はu（定数）とすると，A_1A_1の遺伝子型値は$u+a$，A_2A_2の遺伝子型値は$u-a$，A_1A_2の遺伝子型値は$u+d$となる．

自殖性作物では，品種とは自殖して利用するものであるため，選抜の終わりにはすべての遺伝子座でホモ接合になっている必要があり，dの効果すなわち優性効果は利用できない．この点で，aの効果（相加効果）の割合が重要となる．選抜の途中で遺伝子型値（表現型値）が優れた個体があっても，それが優性効果によるものであれば，世代ごとに自殖を重ねて遺伝子座のホモ接合化が進むとその効果は失われてしまう（松尾，1959；鵜飼，2002）．

したがって，aに由来する効果の大きさが重要であり，狭義の遺伝率h_N^2は，表現型分散に占める相加効果に由来する分散の割合として定義するとよい．その一般式を，鵜飼（2002）は，次のように示している．

$$h_N^2 = \frac{c_1 A}{c_1 A + c_2 D + E}$$

Aは相加分散成分，Dは優性分散成分，Eは環境分散成分である．また，c_1とc_2は，それぞれ相加分散成分，優性分散成分の係数で，世代に固有の定数である．

たとえば，2つの純系間の交雑A_1A_1とA_2A_2の交雑を考えると，F_1（雑種第1代）ではすべての個体がA_1A_2で分離せず，それを自殖した集団であるF_2では，$A_1A_1 : A_1A_2 : A_2A_2$が$1:2:1$に分離する．F_2世代での平均値M_2は，

$$M_2 = \frac{1}{4}(u+a) + \frac{1}{2}(u+d) + \frac{1}{4}(u-a) = u + \frac{1}{2}d$$

となり，遺伝分散V_2は，平均値からの偏差の2乗にそれぞれの遺伝子型頻度を乗じて加えると得られる．

$$V_2 = \frac{1}{4}\{(u+a)-(u+\frac{1}{2}d)\}^2 + \frac{1}{2}\{(u+d)-(u+\frac{1}{2}d)\}^2$$

$$+ \frac{1}{4}\{(u-a)-(u+\frac{1}{2}d)\}^2$$

$$= \frac{1}{2}a^2 + \frac{1}{4}d^2$$

先の表記で表すと，$A=a^2$, $D=d^2$, $c_1=\frac{1}{2}=0.5$, $c_2=\frac{1}{4}=0.25$ である．また，ここでの遺伝子頻度は，A_1，A_2 とも 0.5 である．

この世代の狭義の遺伝率は，

$$h_N^2 = \frac{0.5A}{0.5A+0.25D+E}$$

同様に，F_2 を自殖した世代の F_3 では，$A_1A_1 : A_1A_2 : A_2A_2$ の比は 3 : 2 : 3 となり，その世代平均値 M_3 は，

$$M_3 = \frac{3}{8}(u+a) + \frac{2}{8}(u+d) + \frac{3}{8}(u-a) = u + \frac{1}{4}d$$

遺伝分散 V_3 は，

$$V_3 = \frac{3}{8}\{(u+a)-(u+\frac{1}{4}d)\}^2 + \frac{1}{4}\{(u+d)-(u+\frac{1}{4}d)\}^2$$

$$+ \frac{3}{8}\{(u-a)-(u+\frac{1}{4}d)\}^2$$

$$= \frac{3}{4}a^2 + \frac{3}{16}d^2$$

遺伝子頻度は，A_1，A_2 とも 0.5 のままである．狭義の遺伝率は，

$$h_N^2 = \frac{0.75A}{0.75A+0.19D+E}$$

世代を経るごとに狭義の遺伝率は高くなるので，初期世代で狭義の遺伝率の低い形質は，初期世代では表現型値をもとにした個体選抜をせず，世代を進めて優性効果の寄与が少なくなってから選抜を始める方法がある（集団育種

法).

　一方，10.5 までに示してきた狭義の遺伝率は，これとは異なっている．表25 に示されているように，遺伝子型値も，育種価も優性偏差も集団平均値からの偏差で表されており，集団平均値が遺伝子頻度の関数である以上，これらのパラメータは用いる集団とその遺伝子頻度に依存している．ここでは無作為交配する大集団を想定しており，1 つの遺伝子座について考えると，遺伝子頻度は，A_1 が p，A_2 が q であり，遺伝子型頻度は A_1A_1 が p^2，A_1A_2 が $2pq$，A_2A_2 がが q^2 である．親世代と子世代の間で遺伝子頻度も遺伝子型頻度も変化しない．

　それぞれの遺伝子型の育種価は表 25 では α の関数で表される．α は，$\alpha = a + d(q-p)$ であるから，育種価は a に由来する効果だけでなく，優性効果 d に由来する効果を含んだものである．育種価の分散の表現型値の分散に占める割合を狭義の遺伝率と定義したが，$h_N^2 = c_1A/(c_1A + c_2D + E)$ で定義された狭義の遺伝率には当たらず，異なるものである．ここでは「相加的遺伝分散」は育種価の分散であり，相加効果 a に由来する分散ではない．10.5 までに示してきたモデルは，集団遺伝学で用いられるモデルであり，鵜飼 (2002) では，Fisher の平均効果モデルとされている．

　10.5 までに示した考え方では，育種価による分散は「相加的遺伝分散」と呼ぶが，図 22 における遺伝子の相加効果 a の分散ではない．また同様に，「優性分散」も図 22 の優性効果 d の分散ではない．これには注意が必要である．

　家畜育種の場合は，最近発達したクローン技術によるものを除けば一般に栄養繁殖して利用することはできないため，子の集団として（これは平均値で代表される）優れたものを生み出す親を選抜して常に交雑する必要がある．自殖性作物では優性効果は利用できなかったが，果樹育種の場合は雑種第 1 代における個体選抜を行い，それを栄養繁殖して品種とするため，個体の遺伝子型値が優れていれば良く，優性効果も利用できる．

　家畜育種や果樹育種を含む他殖性の育種で Fisher の平均効果モデルがよく用いられてきたのは，これらの育種では，遺伝子を固定する必要がなく，優

性効果を利用することが可能であり，また，遺伝子頻度があまり変化せずに集団が維持されている場合が多いこと，遺伝子型頻度の値が未知であることなどによるものであろう．

　鵜飼（2002）は，平均効果モデルでは，どのような集団にその個体が含まれるかによって遺伝子型値，育種価が異なることになることを述べ，生物学的には遺伝子の効果は集団の遺伝的構成とは独立に定義されるべきであるとしている．また，このほかに，より優れた遺伝モデルとして要因配置遺伝モデルを示している．詳細は，鵜飼（2002）を参照されたい．

第11章 狭義の遺伝率の推定と選抜の反応

11.1 集団のモデル

Falconer（1960）の狭義の遺伝率（narrow-sense heritability）は，親として用いる集団の表現型分散のうち，どのくらいが育種価によるものかを示す．

実際の育種では一般に無作為に自然交雑させるわけではなく親を選んで交雑することになるが，親となる個体について直接調べることのできるものは通常，表現型値しかない．一方，これまで述べてきた考え方では，育種価はその個体の子の平均値としてみた場合の能力を表すものであり，育種をする上で役立つものはその個体の育種価であるということになる．育種価と表現型値には関係がある．育種価を知りたい場合に代わりに表現型値を用いれば，集団全体として見た場合に，どの程度育種価を表しているか，ということをこの狭義の遺伝率は示すものである．

ここでは，大きな無作為交配集団を考えよう．世代を経ても遺伝子頻度は同じであるため，集団の全遺伝分散は変化しない．世代を経ても同一の環境であれば環境分散も変化しないので V_P も変化しない．このような集団であれば V_P は子の世代で表しても親世代で表してもよい．

Falconer（1960）は，狭義の遺伝率を推定する方法として，子の片親に対する回帰，子の平均親に対する回帰，半兄弟，全兄弟を示しているが，半兄弟の方法は交雑組合せ（家系）の数が多く必要であるため，果樹では適用が難しい．全兄弟の方法は得られる値の一部に優性分散を含み，狭義の遺伝率そのものを示さない．そこで，果樹では，子の平均親に対する回帰を用いる方法がよく用いられてきた．子の平均親に対する回帰の方法は，子の片親に対する回帰の延長として示される．

11.2 子の片親に対する回帰

育種価の定義に立ち返ると，ある個体を集団全部の個体と交雑させ，その

子個体の平均値を親集団の集団平均値からの偏差で表したものを2倍したものがその個体の育種価である．育種価の分散とは，集団の全個体のそれぞれについて集団全部の個体と交雑させて得た育種価の集まりについて，2乗して全個体について足し合わせて平均した値である．育種価は集団平均からの偏差で表されているため，分散を得る時には，通常，集団平均値からの偏差の2乗を足し合わせるのが，単に値の2乗を足し合わせるだけでよい．

実際には，全個体と交雑させ，それぞれの組合せについて無限に近い個体を作ることは困難であるが，平均値についての論議であり，集団から無作為に選ばれた相当数の個体との交雑を行い，1つの組合せについて相当数の子を作ってその平均値を子の値とすれば，誤差は無視できる程度になる．

それに従い，ある個体 Z を，集団内から無作為に選んだ多くの個体と交雑し，多くの子を作ってその平均値を得る．そのような子の平均値は親個体 Z の育種価の $\frac{1}{2}$，すなわち $\frac{1}{2}A$ である．その値を親個体の値に対応する子の値として Y 軸にとり，X 軸に親個体の表現型値をとった図を考える．子の値の親の値に対する回帰を検討するため，親個体の表現型値を $P=G+E=A+D+E$（エピスタシスがない場合）として，これと子の値 O（O は $\frac{1}{2}A$）との共分散 cov_{OP} を考えよう．遺伝子型値と環境偏差との相関も，育種価と環境偏差との相関も無いとしており，また，値は集団平均値からの偏差で表されているため，Z となる親個体の数を n とすると，

$$cov_{OP} = \{\Sigma(\frac{1}{2}\times A)\times P\}/(n\text{-}1) = \frac{1}{2}\times\{\Sigma A\times(A+D+E)\}/(n\text{-}1)$$

$$= \frac{1}{2}\times(\Sigma A^2 + \Sigma AD + \Sigma AE)/(n\text{-}1)$$

$$= \frac{1}{2}\times(\Sigma A^2)/(n\text{-}1) = \frac{1}{2}\times V_A$$

$\Sigma AD/(n\text{-}1)$ は A と D の共分散（cov_{AD}）であり，n の数が多ければ0となり（相関関係がない），また，A と E の間には相関が無いので $\Sigma(AE)/(n\text{-}1)$ も0

となる．したがって，この共分散 cov_{OP} は $\frac{1}{2} \times V_A$ となる．

一般に，変数 X に対する変数 Y の回帰係数 b は，cov_{XY} を X と Y の共分散，$V(X)$ を X の分散とすると，$\frac{cov_{XY}}{V(X)}$ となる．したがって，子の片親に対する回帰係数 b_{OP} は，親の分散が V_P であるため，$b_{OP} = \frac{1}{2} \times (V_A/V_P)$ すなわち，狭義の遺伝率の $\frac{1}{2}$ になる．これで示されているものは，親集団の表現型分散すなわち $V(X)$ のうち育種価の分散の占める割合の $\frac{1}{2}$ である．

なお，エピスタシスがある場合については，育種価は平均効果に加えて遺伝子座間の相加遺伝効果×相加遺伝効果の交互作用効果の一部を含む．2 つの遺伝子座間の交互作用を考えた場合は，V_{AA} を 2 つの遺伝子座間の相加遺伝効果×相加遺伝効果の交互作用効果による分散とすると，$cov_{OP} = \frac{1}{2} V_A + \frac{1}{4} V_{AA}$ となる (Falconer, 1960)．

子と片親の共分散が示すものは，1 つの遺伝子座における対立遺伝子で支配される形質を考えると，表 25 で得られた遺伝子頻度を用いても表せる．表 25 を少し変えて表 26 に示す．表 26 の値は集団平均値からの偏差で表されているので，共分散 cov_{OP} は親と子の値を掛けて，さらにそれぞれの頻度を掛けて合計すると得られる．なお，$p+q=1$ である．

$$\begin{aligned} cov_{OP} &= 2q(\alpha-qd) \times q\alpha \times p^2 + \{(q-p)\alpha + 2pqd\} \times \left(\frac{1}{2}\right)(q-p)\alpha \times 2pq \\ &\quad + \{-2p(\alpha+pd)\} \times (-p\alpha) \times q^2 \\ &= \alpha^2 pq\{2pq + (q-p)^2 + 2pq\} + 2\alpha p^2 q^2 d(-q+q-p+p) \\ &= pq\alpha^2(q^2 + 2pq + p^2) = pq\alpha^2 \end{aligned}$$

育種価の分散（V_A）は，表 26 の値を用いて，それぞれの遺伝子型の育種

表26 遺伝子頻度を用いて集団平均値からの偏差で表した遺伝子型値（Falconer 1960 改変）

親			子
遺伝子型	頻度	遺伝子型値	平均遺伝子型値（育種価の$\frac{1}{2}$）
A_1A_1	p^2	$2q(\alpha-qd)$	$q\alpha$
A_1A_2	$2pq$	$(q-p)\alpha+2pqd$	$\frac{1}{2}\times(q-p)\alpha$
A_2A_2	q^2	$-2p(\alpha+pd)$	$-p\alpha$

$\alpha=a+d(q-p)$

価の2乗に頻度を掛けて合計すると，

$$V_A = (2q\alpha)^2 \times p^2 + (q-p)^2\alpha^2 \times 2pq + (-2p\alpha)^2 \times q^2$$
$$= 2pq\alpha^2(2pq+q^2-2pq+p^2+2pq) = 2pq\alpha^2(q^2+p^2+2pq) = 2pq\alpha^2$$

したがって，$cov_{OP} = \frac{1}{2} \times V_A$

11.3 子の平均親に対する回帰

ある組合せの両親の平均値を平均親（mid-parent）と呼ぶ．1つの交雑組合せの子の平均値の平均親に対する回帰については，Falconer（1960）は以下のように示している．

Oを1つの組合せから生じる子の平均値（多くの個体を作り，その平均値に誤差がないとする），PおよびP'を両親の値とする．平均親$\overline{P}$は，

$$\overline{P} = \frac{1}{2} \times (P+P')$$

共分散$cov_{O\overline{P}}$を考え，組合せの数をnとすると，

$$\Sigma O\overline{P}/(n-1) = \{\frac{1}{2} \times (\Sigma OP+\Sigma OP')\}/(n-1) \text{ となり，}$$

$$cov_{O\overline{P}} = \frac{1}{2} \times (cov_{OP}+cov_{OP'})$$

P と P' が同じ分散を持つならば，$cov_{OP} = cov_{OP'} = \frac{1}{2} \times V_A$

ここでは，O は，P と P' という1つの組合せから生じた子個体の平均値であるが，1つの P に着目すれば，P' にあたるものも非常に大きな数が考えられるため，同じ P を持つ O が非常に多く存在する．集団全体としての O と P の関係は片親回帰の場合と同じことになる．したがって，$cov_{O\bar{P}}$ が片親回帰と同じように $\frac{1}{2} \times V_A$ を示すものとして考えることができる．

一方，1つの組合せの子平均値（家系平均値）の平均親に対する回帰係数 $b_{O\bar{P}}$ については，平均親の分散が親集団の分散の $\frac{1}{2}$ であるので，

$$b_{O\bar{P}} = cov_{O\bar{P}} / \left(\frac{1}{2} \times V_P\right) = \left(\frac{1}{2} \times V_A\right) / \left(\frac{1}{2} \times V_P\right) = V_A / V_P$$

したがって，$b_{O\bar{P}}$ は狭義の遺伝率そのものを表している．

11.4 遺伝率推定の誤差

平均親値と子の回帰分析を行うデータは，X 軸にはランダムに選ばれた交雑組合せの両親の平均値を，Y 軸にはそれぞれの組合せから生じる子の平均値（家系平均値 family mean）を示す．遺伝率の推定に当たっては，組合せの数も，1つの組合せから生じる子個体の数も，解析に誤差のないよう十分に大きいことが前提である．

しかし，無限数の組合せや子個体を作ることも現実には不可能であり，実験上の制約の範囲内で交雑と測定を行うことになる．したがって，回帰係数の推定には常に誤差が伴い，いくつの組合せの交雑を行うべきか，また，1つの組合せでは何個体作ってその平均値を取ればよいかが問題となる．

Falconer（1960）は，遺伝率推定の誤差についても示している．これには，級内相関 t を用いているので，まず，これについて示す．

1元配置分散分析のモデルでは，測定値を要因ごとにグルーピングする．

$$X_{ij} = \mu + B_i + W_{ij}$$

X_{ij} は i 番目のグループの j 番目の構成員における測定値，μ は定数（総平均値），B_i は i 番目のグループの効果，W_{ij} は i 番目のグループにおける j 番目の構成員における偏差である．

また，級間分散成分を σ_B^2 とし，級内分散成分を σ_W^2 とする．この時，全分散は $\sigma_B^2 + \sigma_W^2$ となる．

ここで，同じ級の2つの構成員は「級内相関係数」と呼ばれる共通の相関係数 ρ を持つ，と仮定する時，この ρ の期待値 t は，

$$t = \frac{\sigma_B^2}{\sigma_B^2 + \sigma_W^2}$$

で推定される．これについては Kempthorne (1957) に示されている．全分散を一定とすると，級内の類似性が高まれば級間の差異が大きくなるが，これが t で表されている．分散分析と級内相関係数との関係については，スネデカー・コクラン (1972) にも示されている．

ここでは，級についての要因は家系であり，家系間分散 (between-family variance) が σ_B^2，家系内（個体間）分散 (within-family variance) が σ_W^2 である．分散分析のための条件は，家系の効果と家系内の子個体の偏差とが独立で，上記の加法的なモデルがあてはまることであり，X_{ij} は B_i のまわりに共通の家系内分散 (σ_W^2) をもって正規分布し，σ_W^2 はすべての家系で同じであると仮定される．

なお，必ずしもすべての家系で家系内分散が同じとは限らない．たとえば，一対の対立遺伝子を持つ1遺伝子座による支配を考えてみても，ホモ個体にホモ個体が交雑すればその家系内では分離はなく，分散は0となるのに対し，ヘテロ個体が親となると家系内の分散は大きくなる．

しかし，実際の果樹育種において量的形質についての家系内分散は一般に大きく異ならないことが多い．このことは，その形質に多くの遺伝子座が関与することと，ヘテロ遺伝子座の割合がほぼ一定であることが多いことなどを仮定すれば近似的に成立する．Falconer (1960) においても近似的にこの

モデルの分散分析を行っている．

11.4.1 単回帰一般

X を独立変数，Y を従属変数とする．それぞれの平均値を $\overline{X}$ および $\overline{Y}$，そのペアの数を N とし，回帰係数を b とすると，得られる回帰式は，

$$Y = \overline{Y} + b(X - \overline{X})$$

すなわち，$Y = bX + (\overline{Y} - b\overline{X})$

である．回帰係数 b は通常のとおりで，$b = \Sigma(X-\overline{X})(Y-\overline{Y}) / \Sigma(X-\overline{X})^2$ により得られる．この回帰についての分散分析（表 27）は一般的なもので，広く書かれている（スネデカー・コクラン，1972；応用統計ハンドブック，1999）．なお，平均平方は平方和を自由度で割った値である．

回帰係数の分散 s_b^2 は，

$$s_b^2 = \frac{s^2}{\Sigma(X-\overline{X})^2} = \frac{\Sigma(Y-\overline{Y})^2 - \dfrac{\{\Sigma(X-\overline{X})(Y-\overline{Y})\}^2}{\Sigma(X-\overline{X})^2}}{(N-2)\{\Sigma(X-\overline{X})^2\}}$$

$$= \frac{\dfrac{\Sigma(Y-\overline{Y})^2}{\Sigma(X-\overline{X})^2} - \dfrac{\{\Sigma(X-\overline{X})(Y-\overline{Y})\}^2}{\{\Sigma(X-\overline{X})^2\}^2}}{N-2}$$

$b = \dfrac{\Sigma(X-\overline{X})(Y-\overline{Y})}{\Sigma(X-\overline{X})^2}$ であり，$b^2 = \dfrac{\{\Sigma(X-\overline{X})(Y-\overline{Y})\}^2}{\{\Sigma(X-\overline{X})^2\}^2}$ であるので，

X および Y の分散をそれぞれ $\sigma_X^2 = \dfrac{\Sigma(X-\overline{X})^2}{N-1}$ および $\sigma_Y^2 = \dfrac{\Sigma(Y-\overline{Y})^2}{N-1}$ とおくと，

表27　単回帰における分散分析

変動因	自由度	平方和	平均平方
回帰	1	$\{\Sigma(X-\bar{X})(Y-\bar{Y})\}^2/\Sigma(X-\bar{X})^2$	
回帰からの偏差	$N-2$	$\Sigma(Y-\bar{Y})^2-\{\Sigma(X-\bar{X})(Y-\bar{Y})\}^2/\Sigma(X-\bar{X})^2$	s^2
全体	$N-1$	$\Sigma(Y-\bar{Y})^2$	

$$s_b^2 = \frac{\dfrac{\sigma_Y^2}{\sigma_X^2} - b^2}{N-2}$$

Falconer(1960)は,(親子回帰の場合)bは通常小さいのでb^2を無視することとし,Nが十分に大きい時の近似的な式として,次の式を示している.

$$s_b^2 \fallingdotseq (\sigma_Y^2/\sigma_X^2)/N$$

11.4.2　平均親回帰

　平均親値をXとし,その組合せから生じたn個体の子の平均値をYの値とする.親集団の表現型値の分散をV_Pとする.無作為に交配した大集団では,親集団と子集団の個体ごとにみた遺伝子型値の分散は同じになる.環境分散が親と子で同じとすれば,表現型値の分散も同じとなる.この場合,平均親値の分散は親集団個体の表現型分散の$\dfrac{1}{2}$になる.Xの組合せは無作為に行われるものであり,親集団においてあらゆる組合せが選択される.そこから生じた子の集団では,その表現型値の分散は親集団の表現型値の分散と同じになる(Hardy-Weinbergの法則).

　親集団の表現型分散をV_Pとしているので,子集団の個体あたりにみた表現型分散もV_Pである.その子集団の個体の値が,組合せ(家系)ごとにまとめられ,その平均値がYの値となっている.そして,交雑・育成・測定上の制限から各家系についてn個体の子が測定されている.

　このことを分散について示すと,平均親値の分散σ_X^2は,$\sigma_X^2 = \dfrac{V_P}{2}$

11.4 遺伝率推定の誤差

V_P は子集団の全分散であり，Y の分散は家系平均値間の分散である．

$$V_P = \sigma_B^2 + \sigma_W^2$$

したがって，Y の分散 σ_Y^2 は，$\sigma_Y^2 = \sigma_B^2 + \dfrac{\sigma_W^2}{n}$

$t = \dfrac{\sigma_B^2}{\sigma_B^2 + \sigma_W^2}$ とすると，$\sigma_Y^2 = [\{1+(n-1)t\}/n]V_P$

となる．ここで，

$$\begin{aligned}[\{1+(n-1)t\}/n]V_P &= (\sigma_B^2+\sigma_W^2)/n \\ &\quad + \{(n-1)/n\}\{\sigma_B^2/(\sigma_B^2+\sigma_W^2)\}(\sigma_B^2+\sigma_W^2) \\ &= (\sigma_B^2+\sigma_W^2)/n + \sigma_B^2 - (\sigma_B^2/n) \\ &= \sigma_B^2 + (\sigma_W^2/n)\end{aligned}$$

N を X と Y のペアの数（組合せの数になる）とし，回帰係数の分散 s_b^2 は，

$$\begin{aligned}s_b^2 &\fallingdotseq (\sigma_Y^2/\sigma_X^2)/N = [\{1+(n-1)t\}/n]V_P/\{(V_P/2)N\} \\ &= 2\{1+(n-1)t\}/(nN) = \{2/(nN)\} + \{2(n-1)t/(nN)\}\end{aligned}$$

nN は組合せ（家系）内の子個体数と組合せの数の積であり，測定した総個体数を意味している．この nN を一定とするならば，$n=1$ の時が $(n-1)t=0$ となるので，できるだけ n を小さく，N を大きくすると，s_b^2 は小さくなる．

$n=1$ とすると，$s_b^2 \fallingdotseq \dfrac{2}{N}$

回帰係数の標準誤差は s_b であり，回帰係数は遺伝率の推定値なので，遺伝率推定値の標準誤差は

$$s_b \fallingdotseq \sqrt{\dfrac{2}{N}}$$

すなわち，標準誤差を 0.1 以下にするためには，$n=1$ の場合，N は 200 以上となる．なお，これは，b^2 が相対的に無視してもよい程度に小さく，N が大きい時の近似的な（おおざっぱな）論議である．

この遺伝率の考え方を果樹育種にそのままあてはめよう．家系を多くつく

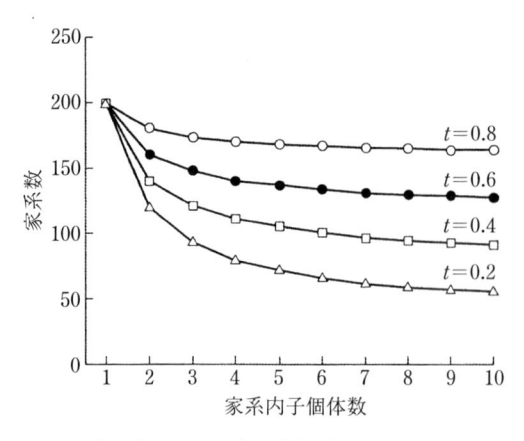

図 23 式 $s_b^2 = 2\{1+(n-1)t\}/(nN)$ に従って狭義の遺伝率の標準誤差を 0.1 とした時の家系数と家系内個体数

ることはコストが大きく、また、実際の果樹育種では家系内に 10〜200 程度の個体を作ることが多い。そこで、平均親回帰によって遺伝率を推定することとし、上式を用いて、標準誤差を 0.1 以内にするために育成するべき家系数と、家系内子個体数の目安を求めると図 23 に示したようになる。

s_b を 0.15 以下にするためには、$t=0.5$ で $n=10$ ならば、必要な家系の数は 49 以上、同様に s_b を 0.1 以下にするためには 110 家系以上必要ということになる。

11.5 選抜の反応（遺伝獲得量）

　無作為交配の大集団において、平均親値（表現型値）の高いもののみを選抜した場合、選抜された平均親値の子集団の平均値は、選抜前の親集団全体の平均値（表現型値）より高くなる（図 24）。この 2 つの差を選抜の反応（response to selection）と呼び、R で表す。選抜の反応は「遺伝獲得量（genetic gain）」とも呼ばれる（鵜飼、2002）。また、「その選抜された平均親値（表現型値）の平均値を選抜前の集団平均値からの偏差で表したもの」を選抜差（selection differential）と呼び、S で表す。

　図 24 のように X 軸に平均親値、Y 軸にその交雑から生まれた子の平均値をプロットすれば、回帰係数 $b_{O\bar{P}}$ は $\dfrac{R}{S}$ の傾きに等しいため、

$$R = b_{O\bar{P}} S$$

子の家系平均値の平均親値に対する回帰係数は狭義の遺伝率の推定値であり、

11.5 選抜の反応(遺伝獲得量)

$R = h_N^2 S$

上の式を変形すると,$h_N^2 = \dfrac{R}{S}$ となり,選抜の反応がわかっている場合は,それから遺伝率を推定できることになる.このように,R と S から推定された遺伝率を実現遺伝率(realized heritability)と呼ぶ.

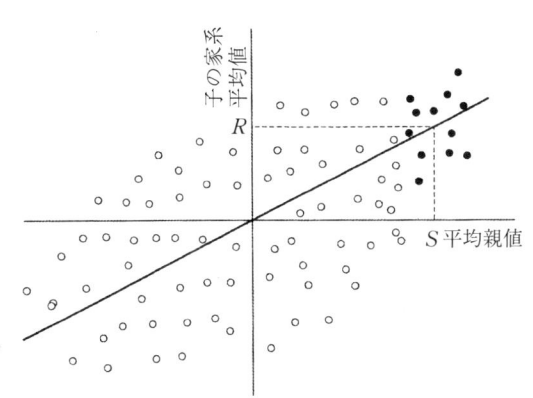

図24 平均親値に対して子の家系平均値をプロットした図(Falconer, 1960).S は選抜差,R は選抜の反応を示す.

また,選抜差を一般化するには,選抜される前の元の親集団における表現型値の標準偏差 σ_P で表すとよい.標準化された選抜差 S/σ_P を選抜強度と呼び,i で表す.

$S = i\sigma_P$

したがって,$R = ih_N^2 \sigma_P$

なお,実際育種では,一般に,無作為交配したのちに平均親値による選抜をあてはめるのではなく,親を個体の表現型値に基づいて選抜し,その間で無作為交配する場合が一般的であるが,Falconer(1960)は,これは同類交配にあたり,平均親回帰はほとんど変わらないので,その影響を無視できるとしている.なお,果樹育種では,この集団選抜を「あらゆる組合せの中から平均親値の高い組合せを選んで選抜する」と考えることができる.

具体的に考えてみよう.標準正規分布の場合,全体の上側 50% を選抜すれば $S=0.8$,上側 20% 選抜ならば $S=1.4$(7.1.2).親集団の平均値 0,標準偏差 σ とすれば,上側 50% 選抜ならば $S=0.8\sigma$,上側 20% 選抜ならば $S=1.4\sigma$ である.無作為交配したカンキツ交雑実生集団の糖度が平均値 10.5,標準偏差(σ)1.67 とする.この実生集団の中で全体の上側 50% を選抜して無作為交配するとすれば,$S=0.8\sigma=0.8\times 1.67=1.3$ となる.

実際の親集団平均値は 10.5 で，選抜される親の平均値は 10.5＋1.3＝11.8 である．h_N^2＝0.5 ならば次代の平均値は R＝0.5×S＝0.7 で，0.7 だけ平均値が前世代の親集団全体の平均値よりシフトして11.2 となることが期待される．

また，上側 20％を選抜した場合は S＝1.4×1.67＝2.3 で，選抜される親の平均値は 10.5＋2.3＝12.8，h_N^2＝0.5 では R＝0.5×S＝1.2 で選抜された親の後代平均値は 10.5＋1.2＝11.7 となる．

h_N^2＝0.1 で上側 20％選抜の場合は，同様に，選抜される親平均値は 12.8 であるが，R＝0.1×S＝0.2 で次代平均値は 10.7 にしかならない．

このように，狭義の遺伝率が 0.1 では選抜の効果はほとんどないが，狭義の遺伝率が 0.5 の場合，次代平均値は上側 20％選抜で糖度は 1.2 度，50％選抜で 0.7 度程度向上することが期待される．選抜による集団の遺伝的特性に実質的変化がないと仮定すれば，h_N^2 が 0.5 程度でも世代を進めると集団平均値が向上していくことが見てとれる．1 世代が数ヶ月の昆虫では，このモデルの実質的な意味がある．

狭義の遺伝率が 0.1 の場合は次代平均値はほとんど向上しない．平均親回帰係数は $b_{O\bar{P}} = cov_{O\bar{P}}/(\frac{1}{2} \times V_P)$ であるので，h_N^2＝0.1 と低くても，その原因が V_E（親の環境変異）が大きいことであれば，親の遺伝特性を正確に把握すれば，h_N^2 が 1 に近くなる可能性がある．$cov_{O\bar{P}}$ は標本数が大きければ，親子の環境変異の影響は受けない．親を選抜する時に誤差があれば，遺伝獲得量が小さくなる．

第12章 狭義の遺伝率の果樹育種への適用例

12.1 モモ育種集団の解析

　Hansche は狭義の遺伝率推定の報文を多く出しているが，その中の 1 つであるモモ育種集団の解析（Hansche *et al.*, 1972）を紹介する．カリフォルニア大学（Davis）において行われていた，224 遺伝子型の親，約 2,300 本の樹の子からなるモモ育種の集団の 1954～61 年の 8 年間の 10 形質のデータが用いられた．

　着花の多少は 1～5 のスコアで表した（5 が最も多い）．収量は 1～9 のスコアで表し，7 以上が商品生産上十分な収量とされた．果実形質については各樹からの無作為な 10 果サンプルを用いて評価された．ただし，果実の硬さと酸度は 1 果を用いて 1～5 のスコアで評価され，可溶性固形物含量（糖度）は 1 果を屈折糖度計で測定された．4.4 に示した方法で年次変動を補正して解析に供された．

12.1.1　平均親回帰

　Hansche らは，年次変動を補正した（1～）2 年間のデータを用い，平均親値（両親の平均値）に対する各子個体値の回帰係数を狭義の遺伝率の推定値とした．

　これまでに平均親回帰について，各子個体ではなく子の各家系平均値の平均親値に対する回帰が狭義の遺伝率の推定値となることを示した．ここで，家系（family）とは，1 つの両親の組合せから生じる子（offspring）の集団である．換言すると，それらは同一の両親から生じた子である．遺伝率の推定には，各家系における子の平均値（O とする）である家系平均値を Y 軸に，平均親値（$\overline{P}$ とする）を X 軸にとった図を考え，Y の値の X の値に対する回帰係数 $b_{O\overline{P}}$ が狭義の遺伝率 $\dfrac{V_A}{V_P}$ の推定値であった．

しかし，Hansche らは個々の子の値を Y 軸の値とし，平均親値を X 軸の値として，回帰係数を推定している．しかし，この場合も，次のように考えると，回帰係数の推定は同じ結果となる．

家系平均値を O とすると，その家系における個々の子の値（Y）は，$Y = O + F_g + F_e$ で表すことができる．ここで，F_g は家系内の分離による遺伝効果，F_e は環境偏差である．

回帰係数は，$b_{Y\overline{P}} = cov_{Y\overline{P}}/V(\overline{P})$ である（$cov_{Y\overline{P}}$ は平均親値と Y との共分散，$V(\overline{P})$ は平均親値の分散とする）．$\overline{P}$ と O，F_g および F_e との共分散をそれぞれ $cov_{O\overline{P}}$，$cov_{G\overline{P}}$ および $cov_{E\overline{P}}$ とすると，$cov_{Y\overline{P}}$ は $cov_{O\overline{P}} + cov_{G\overline{P}} + cov_{E\overline{P}}$ となることが期待される．個々の家系内での子の分離による差異は無作為に起こるものと考えることができ，家系によってその大きさは異ならないと仮定する．また，個々の子の値の環境偏差は無作為に起こるとすれば，$cov_{G\overline{P}}$ も $cov_{E\overline{P}}$ も，子の数が多ければ 0 となることが期待される．したがって，$b_{Y\overline{P}}$ は $b_{O\overline{P}}$ と同じになることが期待される．

解析に用いるデータを一定数の子の家系に絞った場合，家系の数は少なくなりやすい．回帰係数の推定精度を上げるためには，できるだけ回帰分析に用いる家系を増やすことが有利である．家系平均値を用いず，個々の子の値を用いると，少数の子を持つ家系の情報を活用でき，有利である．しかし，結果は多くの子を持つ一部の家系による影響を受けてゆがみやすい．

Hansche らもとくに遺伝率推定の実験をしようとして得たデータを用いているわけではなく，実際の育種におけるデータを用いている．実験だけの目的で，果実が成り始めるまでの育成期間も含めて 10 年以上の期間，広い面積で育成・調査を続けるのはコストが大きい．それとほぼ同様の情報が実際育種で育成した個体によって得られるならば，非常に安価であるといえる．

12.1.2 狭義の遺伝率推定値と遺伝獲得量

Hansche らは，多くのデータを用いて得た狭義の遺伝率（回帰係数）の推定値（表 28）はすべて標準誤差が ±0.02 で非常に正確であり，親の選抜が行われて交配が行われた場合の世代あたりの遺伝獲得量を信頼度高く予測で

12.1 モモ育種集団の解析

表 28 子平均,平均親平均,子および親の分散と自由度および(狭義の)遺伝率の推定値(Hansche *et al.*, 1972)

形質	子平均	平均親平均	子		親		遺伝率
			分散	自由度	分散	自由度	
満開期	23.0	26.7	9.2	2,333	21.2	224	0.39
着花量	2.9	3.1	0.5	2,339	0.8	224	0.38
果実成熟期	176.5	169.1	316.5	2,309	468.8	224	0.84
収量	3.8	7.1	2.5	2,309	5.4	224	0.08
果実の長さ	6.78	6.74	0.28	1,709	0.42	209	0.31
果実横径	6.75	6.63	0.34	1,708	0.60	209	0.26
果実縫合線部長さ	6.83	6.70	0.27	1,708	0.46	209	0.29
果実の硬さ	2.7	2.7	0.3	2,285	0.8	224	0.13
果実酸度	2.9	2.8	0.3	3,209	0.6	225	0.19
可溶性固形物含量	11.1	13.1	2.7	1,936	4.6	209	0.01

遺伝率の推定値の標準誤差はすべて±0.02.

きると記している.

また,年次変動を補正した結果,果実成熟期,開花期,着花の多少,果実の大きさに関係する形質は高遺伝率であり,世代を進めれば比較的早く改良が進むと述べている.これらの形質の狭義の遺伝率は果実成熟期を除くと0.26〜0.39である.果実の硬さおよび酸度は遺伝率が低かった(0.13〜0.19)が,(親評価の)サンプルが小さく,測定方法もラフな主観的方法であったため,測定方法を改善し,サンプルを大きくすれば遺伝率が向上する可能性があるので選抜の効果についての考察は保留すべきとしている.

可溶性固形物含量(糖度)の遺伝率は0.01であり,0と有意な差はなかった.この要因として①この集団がこの形質については遺伝的に均一であること,②この形質が非相加的な遺伝子の効果によること,③同一樹の中の果実間変異が大きいこと,をあげている.そして,この形質を遺伝的に改良するために最も有効な方法を見いだすには,これらの現象がどのようにかかわっているかを解明する研究が必要としている.

これらの結果から,Hansche らは,この集団については糖度以外はすべて相当の相加的な遺伝変異があり,親をそれ自身の成績をもとに選抜し,それらの間で相互交配をすれば数世代のうちに比較的早く遺伝獲得量が得られる

と結論している．そして，後代検定をしたり，近親交配のような非相加的遺伝効果を考えた複雑な育種の方法を用いる必要がないと述べている．

また，開花期，着花の多少，果実成熟期および果実の大きさに関与する形質については，2年間の測定と年次変動の補正により，農業に用いられる種について通常知られている形質と比べて高い遺伝率が得られたが，2年以上反復評価して親を選択し遺伝率を高めてもそれぞれの選抜サイクルに追加して評価する年数が加わるため，遺伝獲得量という点では改良の速度を減少させることにつながり，不利であろうと述べている．それに対し，果肉の硬さと酸度については，（親を評価する上で）サンプルの大きさと測定方法を改善することにより，実用的な高さの遺伝率を得られる可能性が高いと述べている．収量についても同様に評価方法を客観的なものとすることにより大幅に改良できる可能性があると述べている．

さらに，カリフォルニア大学 Davis において甘果オウトウ，クルミについても同様な研究を行った結果，果樹では商品生産上重要な形質の大半が，遺伝変異のかなり大きな部分を相加的遺伝効果によっており，果樹の育種の主要な問題を解決するには，単純に，母本集団の遺伝子型値の違いを見極めることがよいと思われるとし，年次変動を統計的に補正すること，測定方法を客観的，正確な方法とすることが有効としている．

Hansche らは，①他の作物・動物において報告されている狭義の遺伝率の値と比較し，果樹では遺伝率が高いという結果を得，単純に親の成績（表現型値）によって交配親を選び，それを相互交配する方法がよい，②育種の効率を決めるのは遺伝獲得量（選抜の反応）であり，選抜された親の間で相互交配して得られる後代の平均値の向上が改良の尺度である，と考えた．

狭義の遺伝率は V_A/V_P であり，それが低かった場合に，V_P の中の V_A 以外の成分である優性分散 V_D と環境分散 V_E のどちらが大きいかということについては，狭義の遺伝率は示さない．ここで V_P とは親の表現型値の分散であり，その中で，V_E が大きい場合は形質評価の方法を改善し，より親の遺伝子型値をつかむ方法（環境変異の小さい値を得る方法）を用いれば，遺伝率は向上する．狭義の遺伝率は，場合によっては1にかなり近づく可能性があ

る．しかし，優性分散 V_D が大きい場合は，親の表現型値を遺伝子型値に近づけても，遺伝率は向上しない．したがって，親の値（平均親値）の環境分散推定値がこれらの考察に有効であるが，それについて Hansche らは示していない．果樹において狭義の遺伝率を論じる場合は，親の環境変異について示すデータがあるとよい．

12.2 交配・選抜システム

　果樹育種で狭義の遺伝率を用いて解析した報告は，一般に，その意義を遺伝獲得量においている．その前提となる交配・選抜システムは，無作為交配する大集団で，親は集団的に選抜される．

　その考え方について Hansche（1983）が述べていることを以下に示そう．

　品種改良の継続的な過程は，育種集団の世代ごとの改良といえる．さらに遺伝的な言葉で述べれば，園芸的に重要性を持つ形質について望ましい効果をもたらす遺伝子の頻度を継続的に高めることである．例外的な数の良い遺伝子が集積した優れた遺伝子型が育種集団に出現すると，それらは栄養繁殖され，新品種として発表される．

　この育種集団の世代ごとの改良は，各世代において優れた後代を生み出す個体のみを選抜して相互交配することにより実現する．選抜された親を相互交配させた結果生まれる次世代の育種集団の平均的な改良度を選抜の反応（response to selection）と呼ぶ．

　選抜の反応の量，速さ，コストは，品種改良計画における決断をする上で決定的な役割を果たす．したがって，これらのそれぞれがどのようになっているか，特に選抜の反応の量と割合の向上とコストの減少について検討されなければならない．

　育種集団の中から優れた親を選ぶ方法は多い．また，それらを相互交配して，選抜した親の集団よりも優れた後代の育種集団を作る方法も多い．最も簡単で単純な方法の1つは，親として用いる個体をそれぞれの表現型値で選び，それらをランダムに相互交配することである．この方法は，文献では一般に mass selection（集団選抜）と呼ばれている．

第12章　狭義の遺伝率の果樹育種への適用例

　Hansche は，果樹育種は，育種集団を世代を重ねて維持していくのが仕事であり，それを世代を経るごとに，目的とする形質について集団的に向上（改良）させるように努力するのが育種であると考えている．そして，新品種となるのはその中の例外的な1個体であるから，集団全体のレベルが上がれば（集団における望ましい遺伝子の頻度が高まれば），それを生み出す確率も高くなる．集団のレベルを示すものが集団平均値であり，集団平均値を世代ごとに向上させることが育種家の仕事であり，その集団の中から例外的といえる優良個体を見いだすのも育種家の仕事であることになる．このような考え方は，これまで述べてきた遺伝率と遺伝獲得量のモデルと矛盾しない．なお，mass selection では無作為交配したのちに選抜をあてはめるのではなく，個体の表現型値に基づいて選抜したのちに無作為交配するとしている．

　mass selection は，集団的に親を選抜して次の世代の集団を作る，というものであり，果樹育種において 1 つの個体を選抜して品種とする（個体選抜），ということを着目したものではない．本書では，後者の個体選抜についても選抜という語を用いている．

　しかし，実際の果樹育種は，次編で述べるように，一般に，Hansche の述べる mass selection をしておらず，狭義の遺伝率と遺伝獲得量の適用には困難がある．

第5編　果樹育種の実際

第13章　少数の母本品種・系統の多用

13.1　実際の果樹育種集団の特徴

　他殖性1年生作物では，無作為に栽植して自然交雑にまかせ，一定の水準以上の高い表現型値を示した個体を次世代の親として集団的に選ぶ集団選抜は比較的容易である．果樹では多くの母本となる品種を植えて自然交雑させることは困難が大きく，一般に行われない．人為交配によって無作為交配の大集団を得るためには，多くの組合せの交配を行う必要があり，容易ではない．

　人為的に交配するとなると，多くの交雑組合せを行うことは難しい．1年に500個体の実生を得る場合，10～15の組合せで1組合せ30～50個体程度作出することによって500個体を得ることは比較的容易である．これで母本の数が10程度以下であれば，コストが低い．一方，1年に100～200の組合せについて交配する（すなわち，1組合せから2.5～5個体を得る）というのは労力がかかり，コストが高い．

　第4編で示した「無作為交配の大集団で集団選抜」のモデルでは，選ばれた個体の全てあるいは一部の無作為に選ばれた個体が親となるわけで，その前の世代の個体（遺伝子型，系統）が母本としてくり返し用いられない．

　1年生作物や世代のサイクルの短い昆虫・動物では，交雑の結果生まれる集団がその時に生きている集団であり，その中の交雑から次世代を作らねばならない．しかし，永年性作物である果樹では，いずれの品種・系統も永続的に生存するため，必ずしもその必要がない．

　現実の果樹育種では，欠点の少ない現在の主要な経済品種やそれに準じた品種・系統を親に交雑をしている場合が多い．交雑から生じた子個体と親世代（またはそれより以前の世代で親となったもの）の個体，さらに交雑されたことのない品種（遺伝資源）を合わせ，それらの中から適当な組合せを選

んでいくことが一般的である．すなわち，育種を開始した時の親集団の後代に限定されない交配を行っている．

　コストの高い人為交配と樹体の育成を行うならば，優れた子が生まれる可能性の高い組合せもそうでない組合せも含めて無作為に行うより，優れた子が生まれる可能性の高いと考えられる組合せだけを行い，その組合せの子個体数を多く獲得したいと育種家は考える．

　また，育種家は，一般に，組合せを選ぶ時に，できれば1代で，選んだ組合せから優良品種が生まれることを期待する．また，その母本状況とその形質の遺伝様式から1代では目標とするものが得られないと考えられる場合には，現在の母本よりも優れた母本が生まれることを期待する．主要経済栽培品種は，生産・消費上，著しく劣る形質がなく，多くの形質に欠点がなく，かつ優れた形質を持っている．このような特性の品種・系統は交配親として多用される傾向にある．このことを以下に実例から示す．

13.2　ニホンナシの育種

　梶浦・佐藤（1990）は，大正時代に開始されたニホンナシの交雑育種について調査した．そして，大正時代に異名同種を含めて1,200品種程度存在していたのにもかかわらず，それ以後1989年までに交配親として利用された在来品種は15品種に過ぎないことを示した．また，交雑育種第3代目の育成品種の交配親の祖先は，在来品種の中では'二十世紀'，'赤穂'，'太白'，'早生幸蔵'，'長十郎'，'独逸'，'新幸蔵'の7品種だけであり，'二十世紀'はすべての育成品種に関与していた（図25）．

　さらに，梶浦・佐藤（1990）は農林省園芸試験場（後に果樹試験場，現農研機構果樹研究所）の計画的育種において，選抜されて系統適応性検定試験に供試された系統（その後，品種となったものも含む）および都道府県試験研究機関が近年に育成した品種の系統図を作成した（図26）．これにより，多くの品種・系統が選抜・育成されたものの，経済栽培品種として普及した品種は，その交配親をたどると，'幸水'，'菊水'，'八雲'を介して'二十世紀'にたどりつくことが明らかであり，現在のニホンナシ主要品種は

13.2 ニホンナシの育種 (161)

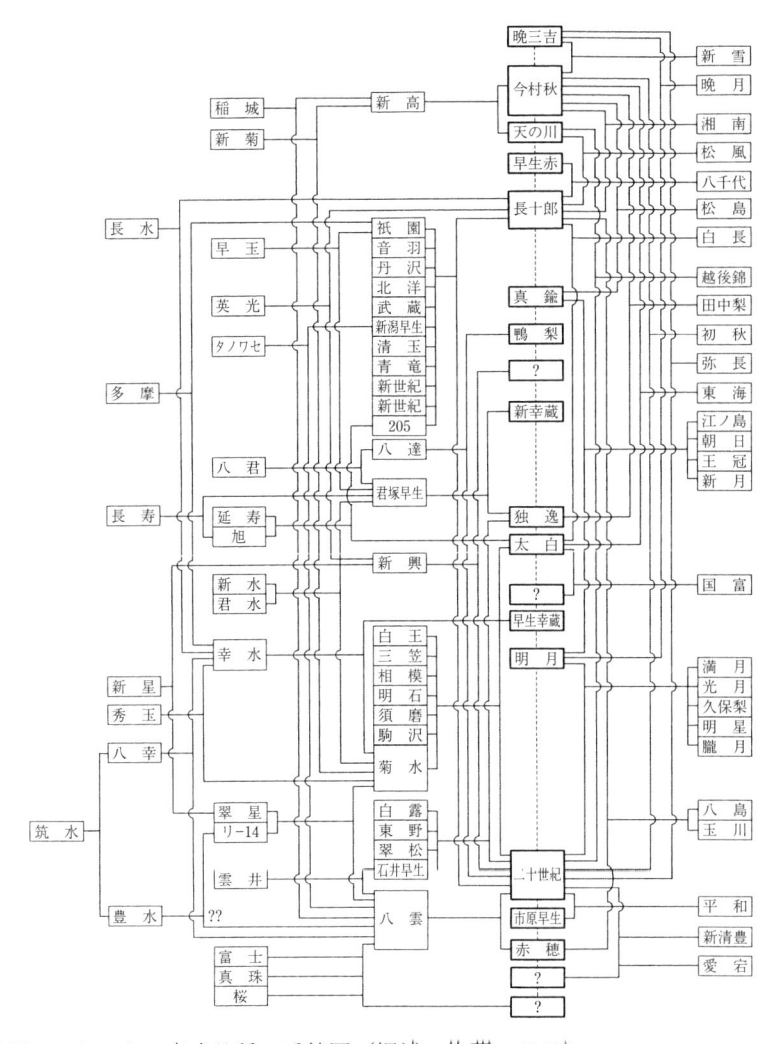

図 25 ニホンナシ育成品種の系統図(梶浦・佐藤,1990)
太線内の品種は在来品種.最右列は育成品種の交配親となっていない.
豊水は育成当時発表された組合せを便宜的に記入.
その後の DNA マーカーによる研究により以下の品種の両親が推定された
(Sawamura et al., 2004;2008).愛宕・越後錦・新高:長十郎と天の川が
両親,豊水:幸水とイ-33 が両親,石井早生:親は独逸でも二十世紀でも
ない,八千代:早生赤は親だが,長十郎は親ではない.

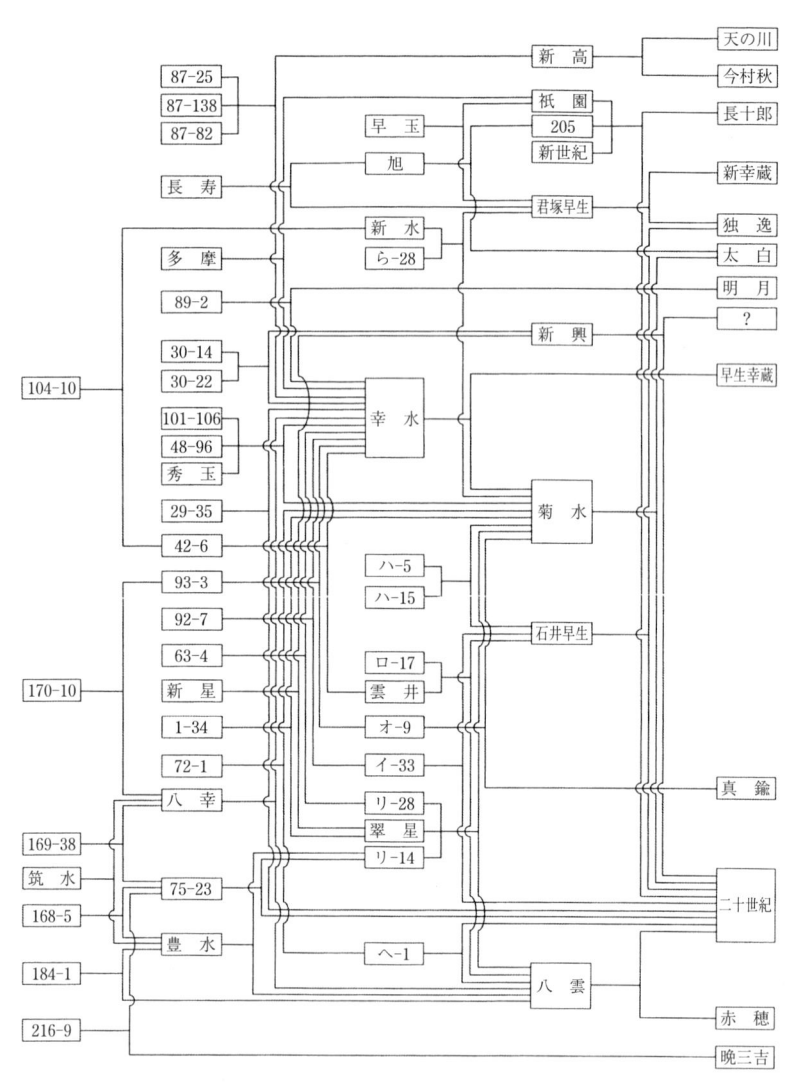

図 26 農林水産省果樹試験場およびその前身である園芸試験場で育成された品種と系統適応性検定試験に供せられた系統、ならびに都道府県の試験場による育成品種の系統図（梶浦・佐藤，1990）．新高・石井早生・豊水については図 25 参照．

‘二十世紀’と近縁であることが示された．

　この結果について，梶浦・佐藤は，ニホンナシの交雑育種が肉質の改善を主目標として果肉硬度の低い品種・系統を親としてきた結果，‘二十世紀’とその子孫品種・系統が多く用いられることとなり，また，早生化を図るために‘赤穂’，‘早生幸蔵’が用いられたとしている．

　そして，‘二十世紀’に近縁な集団となった結果，‘二十世紀’の持つ密症状（生理障害）を出す品種・系統も多くなったとして，近縁であることの問題を示し，‘二十世紀’以外の交配親を選択する努力がされつつあることを記述している．

　交配親として利用された在来品種をみると，その全15品種のうち‘二十世紀’を含め，8品種が南関東の在来品種であったので，それ以外の地方原産の品種を用いる計画が立てられた．晩生の中では比較的肉質の良い‘新高’を親とする中間母本の育成も行われた．

　このような努力が結実し，1998年に育成された‘あきづき’（寿ら，2002）と2000年に育成された‘あきあかり’（寿ら，2004）は，‘新高’と‘豊水’の交雑から得られた系統を片親としている．また，2000年育成の‘王秋’（寿ら，2004）も中国ナシ品種と‘二十世紀’の交雑から得られた系統を片親としている．

　この育種の経過は，ニホンナシ育種が，次世代の親を集団的に選抜し，無作為交配の大集団を作って世代を進めているのではないことを示している．大集団における無作為交配ならば，近親交配とはならない．

　肉質の軟らかい品種を育成しようとすると，肉質の硬い品種・系統を含めた集団の中で無作為交配するより，肉質の軟らかい親を選択したほうが，選抜水準を超える交雑実生の出現頻度が高い．そこで，肉質の軟らかい品種・系統を多用することとなる．

　このような育種では，世代が進むと，どうしても遺伝的に近縁なもの同士の交配となってくる．一方，親として選ぶ場合の水準を下げ，肉質がやや硬い品種も含め，もっと広い範囲の品種を選び，それらの間の無作為交配を行えば，近縁なものどうしの交配とはならない．しかし，その組合せの多くは，

目標とする選抜水準を超える子個体を生み出さず，生じた個体を肉質だけで選抜するならば，多くが淘汰されてしまうかもしれない．

13.3 カキの育種

　農林省園芸試験場におけるカキ育種は 1938 年に開始された．カキ品種には，渋ガキ品種と甘ガキ品種がある．秋に果実が着色して成熟した時期に採取して食べた場合，渋みが強くて食べられないものが渋ガキ，渋みがなく食べられるものが甘ガキである．甘ガキには2種類あり，種子ができた時だけ多量の褐斑を生じて甘ガキとなるものを不完全甘ガキ品種，暖地で栽培すると種子の有無にかかわらず甘ガキとなるものを完全甘ガキ品種と呼ぶ．望ましいのは完全甘ガキであるので，育種の目標は，主に完全甘ガキの優良品種の育成であった．

　日本には本州・四国・九州に多くの在来品種が分布しており，在来品種は 1000 以上知られている．そのうち，完全甘ガキ在来品種は，枝変わり品種を除くと，これまでに 17 しか知られていない．それらは，果形が扁平で互いに似ており，晩生で，裂果性をもったものが多い（山田ら，1993）．

　完全甘ガキの性質は質的遺伝し，完全甘ガキ以外のカキ（非完全甘ガキ）に対して劣性である．完全甘ガキ同士の交雑からは完全甘ガキのみが生じる．一般に在来品種同士の交雑では，完全甘ガキと非完全甘ガキの交雑，非完全甘ガキ同士の交雑からは完全甘ガキの子は生じない（池田ら，1985）．完全甘ガキと非完全甘ガキを交雑して得た非完全甘ガキに，完全甘ガキを戻し交雑すると，次代に 15% 程度の完全甘ガキが得られた例がある（池田ら，1985）．このような分離比となるのは，カキが6倍体であることによる．

　育種開始当時は完全甘ガキを中心にさまざまな交雑が行われたが，完全甘ガキの子を得るには完全甘ガキ同士の交雑にほとんど限られることから，その後は，主に完全甘ガキ在来品種同士の交配が行われた．

　完全甘ガキの在来品種の中から選ばれて経済栽培されるようになったのは，欠点の少ない '富有' と '次郎' の2品種である．他の完全甘ガキ品種は経済栽培するには欠点が多い．この2品種を親として育成された実生は多い．

カキは雌花を着生する品種と，雌花と雄花を着生する品種に分かれる．雄花を着生しない品種は種子親（母親）にしか用いることできない．'富有'，'次郎'は雄花を着生しない．したがって，'富有'・'次郎'に，欠点の多い品種を交配することになる．

完全甘ガキの在来品種は果実成熟期の晩いものしかなく，主要経済品種の'富有'・'次郎'も晩生であったため，早生の完全甘ガキ優良品種を育成することが主要な育種目標となった．

1938年より交雑育種が開始されたが，晩生在来品種同士の交雑からは早生の子個体はほとんど出現しなかった．完全甘ガキ在来品種間の交雑からは，食味の優れる系統は作出できたものの，在来の完全甘ガキ品種群が，そのほかの品種群にはほとんど無い裂果性（へたすき・果頂裂果）を特異的に持っていたため，裂果性を持つ選抜系統が多く（山田ら，1988），優良品種を育成できなかった．

1970年に早生の完全甘ガキ'伊豆'が育成された．'晩御所'の自家受粉から，わずかな確率で生じた，早生と中生の中間の時期に成熟する個体（個体番号 A-4）が生まれた．この個体は一次選抜され，興津1号として系統適応性検定試験に供試されたが，へたすき性，小果，食味などの欠点から新品種として選抜されなかった．しかし，この個体は雄花を着生したことから，中間母本として用いられた．すなわち，このやや早生の系統を父親とし，'富有'や'次郎'などを母親とした交配が実施された．その中で'富有'の子から早生の'伊豆'が育成された（図27）．

'伊豆'はへたすき性があるが，経済栽培できる程度であった．'伊豆'は600ha以上栽培された．食味が優れる早生品種であるが，生理落果が多い，樹勢が弱く収量性が劣る，日持ち性が短い，へたすき性がある，汚損果の発生が多い，枝幹害虫の被害を受けやすいなどの欠点があるため，1980年代以降，栽培は減少した．

この欠点を改良すべく交雑育種が続けられたが，'伊豆'を育成した

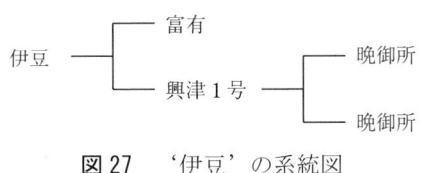

図27　'伊豆'の系統図

のと同様な晩生～中生（一部にやや早生）の品種・系統間の交雑では，早生の子個体が得られる割合は非常に低かった（Yamada, 1993; Yamada et al., 1995）．片親が早生でも，もう片方の親が晩生であれば平均親値は中生になり，早生個体の出現率は低い．'伊豆'を生み出した'富有'×興津1号の交雑では平均親値が中生より遅く，早生個体の出る確率は低かった．同様の交雑がかなり行われたにもかかわらず早生の優良個体はほとんど出現しなかった．すなわち，早生個体の出現率を高くするには両親ともに早生～中生でなければならず，晩生の'富有'や'次郎'を親として用いるのではなく，母本となる系統の集団全体が早生化する必要があった．

図28に交配親として用いられた品種・系統の果実成熟期の推移を示した．完全甘ガキ在来品種間の交雑から出発した育種が，世代を重ね，しだいに早生の系統を交配親としてきたことを示している．

2000年にへたすき性のない極早生の完全甘ガキ品種'早秋'が育成された（山田ら，2004）．'早秋'を生み出した交雑は，1980年代後半の交雑であり，母親を'伊豆'とし，父親は，興津2号（'富有'×'晩御所'の交

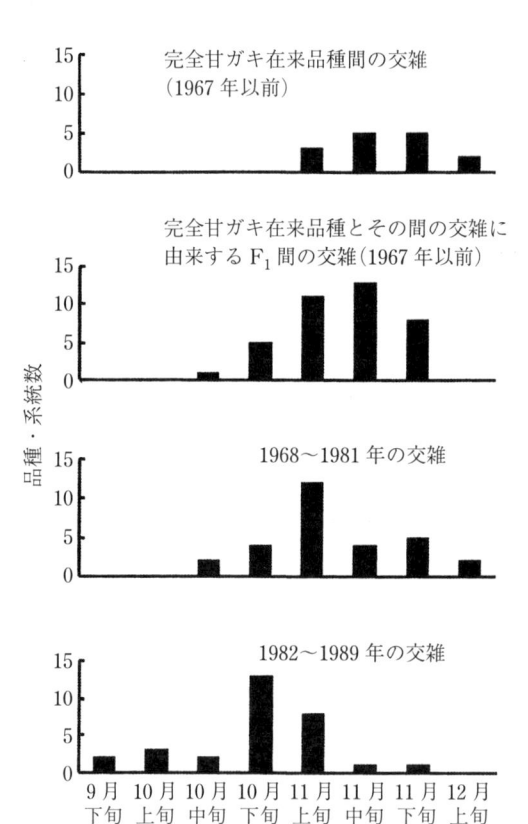

図28 農研機構果樹研究所の早生カキ育種において，交配親として用いられた品種・系統の果実成熟期の推移 (Yamada, 1993)

雑実生から選抜された系統）に興津 17 号（'晩御所'ד袋御所'の交雑実生から選抜された系統）を交雑した実生の中から選抜された 109-27 である（図 29）．'早秋'の祖先は'晩御所'，'富有'および'袋御所'であり，近親交配により育成されている．

まず完全甘ガキ在来品種間の交雑が行われ，より早生の親を選んで交配することにより 3 代で目標とする極早生に到達した．しかし，食味・裂果性・果実重などについて優れたできるだけ早生の系統を親として選ぶと，ごく限られた品種に由来する系統となった．そのような系統どうしを交配すれば，必然的に近親交配となる．

早生の完全甘ガキ育種では，交配親集団の果実成熟期は世代を追うごとに早生化し，早生の個体を生み出せるようになったが，図 28 に示した 1982～1989 年の交配親となった品種・系統の祖先は，わずか 6 つの完全甘ガキ品種（'富有'，'次郎'，'晩御所'，'花御所'，'袋御所'，'天神御所'）とその枝変わり品種，および'西村早生'（不完全甘ガキ）であった．そのうち 82% は 5 品種に由来していた．これは狭い遺伝子プールの範囲で交配を進めてきたことを示している．

果実成熟期は近親交配の影響を受けない形質であった．育種を始めた時の元の完全甘ガキ品種は晩生ばかりであったが，世代を重ねて早生の遺伝子を集積することにより早生の子を生み出せるようになった．しかし，近親交配は果実重の減少，樹勢・収量性の低下という障害をもたらした．

このことを鑑み，1990 年以降の交配は，早生品種育成を目標から降ろした．中生～晩生，良食味，大果，非裂果性の完全甘ガキの育成を主な目標とし，

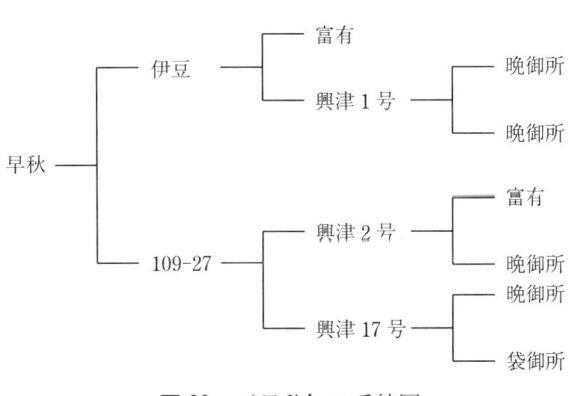

図 29　'早秋'の系統図

①近交係数0もしくは小さい完全甘ガキ同士の組合せを選択する，②非完全甘ガキと完全甘ガキの交雑を行い，非完全甘ガキ優良系統を選抜したのち，それに完全甘ガキを戻し交雑する，③近年発見された中国原産の完全甘ガキ品種と日本原産完全甘ガキ品種・系統を交雑する，という方向に転換した（Yamada，2005）．②の育種の過程で，収量性が高く，食味の優れる渋ガキの'太天'が育成されている（山田ら，2008b）．また②と③では，甘渋性識別DNAマーカーを開発し（Kanzaki et al. 2001, 2009, 2010 ; Ikegami et al. 2011），それを利用する育種が進められている．

13.4 ブドウの育種

13.4.1 4倍体ブドウの育種

生食用ブドウには，主にヨーロッパブドウ（*V. vinifera* L.）とアメリカブドウ（*V. labruscana* Bailey）がある．世界の生食用ブドウの多くはヨーロッパブドウである．その原生地はカスピ海周辺と考えられており，ヨーロッパブドウはもともと降雨が少なく温暖な気候に適している．

ヨーロッパ人がアメリカ大陸に移住し始めた時にヨーロッパブドウの栽培を試みたが，虫害（ブドウネアブラムシ）・多雨・低温などにより失敗した．そこで，ヨーロッパブドウとアメリカ原生ブドウとの交雑によりできた品種やアメリカ原生のブドウ種の中から選抜した品種が栽培された．これがアメリカブドウとして分類されている．

日本は降雨の多い気候であり，古い時代に西アジアから中国を経て日本に入ったヨーロッパブドウも栽培が困難であり，品種は発達しなかった．現存する日本原産ブドウ品種に'甲州'と'甲州三尺'がある．これらは *V. vinifera* L.と分類されているが，比較的耐病性があり，東亜原産野生種の遺伝子も持っている可能性が指摘されている．

明治になって海外から多くのブドウ品種が導入されたが，降雨の多い日本で広く栽培できたのは，耐病性があり，裂果しない'デラウェア'，'キャンベルアーリー'などのアメリカブドウであった．アメリカブドウ品種は一般に噛み切りにくい肉質を持ち，特有の香りがある．ヨーロッパブドウの生食

用品種は，噛み切れて硬い肉質を持ち，マスカット香を持つものがある．一般に，アメリカブドウと比べて大粒で，日持ち性が長い．

日本における主要な栽培品種は，長く'デラウェア'，'キャンベルアーリー'などのアメリカブドウであった．

民間のブドウ研究家である大井上康氏は，1937年にキャンベルアーリーが4倍体化した品種である'石原早生'に，ヨーロッパブドウの'ロザキ'が4倍体化した品種の'センテニアル'を交配した．その交雑実生から'巨峰'を選抜・育成し，1945年に発表した（山根，1996）．花振るい性（生理落果性）が強いことから普及は遅れたものの，樹勢を調節することによる安定生産技術が確立し，現在，日本で最も栽培面積の大きいブドウ品種となっている．'巨峰'は，大粒で，特有の芳香（アメリカブドウの持つ香り）とやや噛み切れる肉質を持ち，裂果性は非常に小さく，ある程度の耐病性がある．

'巨峰'の良食味と大粒性から，これをさらに改良しようとする育種が民間育種で，また，のちに始まった官庁育種でも取り組まれた．その結果，'巨峰'の血を引く品種が多く生まれた．その中で現在，比較的栽培の多い品種およびその親・祖先品種の系統図を図30に示した．

'巨峰'と'マスカットオブアレキサンドリア4倍体'の交雑により育成された'ピオーネ'は，'巨峰'より大粒で，食味は'巨峰'に近い．また，ジベレリン処理による種なし生産が容易である．現在，'巨峰'，'デラウェア'に次ぐ第3位の栽培面積となっている．

莫大な数の品種がある2倍体ブドウ品種に対し，4倍体ブドウは2倍体ブドウの枝変わり（自然突然変異）として存在しているものがほとんどであり，その数は限られている．優れた品種が出ると，それを片親に用いて他の品種を交配する，またその品種を自殖する，などの方法が用いられてきたことを図30は示している．'巨峰'は花粉稔性があり自家受粉するので，'白峰'など'巨峰'の自然受粉種子から選抜された品種も自殖である可能性が高い．

図30に示されている育種の経過は，大集団の無作為交配という狭義の遺伝率や集団選抜が想定している交配が行われておらず，狭い範囲の品種の中

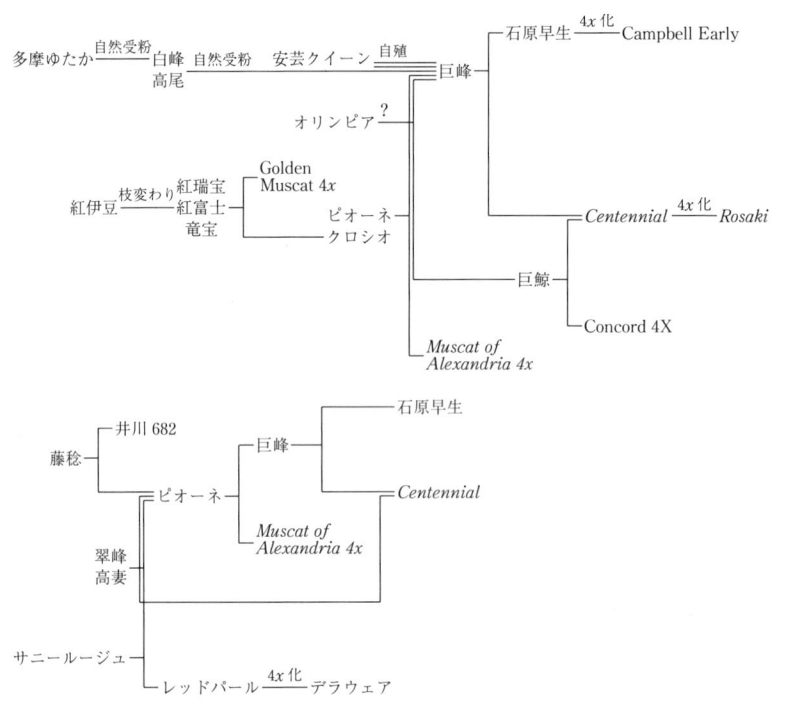

図 30 日本で育成された4倍体欧米雑種ブドウ品種の系統図
斜体字はヨーロッパブドウ品種（*V. vinifera* L.）．他はアメリカブドウ（*V. labruscana* Bailey）あるいは欧米雑種ブドウ品種．Shiraishi and Shiraishi（1997）および農水省品種登録情報によって作成．

で交雑が進んでいることを示している．

4倍体化したブドウは，元の2倍体品種と比べて樹勢が弱く，肉質が軟らかくなる傾向がある．'石原早生' や 'センテニアル' も，それぞれ元の 'キャンベルアーリー' や 'ロザキ' と比べて樹勢が弱い．その原因は不明であるが，樹勢に近交弱勢が起こり，特に同質倍数体のためにその影響が出る可能性が考えられる．しかし，その2つを交雑して生まれた '巨峰' は樹勢が著しく強い．これは欧米雑種という遠縁交雑による雑種強勢の可能性も考えられるが，明らかではない．その後，'巨峰' の自殖により生まれた '安芸クイーン' の生産性は '巨峰' よりやや劣るが，著しく劣るわけでは

ない．このように，近親交配を行っても著しく生産性が落ちなかったことから，このような4倍体育種が進んだものと思われる．

13.4.2 2倍体ヨーロッパブドウの民間育種

日本で行われてきた2倍体ブドウの民間育種も，基本的に，優れた品種がある（出る）と，それを片親に用いて他の品種を交配する，それをくり返して漸進的に育種が進行している．図31に，ヨーロッパブドウ同士の交配から作出され，現在，比較的栽培されている'ネオマスカット'，'甲斐路'，'赤嶺'，'ロザリオビアンコ'，'瀬戸ジャイアンツ'の系統図を示した．

'ネオマスカット'は，広田盛正氏によって1932年に発表された品種である（山根，1996）．かつては主要経済品種の1つであったが，近年，生産が減少した．ヨーロッパブドウとしては耐病性が比較的強く，山梨・岡山など降雨の少ない温暖な地方を中心に広く栽培された．'甲州三尺'と品質の良い'マスカットオブアレキサンドリア'を親としている．

'ネオマスカット'を片親とし，それを改良すべく他のヨーロッパブドウを交配して，'甲斐路'や'瀬戸ジャイアンツ'が生まれている．また，品質の優れる'マスカットオブアレキサンドリア'を片親に用いて，'ロザリオビアンコ'が生まれている．

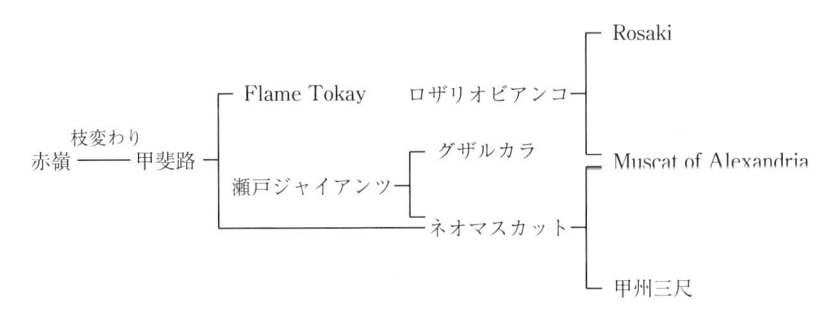

図31 日本で育成された2倍体ヨーロッパブドウ品種の系統図
すべてヨーロッパブドウ品種（*V. vinrfera* L.）．Shiraishi and Shiraishi (1997) および農水省品種登録情報によって作成．

世界から日本に導入されているヨーロッパブドウの2倍体品種は数百品種以上ある．しかしその中で，大粒で，食味が優れ，裂果性も小さい品種となると，それほど多くはない．また，民間育種では一般に多くの品種を導入・栽培することは困難なことが多い．少数の欠点の少ない品種を足がかりに改良をしたほうが優れた子を得る確率が高い．その結果，生まれる品種は少数の品種に由来する場合が多くなる．この点はナシやカキの育種と同様である．

13.5 モモの育種

Scorza et al. (1985) は，アメリカ合衆国東部で商業生産または育種親という点から最も重要な30の離核モモ品種の類縁関係について調査した．

系統図を作って検討するにあたり，品種の由来は明確にはわからないものがあるため，近交度を低く見積もる場合をCASE 1，近交度を高く見積もる場合をCASE 2として，近交係数を2とおりの計算方法で算出した．

その結果，近交係数の高い品種が多かった（表29）．近交係数が0ではない品種について平均近交係数を計算すると，CASE 1では0.257，CASE 2では0.353であった．知られている親間の近交がなかった品種の近交係数を0として全品種の平均近交係数を計算すると，CASE 1では0.103，CASE 2では0.224となる．

1つの個体の近交係数とは「ある座位の2つの対立遺伝子が共通の祖先の同一遺伝子に由来する確率」(Crow, 1972) であり，換言すると，共通祖先の同一遺伝子のホモ接合となる確率である．祖先がわからない親どうしを交配して生まれた子は親同士が近親関係が無いと仮定するので，近交係数は0となるが，知られていない近親関係があると真の近交係数は高い可能性がある．

近交係数は，自殖により生まれた個体では0.5，完全兄弟間の交雑から生まれた個体は0.25，半兄弟間の交雑から生まれた個体は0.125である．子をその親と交雑して得た個体は0.25である．近交係数の算出方法については，Crow (1972)，内藤 (1982) などを参照されたい．

これから考えると，ここに示されたモモ品種の近親度は非常に高いといえる．これについて，Scorzaらは，アメリカ合衆国に中国の優れた品種

'Chinese Cling'が1850年に導入されて以来，その大果・高品質から'Chinese Cling'の実生から選抜された品種（'Elberta'や'Belle'），'Chinese Cling'に由来する品種が多く生み出されたことによるとしている．すなわち，アメリカ合衆国にそれまでに広まっていたモモを用いるよりも，'Chinese Cling'とその後代を用いたほうが，大果・高品質の子を得やすかったということである．

また，Scorzaらは，モモは自家受粉する種であり，もともと近親交配に強いため，自殖，兄弟交配，戻し交配，自然受粉が育種法として用いられてきたことを述べている．このような育種の結果，遺伝的多様性の無い品種集団となっており，品質，耐寒性，耐病虫性などを向上させるには，遺伝資源の幅を広げる必要があるとScorzaらは述べている．

Hesse（1975）も，アメリカ合衆国のモモ育種について同様の記述をしている．

この育種の経過は，日本におけるナシ，カキ，ブドウの育種と類似している．狭義の遺伝率が想定している「大集団の無作為交配」そして，集団選抜が行われてきたのではなく，少数の優れた品種が親としてしばしば用いられ，近親交配になりやすい育種が行われている．

表29 選抜された北アメリカ離核モモ品種の近交係数（Scorzaら，1985より）

品種	近交係数	
	CASE1	CASE2
Admiral Dewey	-	0.500
Autumnglo	-	-
Blake	-	0.313
Candor	-	-
Coronet	0.188	0.188
Cresthaven	0.250	0.313
Dixired	0.500	0.500
Elberta	-	-
Glohaven	0.125	0.188
Halehaven	-	-
Harbelle	0.641	0.680
Harken	0.156	0.391
Harvester	-	0.313
Jefferson	-	0.500
Jerseyglo	0.125	0.281
Jerseyqueen	0.063	0.188
J. H. Hale	-	0.500
Junegold	-	-
Loring	-	0.125
Maygold	0.125	0.188
Monroe	-	-
Redglobe	-	-
Redhaven	0.125	0.188
Redskin	-	0.500
Rio Oso Gem	-	-
St. John	-	-
Southland	0.500	0.500
Sunhaven	0.281	0.359
Sunhigh	-	-
Washington	-	-

-は知られている親の近交関係がないことを示す．

13.6 母本が少数となりやすい理由

13.6.1 目標形質について優れた特性を持つ品種・系統が少数

　早生品種育成を目指した育種では，晩生どうしを交雑すれば早生の子個体はほとんど出現しない．軟肉質を目標とした育種で硬い肉質の親同士を交雑しても，軟肉質の子個体はほとんど得られない．とすれば，育種家はできるだけ早生の母本，軟肉質の母本を用いたい．目標とする形質について，できるだけ目標に近づいた形質を持つ品種・系統を親として用いたいと考える．

　しかし，実際にはむしろ目標とする形質を持つ品種が少ないために，それを育成することが育種目標となっていることが多い．たとえば，完全甘ガキの育種では，主要品種が晩生であるために早生品種の育成が目標となった．その形質について目標とする水準に達しているか，それに近い特性を備えた品種は少数であり，交雑の中から出現した目標に近づいた個体も少数であるのが一般的である．

13.6.2 欠点の多い品種・系統を親とすると，選抜水準を超える子の出現率が低くなる

　選抜された系統が新品種とできるためにはすべての形質について選抜水準を越えていることが必要である．欠点が大きかったり，また，欠点を多くかかえるものを親として用いれば，一般に，後代にその欠点を1つも持たない個体が出現する割合が低くなる．したがって，育種家は，欠点が少なく，優れた形質を持つ品種・系統（少数）を親として用いたい．

　子個体の育成に時間のかかる果樹の育種家は，（一部の交雑には「新品種とはならなくとも母本として用いうる系統を育成する」ことを目的とした交配も行うとしても）できれば1代で（次世代で）目標とする新品種を得たいと考える．そして，その出現率の高い交配を行いたい．

　商品生産されている経済品種は全ての形質について欠点が大きくない．また，いくつかの形質について優れた特性を備えているのが通常である．親の組合せを選択する場合，このような経済品種やそれに準じる少数の品種・系

統が選ばれれば，その狭い範囲での総当たり交配や無作為交配も行われる．

13.6.3 多くの形質が選抜水準を超えるための交雑

商品生産上，選抜水準を全て越えなければ新品種とできない形質を6つ程度考えよう．たとえば，早生のカキ育種では，成熟期，果実重，食味，へたすき性，果頂裂果性，樹上軟化性が考えられる．それらが独立に量的遺伝すると考え，親の特性によって選抜水準を越える子個体の出現率が決定されているとする．すなわち，選抜水準を越える子個体の出現率を形質Aについてa%，形質Bについてb%，形質Cについてc%，…とすると，すべての形質について選抜水準を越える子個体の出現率は，$\frac{a \times b \times c \cdots}{100^6}$となる．

各形質について，交雑の結果，選抜水準を越える子個体の出現率が50%とすると，6形質すべてについて選抜水準を越える子個体の出現率は$(0.5)^6$＝0.0156≒1.6%となる．1,000個体育成すれば16個体はそれらの水準を越えると期待される．

カキの育種の例では，これ以外にも，汚損果発生程度，樹勢・収量性，耐病性，花芽着生性など，水準を越えなければならない形質がかなりある．16個体出現したとしても，それらの形質について選抜水準をこえねばならない．その出現率の積を考えると，さらに目標個体の出現率は下がる．

(1) 1形質の「選抜水準を超える子個体出現率」が非常に低い場合

カキでは，晩生同士の交配をしても，早生個体はまず得られない(Yamada et al., 1995)．1形質で「選抜水準を超える子個体出現率」が非常に低かったならば，目標個体出現率は大きく低下する．1形質でも出現確率が0であるならば，目標とする個体の出現率は0となる．

たとえば，果実成熟期について0.5%の確率で選抜水準を越える子個体が出現すると仮定すると，他の5形質で50%であっても，すべての形質について選抜水準を越える個体を得る確率は，$0.005 \times (0.5)^5 = 0.000156$となり，先述の1/100になってしまう．すなわち，1,000個体育成しても1個体すら出現すると期待できないことになる．

また，4つの形質でそれぞれの選抜水準を越える個体の出現率が70％と高くても，あと2形質が3％と低ければ，すべての形質の選抜水準を越える個体の出現率は，$(0.7)^4 \times (0.03)^2 = 0.000216$ すなわち，0.02％となってしまう．したがって，育種家は欠点の数の多い品種・系統，欠点の程度の大きい品種・系統を交配親として用いたくないと考えることになる．

(2) 欠点を補うような交配組合せ

実際の交配では，ある形質について欠点の大きな親には欠点のない親を交配すれば，平均親値（両親の平均値）は改善され，選抜水準を越える子個体出現率も低くならないようにできる．

早生～中生の育種をする場合に，晩生の'富有'を片親に用いるならば，やや早生の興津1号を用いれば，両親の平均値は中生よりやや遅い時期となり，早生そのものの出現率は低くても中生程度の個体はかなり生じることになる．これを品種集団の中で無作為に親を組合せて交配したのでは，晩生同士の交配も，「食味が優れず，その交配からは良食味の個体がまず得られない，と予想される交配」も含められてしまうことになる．

少ない育成実生個体数で新品種を得ようとすると，欠点を補い，平均親値を高めるような親の組合せの選択をすることになり，選抜水準を越える個体が出現すると見込めない交雑をふくめた無作為交配をする余裕がない．

そして，欠点の少ない親（主要経済品種など）を多用することになり，少数の品種・系統を親とすることになる．1代で目標とする個体が出現しない場合は，その子個体の中からより目標に近づいた個体を選抜し，それを前の世代として用いた品種・系統に加え，それら全体からより目標に近づいた交配を計画しようとする．

このような交雑を続けていくと，子個体の中から次代の親とすべく選抜した個体の祖先は元の少数の品種・系統であるので，近親交配をすることになりやすい．狭い範囲の品種群から育種を始めれば，近親交配に陥るのはむしろ必然であるといえる．

1～3代で目標とする新品種を得たいとする，性急な，また小規模な育種では，12.2で述べた無作為交配と集団選抜を行う余裕がない．

13.7 近親交配から生じる障害

13.7.1 樹勢・収量性

Sato *et al.* (2008) は，29家系994個体のニホンナシの交雑実生集団について，家系ごとにみた近交係数と1年生実生の植物体の高さ（伸長量）との関係を調べた．なお，近交係数は家系により0〜0.75まで異なっていた．各家系における伸長量の平均値（Fm）と近交係数（F）とは相関係数が-0.72であり，近交係数が増大するとともに顕著に伸長量は減少した．$Fm=130-104F$の回帰式が得られ，伸長量は，近交係数が0の家系と比べ，平均すると近交係数0.1では8%，0.25では20%，0.5では40%減少した．

また，Lyrene (1983) は，ラビットアイブルーベリーについて，自殖して得た実生集団と，交雑によって得た実生集団について2年生実生の高さと最も強い新梢の径を測定した．その結果，いずれの形質も自殖集団は交雑集団と比べて顕著に小さかった（表30）．

農研機構果樹研究所におけるカキの育種では世代を重ねて交雑を行っていくと，全体に樹勢が低下し，果実発育後期に生理落果する個体や葉色が白くなる個体がしだいに生じた．これも近親交配が原因で生じている可能性が考えられる．

樹勢と光合成能力の低下は収量性を左右するきわめて重要な問題であるが，その解明は十分ではない．近親交配が樹勢・収量性に及ぼす影響の解明は今後の育種の発展にとって重要な課題である．

13.7.2 果実重

カキの育種において1982〜1989年の交雑で用いられた完全甘ガキの交配親と，交雑育種が1938年にスタートした時に交配親として用いうることのできた完全甘ガキ在来品種の果実重と果実成熟期の関係を見ると，1982〜1989年の交配親は早生化しているが，早生になるほど果実重が著しく小さくなった（図32）．カキの果実成熟期は近交係数の影響を受けない（Yamada *et al.*, 1995）が，果実重は大きく影響され，近交係数が高くなるほど小果化す

表30. ラビットアイブルーベリーの自殖および交雑実生集団における植物体の高さと最大新梢の径（Lyrene, 1983）.

集団	高さ(cm)^z			最大新梢の径	
	個体数	平均	範囲	平均	範囲
Premier 自殖	114	48	4-104	4.3	0.9-8.4
Premier×Comp. 1^y	82	79**	12-133	7.3**	1.5-12.9
Bluebelle 自殖	5	36	12-78	3.7	1.1-6.0
Bluebelle×Comp. 2	15	79**	24-117	8.1**	4.2-12.0
Bluebelle×Fla.W78-122	26	92**	25-134	10.2**	4.0-13.5
Comp. 3 自殖	15	31	14-54	4.0	2.2-5.7

^{z} 3つの高い新梢の平均値.
^{y} Composite 1：6つの野生の *V. ashei* に由来. Composite 2 および 3：育種集団から選抜された 10 系統に由来. Fla.W78-122：野生の *V. ashei* からの選抜系統.
**t 検定により 1％水準で対照の自殖と有意差あり.

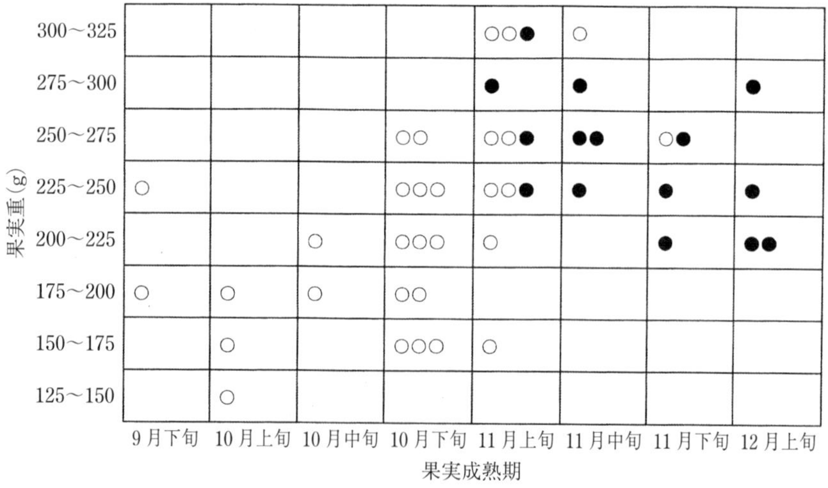

図32 農研機構果樹研究所のカキ育種において交配親として用いられた「完全甘ガキ品種およびそれに由来する系統」の果実成熟期と果実重（Yamada, 1993）
●交配親として用いられた完全甘ガキ在来品種（1938-1967）
○交配親として用いられた「完全甘ガキ在来品種に由来する品種・系統」（1982-1989）

る（Yamada *et al.*, 1994a）．

近親交配が進むと小果化することをさらに顕著に示すために，'晩御所'の自家受粉（近交係数＝1）から生じた興津1号をさらに自家受粉し，育成した子個体の果実重について示したものが図33である．'晩御所'の果実重が240g程度，興津1号が170g程度であるが，興津1号の自殖から生じた子個体には150gを越える果実重のものはなく，50g以下のものも生じている．

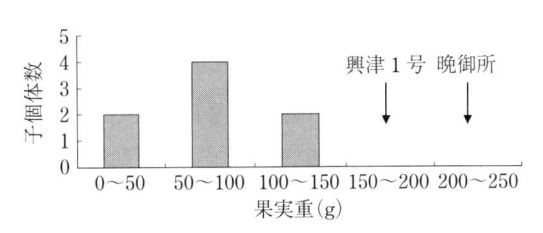

図33 '晩御所'の自殖後代から選抜された興津1号の自殖後代における果実重の頻度分布（Yamada, 1993）

カキでは，もともと完全甘ガキ品種群は形態的に類似しており，たがいに近縁関係にある（山田ら，1993；Yamada *et al.*, 1994a；Kanzaki *et al.*, 2000）．近交係数が0でも完全甘ガキ同士の交雑では小果化する（Yamada *et al.*, 1994a）．もともと近縁関係にあることにより，カキでは他の果樹の育種と比べて，世代を重ねると早期にまた顕著に近交弱勢が出た可能性がある．

13.7.3 近交弱勢の要因

もともと果樹は一般に他殖性のものが多く，ヘテロ接合の遺伝子座がかなりある遺伝的構成を持つと考えられる．他殖性植物では，近親交配を続けると，ホモ接合となる遺伝子座が多くなり，生活力のような形質は近交弱勢が出ることが広く知られている（鵜飼，2002）．

近交弱勢の表れる形質は，裏を返せばヘテロシスが表れる形質でもある．一般に，収量性に関連する形質にヘテロシス（または近交弱勢）が表れやすい．他殖性作物では，特に収量性などを目標とする時にはヘテロシスを利用した育種を検討しなければならない．すなわち，新品種となる遺伝子型はヘテロ接合性の高いものである必要がある．

他殖性作物で，大集団で無作為交配が行われる場合，Hardy–Weinbergの法則にしたがい，集団内の遺伝子型頻度は世代を越えても変化しない．

多くの果樹がもともと他殖性で、一般にヘテロな遺伝子座が多いとすれば、近親交配を重ねることは、樹勢・収量性などが低下して実用的品種が得られなくなることにつながると考えられる．

果樹でも戻し交雑が行われることがある．「戻し交雑」とは，「雑種第一代と，もとの交雑に用いられたいずれか一方の親との交雑」であり，「この親はもとの親と同一個体でなくても，遺伝子型がそれと同一であればよい」(遺伝学辞典，1977)．

カキの甘渋性に関する戻し交雑について，「完全甘ガキと非完全甘ガキを交雑して得た非完全甘ガキに完全甘ガキを戻し交雑すると，次代に 15％程度の完全甘ガキが得られている」と述べた．これは親が甘渋性に関する同一の遺伝子型という意であり，初めの交雑で用いた完全甘ガキの親品種・系統そのものを戻し交雑の親として用いるのではない．完全甘ガキ A に非完全甘ガキ B を交雑して得た子個体集団の中から 1 個体を選び，A とは別の完全甘ガキ品種・系統である C を交雑する，というものである．この場合，A と C に類縁関係が無ければ近交係数は 0 である．

しかし，戻し交雑に C ではなく A そのものを用いれば，近交係数は 0.25 で，きわめて高い．ホモ接合の遺伝子座が増え，望ましくない．

果実成熟期，糖度などは近親交配の影響を受けない．果実成熟期や糖度を目標とした場合，世代が進むにつれ近親交配が進むとしても，それらの形質については，交配親集団もその子集団もしだいに目標に近づくことができることになる．しかし，その一方で収量性や果実重などの形質については近親交配のために劣っていく．

第14章　近親交配を防ぐ育種法

　近親交配を防ぎ，一部の品種・系統に偏らない交配をしようとすれば，できるだけ無作為交配となるようにしなければならない．無作為交配をすると効率が悪い．この矛盾を乗り越える育種の方法が望まれる．

14.1　漸進的改良法

　1代の交雑で育種目標に到達できない場合は多い．その場合，漸進的に親集団を改良し，目標とする選抜水準を越える個体の出現率を高めていかねばならない．

14.1.1　近親交配を防ぐために

　近親交配を防ぎつつ育種を進めるためには，①始めに出発する交配親集団を大きくする，②できるだけ異なる祖先を持つ個体（品種・系統）の中から次世代の親を選ぶようにする，③近交係数が0もしくはきわめて小さい組合せを選択する，という努力をすることがよい．これを図示すると，図34のようになる．

　出発した第1代の親集団の大きさが大きいほど，近親交配を防ぎながら世代を重ねて交雑することが可能となる．

　1つの組合せの交雑実生から遺伝子型値の優れた母本が多く選ばれる場合でも，次世代の親にはそれらを多く用いることは避け，できるだけ異なる組合せから母本を選ぶようにする．また，遺伝子型値の劣っている個体であっても親の由来が異なる組合せのものであればできるだけ次世代の交配親として選ぶようにし，もう片親に遺伝子型値の優れたものを組合せるようにする．できれば，祖先の異なるいずれの交配組合せからも，その家系の中では優れた個体を1個体は選抜して母本として用いたい．無作為交配はできなくとも，母本集団は，できるだけ祖先に多くの品種を持つ集団とすべきである．

　なお，次世代の親は，交雑により生まれた個体だけではなく，1代目の親品種集団も含め，幅広い範囲から選ぶ．次代の親として選ぶには，前世代の

第 14 章　近親交配を防ぐ育種法

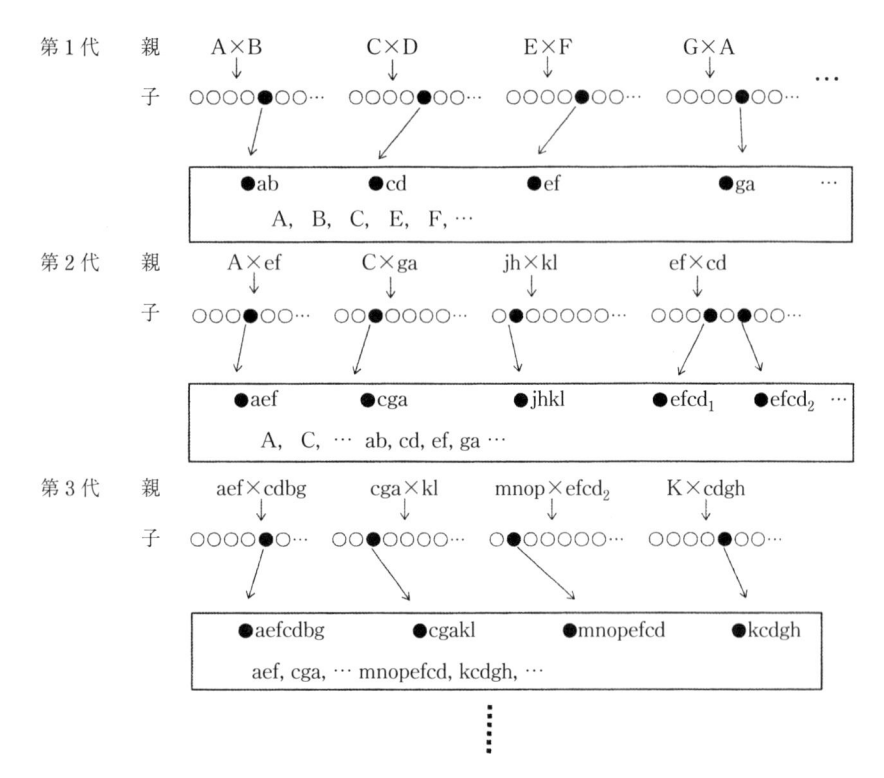

```
第1代    親    A×B         C×D         E×F         G×A
              ↓           ↓           ↓           ↓
        子   ○○○○●○○…  ○○○○●○○…  ○○○○●○○…  ○○○○●○○…  …
                 ↓           ↓           ↓           ↓
              ┌─────────────────────────────────────────────────┐
              │   ●ab         ●cd         ●ef         ●ga    …  │
              │      A, B, C, E, F, …                           │
              └─────────────────────────────────────────────────┘
第2代    親    A×ef        C×ga        jh×kl       ef×cd
              ↓           ↓           ↓           ↓
        子   ○○○●○○…    ○○●○○○○…   ○●○○○○○…   ○○○●○●○○…
                ↓           ↓           ↓           ↓      ↓
              ┌─────────────────────────────────────────────────┐
              │  ●aef        ●cga       ●jhkl      ●efcd₁   ●efcd₂ … │
              │     A, C, … ab, cd, ef, ga …                    │
              └─────────────────────────────────────────────────┘
第3代    親   aef×cdbg    cga×kl      mnop×efcd₂   K×cdgh
              ↓           ↓           ↓           ↓
        子   ○○○○●○…    ○○●○○○○…   ○●○○○○○…   ○○○○●○○…
                  ↓           ↓           ↓           ↓
              ┌─────────────────────────────────────────────────┐
              │  ●aefcdbg   ●cgakl     ●mnopefcd   ●kcdgh       │
              │     aef, cga, … mnopefcd, kcdgh, …              │
              └─────────────────────────────────────────────────┘
                                      ⋮
```

図 34　近親交配を避けながら親集団を漸進的に改良して育種目標を達成しようとする場合の交雑．
大文字は始めの親集団における品種を示す．小文字はその個体の親および祖先の由来を示す．

親よりも形質が改善されている必要がある．そして，1 代ごとに親とする系統の水準が向上していけば数代の後には目標に到達できる．

　また，1 代ごとに見ると，育種目標は完全に到達できなくとも，一部の形質について育種目標の選抜水準に達している個体を経済品種として選抜できる可能性もある．これは早生を目標としていても中生の品種ができる場合などである．これは，当初の育種目標には達していないが，育種目標自体を下げたということになる．

14.1.2 量的遺伝と質的遺伝

どのような戦略や交雑が有効かは，遺伝解析により各形質について，それぞれの交雑における子個体の分布を予測することによりわかる．それぞれの形質について質的遺伝か量的遺伝か，量的遺伝ならば主に遺伝子の相加効果で決まっているのか，近親交配の影響を受けるのかなどを解明する必要がある．

量的形質では選抜水準を越える出現率が低くとも質的形質では高い場合がある．また，量的形質ではある程度の出現率が期待できる場合でも質的形質では全く出現が期待できないこともある．

対象とする形質が質的形質の場合の例として，ある病害に対する抵抗性（耐病性）が優性の遺伝子で支配されており2倍体の遺伝をする場合を考えてみよう．劣性ホモの品種ばかりが始めの親集団であれば，何世代交雑を重

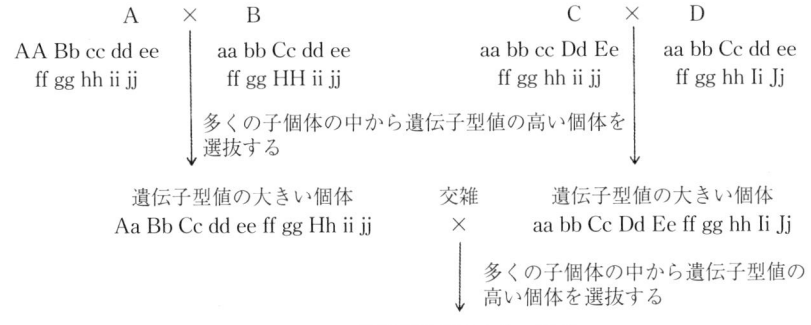

```
      A        ×    B                    C       ×    D
 AA Bb cc dd ee  aa bb Cc dd ee     aa bb cc Dd Ee   aa bb Cc dd ee
 ff gg hh ii jj  ff gg HH ii jj     ff gg hh ii jj   ff gg hh Ii Jj
                 │                                   │
                 │ 多くの子個体の中から遺伝子型値の高い個体を
                 │ 選抜する
                 ↓                                   ↓
          遺伝子型値の大きい個体        交雑      遺伝子型値の大きい個体
          Aa Bb Cc dd ee ff gg Hh ii jj  ×   aa bb Cc Dd Ee ff gg hh Ii Jj
                                   │
                                   │ 多くの子個体の中から遺伝子型値の
                                   │ 高い個体を選抜する
                                   ↓
                          遺伝子型値の大きい個体
                          Aa Bb CC Dd Ee ff gg Hh Ii Jj
```

図35 対象形質が量的形質で，育種を開始する親集団に高い遺伝子型値の品種・系統がない場合に，世代を重ねて高い遺伝子型値の個体を得るモデル．
形質が量的遺伝し，10の遺伝子座で支配された2倍体の遺伝をするとした場合，それぞれの遺伝子座の遺伝効果は同じで，大文字で示された遺伝子を集積した場合に遺伝子型値が高くなるとする．
同じ遺伝子座にしか大文字がない品種・系統同士を交雑しても遺伝子型値の高い個体は得られない．変異の広い，多くの品種・系統を親としたほうが異なる遺伝子座に大文字の遺伝子座がある可能性が高く，世代を重ねれば，多くの遺伝子座に大文字で示された遺伝子を得られる可能性が高い．

ねても耐病性の個体は得られない．

　しかし，もし耐病性が量的形質であれば，もとの親集団が耐病性の低い品種・系統ばかりの場合でも，耐病性を支配するすべての遺伝子座がホモ接合でなければ，耐病性の遺伝子を少しは保持しているので，世代を重ねれば耐病性遺伝子を集積させ，耐病性個体を作出できる可能性がある（図 35）．

　耐病性が質的遺伝する劣性形質であり，2 倍体で 1 対の対立遺伝子によって支配されている場合を考えてみよう．耐病性のない品種・系統（遺伝子型は AA もしくは Aa）の間の交雑でも，劣性ホモで表れる耐病性個体は高い場合で 25% 出現する（ヘテロ同士の交雑：Aa×Aa）．

　耐病性の品種・系統（aa）と非耐病性の品種・系統間（Aa もしくは AA）の交雑ならば，耐病性個体は 0% または 50% 生じる．その F_1（Aa もしくは aa）同士の交雑ならば，非耐病性の個体（Aa）はすべて耐病性遺伝子をもっており，その中から選抜した非耐病性系統（Aa）と耐病性系統（aa）を交雑させると次代では 50% の確率で耐病性個体が得られる．

14.1.3　欠点を補い，平均親値を高める組合せの選択

　形質が量的遺伝をし，主に遺伝子の相加効果で遺伝子型値が決定されている場合，選抜水準より高い遺伝子型値の子個体を選抜したいとするならば，親の遺伝子型値が高いほどその出現率は高い．したがって，1 つの形質に着目すれば，親の遺伝子型値から判断して交配親を決定しようとする場合，高い遺伝子型値を持つ親同士を交雑させたい．しかし，その選択した親は他の形質の遺伝子型値については劣っており，その形質について選抜水準を越える子個体の出現率は低い場合が多い．

　大果で早生の子個体を得たい場合，親集団の中には大果であるが晩生の品種・系統しかなく，早生の品種・系統は小果であったり，裂果性を持っていたりする場合がある．また，食味の優れた個体（肉質が軟らかい個体など）を得たい場合でも，その特性を持つ品種・系統は耐病性がなかったり，小果であったりする．育種の目標としては，大果で早生で食味が優れ，耐病性が強く，豊産性で…のように多くの形質について選抜水準を越えることが必要

である．したがって，交配親の選択は多くの形質が総合的に見て優れている親をできるだけ選択することになる．

裂果性の強い品種・系統同士を交雑させると，子個体は裂果性について選抜水準を越えることが難しくなる．そこで，裂果性のある品種・系統を親に使わざるを得ない場合，片親が裂果性を持っていればもう片親には裂果性のない親を用いれば，裂果性について選抜水準を越える個体がある程度出現することが見込まれる．

個々の交配親の組合せの選択は，それぞれの欠点を補うようにして総合的に選抜水準を越える個体の出現率の高い組合せを選択するのが良い．そして，それぞれの形質について，遺伝解析によって選抜水準を越える個体の出現率を推定し，目標とする水準を越える個体の出現率の高い組合せを選択する．また，その出現率に見合った数の子個体を育成することが合理的である．

前述したように，それぞれの形質が独立遺伝する場合，各形質のすべてについて選抜水準を越える個体の出現率は，各形質における出現率の積となる．その出現率の積が1%ならば少なくとも100個体は子個体を育成したい．

また，交雑時には予想できない要因によって目標を達成できない可能性もある．交雑時の情報による予測によって選択した組合せを主体にしつつも，一部にはやや幅広く様々な組合せの交雑も行ったほうが無難である．同程度の出現率を持つ組合せは他にも考えられる場合が多い．また，たとえば，同じ良食味をめざす場合でも果汁の多いことを重視するか，肉質の軟らかいことを重視するかなどによって交配親の選択はいくつか考えられる．すなわち，交配の組合せは1つではなく，選抜水準を超える実生出現率が高いと判断されるいくつかの組合せを選択することとなる．

14.1.4 世代を進めて親集団を漸進的に改良する例

ヨーロッパブドウ生食用品種の持つ，かみ切りやすくて硬い肉質を良食味と決めた場合に，ヨーロッパブドウの良食味と大粒性，アメリカブドウの耐病性（黒とう病，べと病など）を組合せた品種を育成することが目標である場合を考えてみよう．それらの形質が量的形質ならば，良食味・大粒・非耐

病性のヨーロッパブドウ品種（複数）と小粒・耐病性で食味が劣るアメリカブドウ品種（複数）の交雑からは，親となったヨーロッパブドウ品種より小粒で食味は劣るが耐病性は向上した個体が得られる．また，一般にその個体は親のアメリカブドウ品種よりは大粒・良食味で耐病性は劣る．その個体は3つの形質のすべてについて目標である選抜水準を超えていないので，その個体そのものは新品種とできずに淘汰すべきものである．このような個体ばかりが生まれるのでは多くの個体を作出しても目標は達成できない．

そこで，次代の親としては，始めの親となったアメリカブドウ品種やヨーロッパブドウ品種を用いるよりも改良された個体を親として用い，世代を進めるとよい．すなわち，できるだけ耐病性・食味・大粒性の優れた個体をいくつか選んで次代の親とする．この個体はそれらの形質について，ある程度優良な遺伝子を保持しているので，それらの間の交雑を行うことにより，次代ではその遺伝子をより集積させた個体を選抜することが期待できる．

ここで選んだ個体をヨーロッパブドウと交雑すると，その子は食味・大粒性は向上するが，耐病性はその個体より落ちてしまう．早期に実用品種を得たい場合は，このような交配を行うが，耐病性の点で最終的な目標は達成できない．長期をかけて育種を進め，最終目標を達成するには，その実生集団の中で，できるだけ大粒で良食味で耐病性のものを選び，F_1（雑種第1代）どうしを交雑することが望ましい．水準の低い F_1 しか出現しなかった場合は，F_1 とヨーロッパブドウまたはアメリカブドウの交雑をせざるを得ず，世代を重ねて徐々に改良を進める．

14.2 1〜2代で育成する方法

優れたごく少数の母本があり，一代で目標を達成できる見込みがある場合は，この母本に多くの品種・系統を交雑させることができる（図36）．すなわち，いくつかの形質は劣っているが経済栽培できる程度であるような母本が選抜できた場合，これに各形質に少しずつ欠点のある多くの品種・系統を交雑させる方法である．また，総合的に見て優れている主要経済品種に各形質に少しずつ欠点のある多くの品種・系統を交配する場合もこれにあたる．

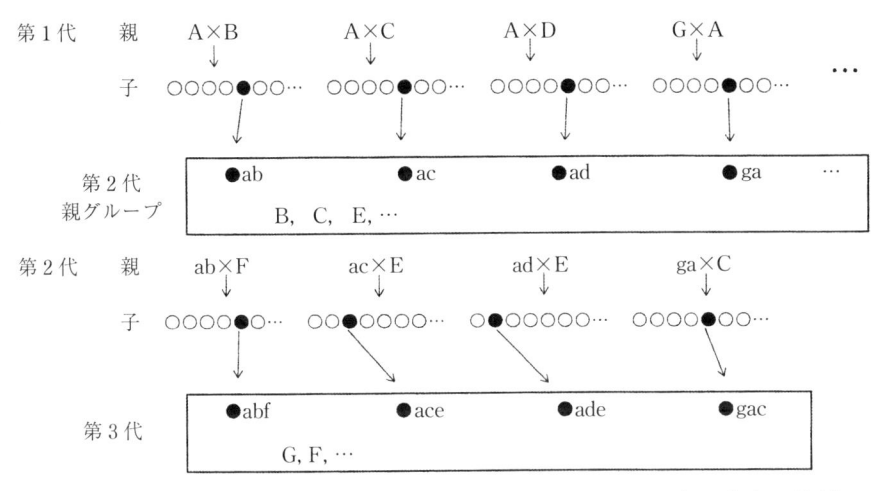

```
第1代  親      A×B          A×C          A×D          G×A
       子    ○○○○●○○…   ○○○○●○○…   ○○○○●○○…   ○○○○●○○…    …
                ↓            ↓            ↓            ↓
       ┌─────────────────────────────────────────────────────────┐
第2代  │    ●ab          ●ac          ●ad          ●ga      … │
親グループ│          B, C, E, …                                    │
       └─────────────────────────────────────────────────────────┘

第2代  親     ab×F         ac×E         ad×E         ga×C
               ↓            ↓            ↓            ↓
       子   ○○○○●○…    ○○●○○○…     ●○○○○○…    ○○○○●○○…
               ↓            ↓            ↓            ↓
       ┌─────────────────────────────────────────────────────────┐
第3代  │    ●abf         ●ace         ●ade         ●gac       │
       │          G, F, …                                        │
       └─────────────────────────────────────────────────────────┘
```

図36 優れたごく少数の母本(図中ではA)があり,この母本に多くの品種・系統を交雑させる場合.
大文字は初めの親集団における品種を示す.小文字はその個体の親および祖先の由来を示す.この交雑は1〜2世代で目標を達成できる見込みがある場合は有効であるが,近親交配をせずに世代を重ねることに困難がある(育成個体はすべてAの子孫となる).

たとえば,カキでは'太秋'は大果で肉質が軟らかく多汁で食味が優れている.しかし,汚損果(条紋の発生)が多いという欠点がある.この場合は条紋発生が少なく,やや食味の優れる近親関係にない様々な品種・系統を交雑させることが考えられる.

このような交配では,子個体の多くは互いに近親関係となってしまうため,近親交配を防ぎながら世代を重ねた交雑を行うのは困難となる.

また,前述したように,経済品種やそれに準じた品種・系統,加えて,欠点はあっても優れた特性を持つ少数の品種・系統が選ばれれば,その中で総あたり交配や無作為交配を行うこともよい.しかし,その場合も,集団が小さければ,世代を重ねると近親交配の程度が高まる.

14.3 遠縁の品種を親として用いる

海外から導入された遺伝資源に母本として優れた品種がある場合,また国

第14章　近親交配を防ぐ育種法

内でも原産地の異なる品種を母本とする場合は，一般に遠縁の交雑となり，近親交配とはならない．1代で育種目標に達することができる場合は特に有効である．1～2代で育種目標に達することができる場合は14.2に準じて考えることもできる．

しかし，一般に，このような場合は，育種目標を達成するのに数世代かかることが多い．野生種に優性の1つの主働遺伝子で支配される耐病性がある場合，耐病性の検定法が確立していれば，野生種と栽培種の雑種を作り，これに栽培種を数代戻し交雑することにより，その耐病性を持つ実用品種が育成できる．各世代で耐病性個体の中でできるだけ良食味・大果等，栽培種に近い形質をもつ個体を選び，近交を防ぐため，様々な栽培品種・系統を交雑させる．

とり入れたい形質が多かったり，多くの遺伝子の関与する量的形質の場合は，14.1に準じた育種となる場合が多い．

たとえば，育種目標として「日本の現在の主要品種である'巨峰'なみの果粒重で，食味の優れた耐病性2倍体ブドウ品種の育成」を考えてみよう．

耐病性遺伝資源を野生種のブドウに求めた場合，果粒は一般に小さく，1～3g程度である．一方，'巨峰'は12～14g程度の果粒重である．

食味の優れた母本としては非耐病性のヨーロッパブドウを用いて，その中で大粒の品種を選べば，9g程度の果粒重の母本品種を選べる．

果粒重9g同士の交雑から12gの果粒重の子個体を得ることはある程度の可能性があると見込まれるが，9gの品種と1～3gの品種とを交雑しても9gの大粒個体は生まれない．その交雑実生から小～中粒の食味のやや優れた耐病性個体を選抜して次代の親とし，その親どうしの交雑からさらに果粒重と食味が前進した耐病性個体を選抜する，といった育種を数世代にわたって行わざるをえない．

耐病性などの1つの形質に着目すると優れた遺伝資源がある場合でも，それを交配親として用い，商品性のある品質や外観を持った新品種を得るまでには数世代の長い年月の投資が必要な場合が多い．

第6編　果樹育種に適合した統計的遺伝解析

　第5編で示した育種では，親と交雑組合せの情報（平均親値，親の表現型値，近交係数など）から個々の交雑における子個体の遺伝子型値の分布を予測し，選抜水準を越える遺伝子型値の子個体がどのくらいの割合で生じるかを推定することが有効である．そして，世代ごとに親集団の遺伝特性の推移，子集団の表現型値の推移，近交係数の推移などについて集団的に把握して戦略を立てるとよい．

　狭義の遺伝率は，ある親個体に集団全体の個体を交雑（あるいは無作為に選ばれた相当数の個体との交雑）して得た平均値によってその親個体の親としての能力を評価しようとする考え方によっている．第5編で示した交雑は，狭義の遺伝率を推定する前提となっている交雑とは異なっている．

　狭義の遺伝率の推定には多くの個体を無作為に交配した集団が必要であるが，現実の果樹育種における親子のデータは，一部の品種・系統のみを多用している場合や大集団における無作為な交配とはいいがたい交配となっている場合が多く，それを仮定するのに困難がある．

　また，狭義の遺伝率は「育種価の分散」の「親の表現型値の分散」に対する割合であり，家系平均値の平均親値に対する回帰係数によって推定される．狭義の遺伝率は，それぞれの家系（組合せ）の中の分離については示さない．しかし，1つの組合せ内の遺伝分散が大きければ，狭義の遺伝率が低くとも選抜水準を越える子個体が得られ，育種が容易な場合がある．

第15章　親の情報から子の遺伝子型値分布を予測する解析

　子個体集団における家系平均値を平均親値によって推定し，「推定された家系平均値」を平均値として，正規分布にしたがって家系内の分離が生じる

ものと仮定しよう．ここで各家系における家系内分散はいずれの家系でも同じと仮定する．

　狭義の遺伝率のように，ある集団遺伝学的仮定を積み上げるのではなく，現実の育種集団から得られるデータを単に統計学的に解析する．狭義の遺伝率の推定では，遺伝子の持つ遺伝効果についてのモデルと交配様式（無作為交配）が仮定され，その前提のもとに推定される．そのような仮定から出発せず，現実の育種集団に統計学的なモデルを近似的にあてはめる．その意味で，その統計学的モデルを当てはめることが可能かどうかの吟味から始める必要がある．もし解析の結果，有効な結果が得られなかった場合，モデルを変えて，より適合するモデルを自ら考えて解析する．とはいえ，一定のモデルを仮定できる遺伝効果がある時に解析モデルに適合する．

15.1 子集団のデータに対する家系を要因とする1元配置の分散分析

15.1.1 子の測定値分散の家系間分散と家系内分散への分割

　子（offspring）の集団における一定の数の家系（family）のデータを用い，家系を要因とする分散分析を行って全分散を家系間分散と家系内分散に分割する．なお，家系とは，ある1つの組合せの両親から生じた子（完全兄弟，full-sib）の集団である．

　mの数の家系について，それぞれnの数の子の測定値が得られているとする．その場合のデータの構造は表31のとおりである．これに対する家系を要因とする1元配置の分散分析を表32のように行う．

$$Y_{ij} = \mu + B_i + W_{ij}$$

Y_{ij}は子の測定値，μは定数（総平均値となる），B_iはi番目の家系の効果（$i=1, 2, \cdots, m$），W_{ij}はi番目の家系のj番目の子の偏差（$j=1, 2, \cdots, n$）を示す．

$$W_{ij} \sim N(0, \sigma_w^2)$$

15.1 子集団のデータに対する家系を要因とする1元配置の分散分析

表31 解析に用いる子のデータ

家系	子測定値						平均値
	子1	子2	子3	子4	…	子n	
No. 1 (A×B)	Y_{11}	Y_{12}	Y_{13}	Y_{14}	…	Y_{1n}	$\overline{Y}_{1\cdot}$
No. 2 (C×D)	Y_{21}	Y_{22}	Y_{23}	Y_{24}	…	Y_{2n}	$\overline{Y}_{2\cdot}$
No. 3 (E×F)	Y_{31}	Y_{32}	Y_{33}	Y_{34}	…	Y_{3n}	$\overline{Y}_{3\cdot}$
…	…	…	…	…		…	…
No. m (S×T)	Y_{m1}	Y_{m2}	Y_{m3}	Y_{m4}	…	Y_{mn}	$\overline{Y}_{m\cdot}$

表32 子の測定値について家系を要因とした1元配置分散分析

変動因	自由度	平方和	平均平方の期待値
家系間	$m-1$	$n\sum_{i=1}^{m}(\overline{Y}_{i\cdot}-\overline{Y}_{\cdot\cdot})^2$	$\sigma_w^2 + n\sigma_b^2$
家系内	$m(n-1)$	$\sum_{i=1}^{m}\sum_{j=1}^{n}(Y_{ij}-\overline{Y}_{i\cdot})^2$	σ_w^2
全体	$mn-1$	$\sum_{i=1}^{m}\sum_{j=1}^{n}(Y_{ij}-\overline{Y}_{\cdot\cdot})^2$	

$\overline{Y}_{i\cdot}$ は $\sum_{j=1}^{n}Y_{ij}/n$ を,$\overline{Y}_{\cdot\cdot}$ は $\sum_{i=1}^{m}\sum_{j=1}^{n}Y_{ij}/(mn)$ を示す.

　この分散分析では,表現型値 Y_{ij} は平均値 $\mu+B_i$ のまわりに家系内分散 σ_w^2 で正規分布し,σ_w^2 はすべての家系で同じであることを仮定している.すなわち,W_{ij} が平均値 0,分散 σ_w^2 で正規分布をすることが仮定されている.$W_{ij} \sim N(0, \sigma_w^2)$ は,W_{ij} の分布が平均値 0,分散 σ_w^2 の正規分布に従うことを示す.そして,家系の効果と「家系内のそれぞれの子による偏差」は加法的に働き,互いに独立であることも仮定している.

　ここでは変量モデルとし,用いた家系は多くある家系から無作為に抽出されたものとし,$R_i \sim N(0, \sigma_b^2)$.

　家系の効果を母数とした分散分析（$\Sigma R_i=0$）も可能であるが,その場合,表32の σ_b^2 は $\Sigma B_i^2/(m-1)$ の量となる.

　$P = X1 + X2 + \cdots + Xn$ のようにある変数（$X1, X2, \cdots$）の項の和で表される変数（P）は,期待値（無限数の標本の平均値）がそれぞれの項の母平均値の和となり,分散はそれぞれの項（$X1, X2, \cdots$）が独立で相関関係がな

ければ，それぞれの項の分散の和となる（第3章）．

この場合，B_i と W_{ij} の相関関係はなく独立な関係とする．相関関係が認められる場合はデータの変数変換を検討する．B_i と W_{ij} が独立であるので Y_{ij} の分散は B_i の分散と W_{ij} の分散の和となる．すなわち，

$$\sigma_T^2 = \sigma_b^2 + \sigma_w^2$$

σ_T^2 は全分散で Y_{ij} の分散，σ_b^2 は家系間分散，σ_w^2 は家系内分散である．

この分散分析は家系ごとに家系内分散が異ならないことを仮定しており，解析に先立って，家系内分散の均一性を Bartlett の検定や Hartley の検定などで検定する（第3章）．

しかし，厳密には，家系内遺伝分散（次ページ）は家系により異なっており，家系内の子の数が少なかったり，環境変異が大きいために，それが検出されないことが多いと考えられる．この解析では，家系内遺伝分散が家系により大きく異ならない場合に近似的にモデルを適用しようとしている．Bartlett の検定などで有意となった場合は，そのことによるモデルからのずれを論議しながら解析を進めるとよい．解析の育種的な有効性は，子の分布について，解析による予測値と実際の観察値のずれを検討することにより論じることができる（第16章）．

このモデルは，それぞれの家系の平均値のまわりに，その家系の子の値が分離による遺伝変異によって正規分布していることを仮定している．そして，それぞれの子の測定値は環境変異によるふれを含んでいる．

子の数が無限大であれば，1つの家系における子の平均値は家系内の偏差が相殺されて0になり，家系の効果 $\mu + B_i$ になる．i 番目の家系の平均値 $\bar{Y}_{i\cdot}$ は $\mu + B_i$ が期待値であるが，現実には各家系平均値 $\bar{Y}_{i\cdot}$ は n 個の子個体の平均値である．測定した子は無作為に選んだものとするが，各家系平均値は選んだ子による誤差を含んでいる．また，さらにその子の値はそれぞれの遺伝子型値ではなく，遺伝子型値に環境偏差が加わっている．

それぞれの子の測定値が，たとえば「すべての子について1樹を用い，そこに結実した5果の果実の平均値とし，年の反復はなかった場合の測定値」

というように，一定の環境条件，測定条件であれば，その測定値の持つ環境条件（非遺伝的条件）によるばらつきは，どの子についても同じ条件となる．環境による偏差は，同じ環境分散をもった集団からの無作為標本と見なすことができる．

この解析をするためには，一定の同じ条件で栽培・測定することが必要であり，ある子は 10 果の果実の平均値，ある子は 3 果というように一定しない場合や，ある子は 2 年の反復の平均値，ある子は 1 年の値というように評価条件が一定でない場合は適当でない．もし，実際の解析にあたって，不統一なデータを用いざるをえなくなった場合は，できるだけそのデータの混入を少なくする．混入させる場合は，それだけ解析の正確さが落ちると考えねばならない．

個々の子の値における環境的（非遺伝的）なばらつきを考慮すると，

$$Y_{ij}=\mu+B_i+W_{ij}=\mu+B_i+(WG)_{ij}+(WE)_{ij}$$

$(WG)_{ij}$ はそれぞれの子の家系内の遺伝的な分離による偏差，$(WE)_{ij}$ はそれぞれの子の非遺伝的（環境）要因（栽培・測定条件）による偏差である．

それぞれが独立な関係とすると，

$$\sigma_T^2=\sigma_b^2+\sigma_{wg}^2+\sigma_{we}^2$$

すなわち，解析に用いた子集団における全分散（σ_T^2）は，家系間分散 σ_b^2（between-family variance），家系内遺伝分散（σ_{wg}^2）（within-family genetic variance）および家系内環境分散（σ_{we}^2）（within-family environmental variance）に分けられる．分散分析によって得られる家系間分散は，各家系における子の数を無限数評価した場合の家系平均値の間の分散であり，環境要因によるふれは無く，遺伝的な分散である．したがって，この子集団の遺伝要因による分散は，家系間分散と家系内遺伝分散との和 $\sigma_b^2+\sigma_{wg}^2$ である．

15.1.2　家系内分散の家系内遺伝分散と家系内環境分散への分割

子の測定値の環境分散がわかれば，15.1.1 で得られた家系内分散から，そ

の環境分散（家系内環境分散）を差し引くと家系内遺伝分散が得られる.

　子の測定値が一定の環境条件，測定条件で得られているならば，その条件における環境分散，すなわち，その圃場の栽培条件・形質の測定条件における環境分散を予め別の試験により推定しておけばよい．その方法は第3章および4章で示した．家系内の遺伝的な分散（σ_{wg}^2）は家系内分散（σ_w^2）から環境分散（σ_{we}^2）を差し引くことによって得られるので，環境分散をできるだけ正確に得る.

$$X_{ijkl} = \mu + G_i + Y_k + (GY)_{ik} + T_{ij} + (TY)_{ijk} + F_{ijkl}$$

X_{ijkl}はi番目の子（遺伝子型）のj番目の樹におけるk番目の年のl番目の果実の測定値，μは定数（総平均値），G_iはi番目の子（遺伝子型）の効果，Y_kはk番目の年の効果，$(GY)_{ik}$はi番目の子（遺伝子型）とk番目の年との交互作用，T_{ij}はi番目の子（遺伝子型）におけるj番目の樹の効果，$(TY)_{ijk}$はi番目の子（遺伝子型）のj番目の樹とk番目の年との交互作用，F_{ijkl}はk番目の年におけるi番目の子（遺伝子型）のj番目の樹におけるl番目の果実の効果（樹内果実間のばらつき）を示す.

　平行移動的な年次変異の分散は，年次変動の補正法により無くすることができ，かわりに補正の誤差による分散が加わる（第4章）．したがって，年次変動の補正を行って得られる個々の子の，年・樹の反復がなく，f果を測定して得られる値の環境分散σ_E^2は，

$$\sigma_E^2 = \sigma_t^2 + \sigma_{gy}^2 + \sigma_{ty}^2 + \frac{\sigma_f^2}{f} + \sigma_{ye}^2 \tag{A}$$

σ_t^2は樹間分散，σ_{gy}^2は遺伝子型と年の交互作用分散，σ_{ty}^2は樹と年の交互作用分散，σ_f^2は果実間分散，σ_{ye}^2は年次変動の補正によって生じる補正の誤差の分散.

　これらの環境分散成分がそれぞれ得られていれば，いかなる反復数の条件でも，環境分散を推定できる．樹，年の反復がある条件でも，樹と年の反復数をそれぞれtおよびyとすれば，

15.1 子集団のデータに対する家系を要因とする1元配置の分散分析 (195)

$$\sigma_E^2 = \frac{\sigma_t^2}{t} + \frac{\sigma_{gy}^2}{y} + \frac{\sigma_{ty}^2}{ty} + \frac{\sigma_f^2}{tyf} + \frac{\sigma_{ye}^2}{y}$$

この場合, σ_E^2 が σ_{we}^2 である.

15.1.3 一定の条件における環境分散の推定

遺伝解析に当たっては, 個々の環境分散成分をすべて必ずしも推定する必要はなく, 遺伝解析に用いる子の栽培・測定条件における環境分散がわかればよい. たとえば,「年の反復のない, 1年1樹5果を用いた場合の環境分散」である. この環境分散を σ_E^2 とし, 15.1.2 の (A) の記号で表すと,

$$\sigma_E^2 = \sigma_t^2 + \sigma_{gy}^2 + \sigma_{ty}^2 + \frac{\sigma_f^2}{5} + \sigma_{ye}^2 \tag{B}$$

たとえば, 20 品種各 1 樹を用い, 果実成熟期に無作為に採取した 5 果の平均値を 5 年間評価したデータを分散分析する. そして, σ_t^2 を無視できれば, この条件における環境分散を推定できる.

各年の各品種(樹)の測定値を品種(樹)と年を要因としてくり返しなしの2元配置分散分析を行った場合のモデルは,

$$X_{ij} = \mu + G'_i + Y_j + E_{ij}$$

X_{ij} は i 番目の品種(樹)の j 番目の年の測定値, μ は定数(総平均値), G'_i は i 番目の品種(樹)の効果, Y_j は j 番目の年の効果, E_{ij} は i 番目の品種(樹)の j 番目の年における誤差

その分散分析表は表 33 のようになる. σ_g^2 は G'_i による分散, σ_y^2 は Y_j による分散, σ^2 は E_{ij} による分散である. 表 33 の σ^2 は, $\sigma^2 - \sigma_{gy}^2 + \sigma_{ty}^2 + \frac{\sigma_f^2}{5}$ である. これに含まれる3つの分散成分については, この試験だけで推定できる.

また, この 5 年間のデータから,「毎年, その条件で評価した対照品種 20 品種(樹)」による年次変動の補正を行うとした場合, その補正によって生じる分散 σ_{ye}^2 は, $\sigma^2/20$ である(第 4 章).

表33 20品種各1樹を用いて5果の平均値を測定し，5年間反復したデータに対する分散分析

変動因	自由度	平均平方の期待値
品種間	19	$\sigma^2 + 5\sigma_g^2$
年次間	4	$\sigma^2 + 20\sigma_y^2$
誤差	76	σ^2

したがって，(B)で示した環境分散 σ_E^2 は，

$$\sigma_E^2 = \sigma_t^2 + \sigma_{gy}^2 + \sigma_{ty}^2 + \frac{\sigma_f^2}{5} + \sigma_{ye}^2$$

$$= \sigma_t^2 + \sigma^2 + \frac{\sigma^2}{20}$$

であるので，σ_t^2 以外の成分は推定できる．

この試験は樹の反復がないため，樹間分散 σ_t^2 は，ここでの σ_g^2 の中に含まれる．樹間分散だけは別の試験により推定する必要があるが，通常の栽培管理では樹勢をコントロールし，いずれの樹の樹勢も中庸とするように管理するので，樹間分散は小さく，無視できる場合は多い．第3章のカキの例では，樹間分散は環境分散成分合計値の 0～3%程度であった．σ_t^2 を無視すれば，

σ_E^2 は $\sigma^2 + \dfrac{\sigma^2}{20}$ となる．

15.2 家系間分散の分割

15.1 では，家系を要因とする1元配置の分散分析により，子集団における形質測定値の分散を家系間分散，家系内遺伝分散，家系内環境分散に分けた．各家系における子の数を無限数にして得られる場合の家系平均値（真の家系平均値）間の分散が家系間分散である．これは家系による遺伝的な違いの大きさを示す指標である．

各家系における子の遺伝的な分布は家系内遺伝分散を持つ正規分布に従い，家系内遺伝分散はいずれの家系でも同じであると仮定した．したがって，それぞれの家系における平均値がわかれば，子の遺伝子型値の分布がわかる．

一般に，遺伝情報のない場合，両親の表現型値または遺伝子型値が大きいほど子の遺伝子型値も大きくなることをを想定して交雑されている場合が多い．そこで，平均親値によって家系による遺伝的な違いが支配されていることを想定して，次のモデルによる解析を行う．平均親値は両親の表現型値の

平均値である．家系平均値はある親の組合せから生じた子の集団（家系）の平均値である．

m 個の家系があり，各家系に n 個の子がある表 31 のデータを解析する．

$$Y_{ij} = \mu + \beta(X_i - \overline{X}) + d_i + W_{ij} \tag{C}$$
$$(i=1, 2, \cdots, m), \quad (j=1, 2, \cdots, n)$$

m は家系の数，n は各家系内の子の数，μ は定数（総平均値），X_i は i 番目の家系における平均親値，$\overline{X}$ は X_i の平均値，β は家系平均値の平均親値に対する回帰係数，d_i は i 番目の「真の家系平均値」の回帰直線からの偏差，W_{ij} は i 番目の家系の j 番目の子における「遺伝的な分離と測定値の環境変異」による家系内偏差を示す．各項は独立とする．

そして，$d_i \sim N(0, \sigma_d^2)$，$W_{ij} \sim N(0, \sigma_w^2)$

これは，15.1 の式 $Y_{ij} = \mu + B_i + W_{ij}$ で B_i が $\beta(X_i - \overline{X})$ と d_i に分割されたモデルである．各要因は独立であり，Y_{ij} の分散は，「家系平均値の平均親値に対する回帰」による分散（σ_r^2），真の家系平均値の「平均親値に対する回帰」からのずれによる分散（σ_d^2），家系内分散（σ_w^2）の和となることが期待される．

各家系平均値（$\overline{Y_{i\cdot}}$）は，以下のように表すことができる．

$$\overline{Y_{i\cdot}} = \mu + \beta(X_i - \overline{X}) + (d_i + \overline{W_{i\cdot}}) = \mu + \beta(X_i - \overline{X}) + E_i$$

ここで $E_i = d_i + \overline{W_{i\cdot}}$．

家系平均値（$\overline{Y_{i\cdot}}$）は，回帰直線の値 $\mu + \beta(X_i - \overline{X})$ と回帰からの偏差 E_i から構成され，さらに，回帰からの偏差 E_i は「回帰からの真の家系平均値のずれ d_i」と「家系内の子 n 個体による偏差の平均値 $\overline{W_{i\cdot}}$」から構成されている．

15.2.1　家系平均値についての解析

簡単のため，まず，家系平均値についての解析を行うこととする．j が登場しないので，j の・を省略し，$\overline{Y_{i\cdot}}$ を YF_i と表記して，まず，くり返しのな

い単純な回帰分析とする（図37）．

$$YF_i = \mu + \beta(X_i - \overline{X}) + E_i = \beta_0 + \beta X_i + E_i$$
$$\beta_0 = \mu - \beta \overline{X}$$

家系平均値（YF_i）の平均親値（X_i）に対する標本回帰係数（b）は，

$$b = \frac{\sum_{i=1}^{m}(X_i - \overline{X})(YF_i - \overline{YF})}{\sum_{i=1}^{m}(X_i - \overline{X})^2}$$

$\overline{X}$ は平均親値の平均値，$\overline{YF}$ は子の家系平均値の平均値である．

$$S_{yy} = \sum_i (YF_i - \overline{YF})^2$$

$$S_{xy} = \sum_i (X_i - \overline{X})(YF_i - \overline{YF})$$

$$S_{xx} = \sum_i (X_i - \overline{X})^2$$

と置くと（応用統計ハンドブック，1999），

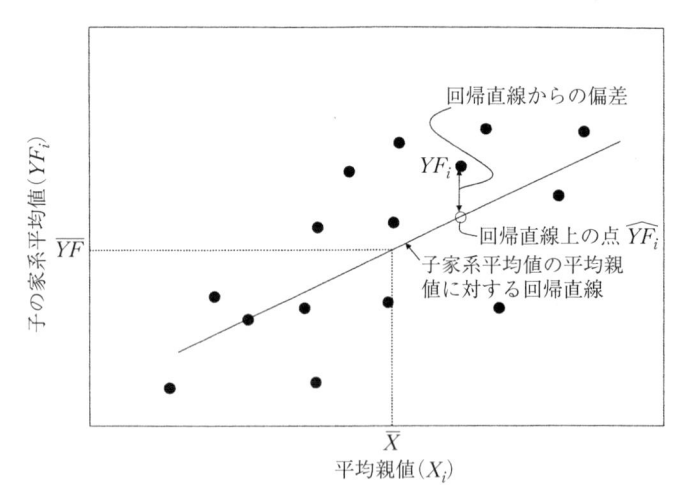

図37　「子の家系平均値」の平均親値に対する回帰

15.2 家系間分散の分割

$$b = \frac{S_{xy}}{S_{xx}}$$

回帰直線上の点 $\widehat{YF_i}$ は，$\widehat{YF_i} = \overline{YF} + b(X_i - \overline{X})$

$$\widehat{YF_i} - \overline{YF} = b(X_i - \overline{X})$$

したがって，回帰による平方和 (S_R) は，

$$S_R = \sum_i (\widehat{YF_i} - \overline{YF})^2 = \sum_i \{b(X_i - \overline{X})\}^2 = b^2 \cdot S_{xx} = \frac{S_{xy}^2}{S_{xx}^2} \cdot S_{xx} = \frac{S_{xy}^2}{S_{xx}}$$

家系平均値について，全体の平方和 (S_{yy}) は，回帰による平方和 (S_R) と回帰からの偏差の平方和 (S_e) すなわち $\Sigma(YF_i - \widehat{YF_i})^2$ に分けられる ($S_{yy} = S_R + S_e$). 全体の平方和のうち回帰による平方和の占める割合 (S_R/S_{yy}) を回帰の寄与率と呼び，r^2 で表す．回帰による平方和は $S_{yy} \cdot r^2$，回帰からの偏差の平方和は $S_{yy} \cdot (1-r^2)$ で表される．

$$r^2 = \frac{S_R}{S_{yy}} = b^2 \cdot \frac{S_{xx}}{S_{yy}} = \frac{S_{xy}^2}{S_{xx} \cdot S_{yy}}$$

r^2 は一般に用いられる相関係数 $r = \dfrac{S_{xy}}{\sqrt{S_{xx}} \cdot \sqrt{S_{yy}}}$ の2乗であり，寄与率または決定係数と呼ばれる．

この回帰についての分散分析は，表34のようになる．表34における平均平方の期待値は，回帰からの偏差を σ^2 とすると，回帰については $\sigma^2 + \beta^2 S_{xx}$ となる（応用統計ハンドブック，1999）．

このように，全体の平方和は「回帰による平方和」と「回帰からの偏差の平方和」に分割できるが，

$$YF_i = \mu + \beta(X_i - \overline{X}) + E_i = \beta_0 + \beta X_i + E_i$$

であり，右辺の各項はそれぞれ相関関係はなく，独立であるので，分散についても同様に分割できる．すなわち，YF_i の分散は，

表34 家系平均値 (YF) の平均親値 (X) に対する回帰についての分散分析

変動因	自由度	平方和	平均平方の期待値
回帰	1	$\{\sum_i (X_i-\overline{X})(YF_i-\overline{YF})\}^2 / \{\sum(X_i-\overline{X})^2\}$ $= S_{xy}^2/S_{xx} = S_{yy} \cdot r^2$	$\sigma^2 + \beta^2 S_{xx}$
回帰からの偏差	$m-2$	$S_{yy} \cdot (1-r^2)$	σ^2
全体 (平均値からの偏差)	$m-1$	$\sum_i (YF_i-\overline{YF})^2 = S_{yy}$	

$$\frac{\sum_{i=1}^{m}(YF_i-\overline{YF})^2}{m-1} = \frac{S_{yy}}{m-1}$$

$\overline{E}$ を E_i の平均値とすると,

$$\begin{aligned}S_{yy} &= \Sigma[\{\beta_0+\beta X_i+E_i\}-\{\beta_0+\beta\overline{X}+\overline{E}\}]^2 \\ &= \Sigma\{\beta(X_i-\overline{X})+(E_i-\overline{E})\}^2 \\ &= \Sigma\{\beta^2(X_i-\overline{X})^2\}+\Sigma(E_i-\overline{E})^2+\Sigma\{2\beta(X_i-\overline{X})(E_i-\overline{E})\}\end{aligned}$$

$(X_i-\overline{X})$ と $(E_i-\overline{E})$ の間には相関関係がなく,それぞれ独立であり,$\Sigma\{2\beta(X_i-\overline{X})(E_i-\overline{E})\}=0$ と期待され,S_{yy} の期待値は,$\beta^2\Sigma(X_i-\overline{X})^2+\Sigma(E_i-\overline{E})^2$

YF_i の分散は $\dfrac{S_{yy}}{m-1}$ であるから,YF_i の分散は次のように期待される.

$$\frac{\beta^2\Sigma(X_i-\overline{X})^2}{m-1}+\frac{\Sigma(E_i-\overline{E})^2}{m-1} = \frac{\beta^2 S_{xx}}{m-1}+\sigma^2 = \beta^2\sigma_x^2+\sigma^2$$

平均親値が $\overline{X}$ の回りに無作為に分布しているとすれば,σ_x^2 は X の分散で,$\beta^2\sigma_x^2$ は回帰によって説明される分散であり,σ^2 は回帰からの偏差の分散である.

15.2.2 子の値をもとにした解析

もとに戻って子の値をもとにした場合の解析を検討しよう.モデルは先にに示した式(C)である(15.2).これは「くり返し測定のある場合の回帰」

15.2 家系間分散の分割

にあたるが，d_i の存在を認めたモデルである．

家系平均値についての解析では，各家系 n の子の平均値を家系平均値として用いた．その家系平均値には家系そのものの遺伝的効果のほか，各家系において平均値を算出するのに用いた子の数によって左右される誤差（家系内の子による偏差，$\overline{W_{i\cdot}}$）が含まれている．家系そのものの遺伝的効果は，「平均親値に対する回帰で説明される効果」と「回帰では説明されない（回帰直線からはずれた）効果」に分けられる．

1家系に n の数の子がある m 家系のデータについて，前述の分散分析では全体の平方和を家系間の平方和と家系内の平方和に分けた．これと，家系平均値に関する回帰の分散分析を結合すると，表35のようになる．

ここで，σ_w^2 は家系内分散，σ_b^2 は家系間分散であり，σ_d^2 は「平均親値に対する回帰」によって説明されない家系間分散の成分，σ_r^2 は回帰によって説明される家系間分散の成分である．

この分散分析に用いるデータは各家系内の子の測定値単位であり，家系間の解析は各家系の子における平方和の和を用いる．この分散分析では，家系平均値を用いた分散分析と比べて，平方和は n 倍となる（平方和に関する計算が n 回くり返された和となる）．すなわち，家系間の部分では，家系平均値を用いた時の分散分析に子の数 n を乗じたものとなっている．

回帰直線上の点を $\hat{Y}_{i\cdot}$（先の記述では $\widehat{YF_i}$），$\overline{Y}_{\cdot\cdot}$ および $\overline{X}$ をそれぞれ「子の

表35 子の測定値に対する分散分析（家系を要因とする1元配置分散分析と回帰の分散分析を結合）

変動因	自由度	平方和	平均平方の期待値
家系間	$m-1$	$n\sum_i (\overline{Y}_{i\cdot} - \overline{Y}_{\cdot\cdot})^2$	$\sigma_w^2 + n\sigma_b^2$
回帰	1	$n\{\sum_i (\overline{Y}_{i\cdot} - \overline{Y}_{\cdot\cdot})(X_i - \overline{X})\}^2 / \{\sum_i (X_i - \overline{X})^2\}$	$\sigma_w^2 + n\sigma_d^2 + n(m-1)\sigma_r^2$
残差	$m-2$	$n\sum_i (\overline{Y}_{i\cdot} - \overline{Y}_{\cdot\cdot})^2 - n\{\sum_i (\overline{Y}_{i\cdot} - \overline{Y}_{\cdot\cdot})(X_i - \overline{X})\}^2 / \{\sum_i (X_i - \overline{X})^2\}$	$\sigma_w^2 + n\sigma_d^2$
家系内	$m(n-1)$	$\sum_i \sum_j (Y_{ij} - \overline{Y}_{i\cdot})^2$	σ_w^2
全体	$mn-1$	$\sum_i \sum_j (Y_{ij} - \overline{Y}_{\cdot\cdot})^2$	

$\sigma_b^2 = \sigma_d^2 + \sigma_r^2$

値の総平均値」および「平均親値の平均値」とする．1つの家系における個々の子については，対応する平均親値は同じである（i 番目の家系については X_i）．

$$S'_{xx} = \sum_{i=1}^{m} \sum_{j=1}^{n} (X_{ij} - \overline{X})^2 = n \sum_{i=1}^{m} (X_i - \overline{X})^2$$

$$S'_{xy} = \sum_i \sum_j (Y_{ij} - \overline{Y_{..}})(X_i - \overline{X}) = n \sum_i (\overline{Y_{i.}} - \overline{Y_{..}})(X_i - \overline{X})$$

$$S'_{yy} = \sum_i \sum_j (Y_{ij} - \overline{Y_{..}})^2$$

とすると，回帰係数 b' は，

$$b' = \frac{S'_{xy}}{S'_{xx}} = \frac{S_{xy}}{S_{xx}} = b$$

となり，家系平均値を用いて計算した回帰係数（b）と同じとなる（以後，回帰係数を b とする）．

$$\hat{Y}_{i.} = \overline{Y_{..}} + b(X_i - \overline{X})$$
$$\hat{Y}_{i.} - \overline{Y_{..}} = b(X_i - \overline{X})$$

回帰の平方和も次に示すように，表34 に示された平方和の n 倍となる．
回帰の平方和は，

$$n \sum_i (\hat{Y}_{i.} - \overline{Y_{..}})^2 = n \sum_i b^2 (X_i - \overline{X})^2 = b^2 S'_{xx}$$

が，

$$b^2 S'_{xx} = \frac{{S'_{xy}}^2}{{S'_{xx}}^2} \cdot S'_{xx} = \frac{{S'_{xy}}^2}{S'_{xx}} \text{ であるので,}$$

$$b^2 S'_{xx} = \frac{\left\{n \sum_i (\overline{Y_i} - \overline{Y_{..}})(X_i - \overline{X})\right\}^2}{n \sum_i (X_i - \overline{X})^2} = \frac{n \left\{\sum_i (\overline{Y_i} - \overline{Y_{..}})(X_i - \overline{X})\right\}^2}{\sum_i (X_i - \overline{X})^2}$$

すなわち，「表34 の回帰の平方和」の n 倍したものになる．

15.2 家系間分散の分割

表 35 の平均平方から得られる分散成分についてみると,

$$Y_{ij} = \mu + \beta(X_i - \bar{X}) + d_i + W_{ij}$$

のうち, $\beta(X_i - \bar{X})$ による分散が σ_r^2, d_i による分散が σ_d^2, W_{ij} による分散が σ_w^2 である. さらに, 家系内環境分散 σ_{we}^2 を σ_w^2 から差し引けば家系内遺伝分散 σ_{wg}^2 が得られる. したがって, 全体の Y_{ij} の分散は, 図 38 のように分けられる.

なお, 表 35 における有意性の検定は以下のとおりである.

平均平方の期待値に従い, 回帰の有意性検定は「回帰の平均平方/回帰からの残差の平均平方」の F 検定により, 回帰からの残差の検定は「回帰からの残差平均平方/家系内の平均平方」によって行う.

表 34 における回帰の有意性検定は,「回帰の平均平方/回帰からの偏差の平均平方」の F 検定 (自由度: 1, $m-2$) による. σ^2 は, 表 35 における分散成分で表すと, YF_i は各家系 n 個の子の平均値であるから,

$$\sigma^2 = \frac{\sigma_w^2}{n} + \sigma_d^2$$

表 35 では, 平方和は表 34 を単に n 倍したものであるから, 表 35 における「回帰の平均平方/回帰からの残差の平均平方」(自由度: 1, $m-2$) は, 表 34 における回帰の有意性検定と同じ検定を行っている.

ここでは, もともと d_i の存在を認めているが, d_i の効果が大きいほど, 回帰のあてはまりが悪いことを示す. すなわち, d_i の効果が大きいほど平均親値から推定した家系平均値 (回帰直線上の点) と実際の真の家系平均値との差が大きく, 望ましくない.

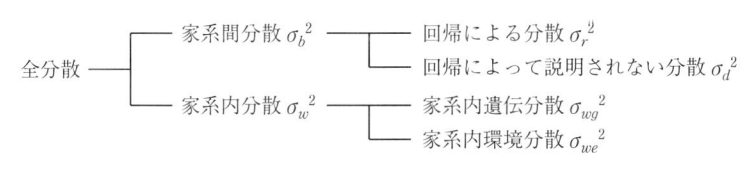

```
                    ┌─ 家系間分散 σ_b²  ┌─ 回帰による分散 σ_r²
                    │                   └─ 回帰によって説明されない分散 σ_d²
全分散 ─┤
                    │                   ┌─ 家系内遺伝分散 σ_wg²
                    └─ 家系内分散 σ_w²  └─ 家系内環境分散 σ_we²
```

図 38　Y_{ij} の分散 (全分散) の構成

15.3 家系平均値が平均親値に対する回帰からずれる要因

15.2 において，「子の家系平均値」が回帰からずれる要因として，真の「子の家系平均値」が真の回帰直線の上にある場合でも，推定された回帰直線が環境変異による誤差によって真の回帰直線と異なっていること，また，真の「子の家系平均値」がもともと遺伝的に回帰直線上になく，それからはずれたところにあることが考えられる．

前者の要因には①平均親値の環境分散が大きく，平均親値が親の遺伝子型値の平均値からずれている，②用いた家系・子の数が少なく，回帰直線を推定する上での誤差が大きいことがある．これについては，親の反復評価や親子のデータ数を増やすことによって回帰のあてはまりを改善することができる．後者の要因には，真に家系間の遺伝的な違いが平均親値以外の要因で決まっている（優性効果がある）ことがある．なお，15.2 の解析では，真の「子の家系平均値」が回帰直線上になく，ずれているのは d_i の効果であり，その存在を認めたモデルとしている．

15.3.1 平均親値の環境変異

すべての測定値は表現型値であるので，平均親値も表現型値の平均値であり，遺伝効果と環境偏差の和となる．親の評価にあたっても，親が一定の条件で評価・測定される必要がある．その条件は，たとえば「1 樹各 10 果 3 年反復」といったように，明確にできることが必要である．そうすれば，その条件のもとでの環境分散を推定できる．

「平均親値に対する子の家系平均値の回帰」は，「親を〜の条件のもとで評価した場合に子の家系平均値を親の値（表現型値）からどの程度説明できるか」ということを示す．親の値が遺伝子型値であれば回帰によって高い程度に説明できる場合でも，親の値が（遺伝子型値をとらえる上での）環境変異による大きい誤差を含んでいれば，回帰によってほとんど説明できないこともありうる．また，平均親値に，親によって5年反復した親も1年しか評

価していない親も混在していては，どのように親を評価した場合の回帰の推定（予測）か，わからないことになる．

(1) 「回帰係数」は平均親値の広義の遺伝率に比例する

$Y=\mu+\beta(X-\overline{X})+E$ の回帰モデルで，X が誤差をもっていると，X の測定値は $X'=X+e$ で表される X' と考えられる．ここで，e は測定誤差であり，平均値 0 をもつ確率変数とする．X' に対する Y の回帰は線形で，$\lambda=\dfrac{\sigma_e^2}{\sigma_X^2}$ とすると，その回帰係数 β' は $\dfrac{\beta}{1+\lambda}$ の不偏推定値である（スネデカー・コクラン，1972）．これは X が正規でなければ，この結果は大標本において成り立ち，λ が小さければ小標本でも近似的に成り立つ．この問題はスネデカー・コクラン（1972）に詳述されている．

15.2.1 に示した $YF_i=\mu+\beta(X_i-\overline{X})+E_i$ の回帰モデルでも，平均親値は「親の遺伝子型値」を真の値とし，それに環境偏差によって誤差が生じると考えられる．平均親値が遺伝子型値の両親平均値である場合と比べて，λ の分だけ回帰係数は小さくなる $\{1/(1+\lambda)$ になる$\}$．σ_g^2 および σ_e^2 をそれぞれ平均親値の遺伝分散および環境分散とすると，

$$\lambda=\frac{\sigma_e^2}{\sigma_g^2}$$

$$1+\lambda=\frac{\sigma_g^2+\sigma_e^2}{\sigma_g^2}=\frac{1}{h_B^2}$$

$$\beta'=\frac{\beta}{1+\lambda}=\beta\cdot h_B^2$$

回帰係数は平均親値の広義の遺伝率に比例することとなり，広義の遺伝率が高いほど，β' は β に近づく．実際には，得られる回帰係数は β' であり，平均親値における広義の遺伝率がわかっていれば，β' から β を推定できる．

$$\beta=\frac{\beta'}{h_B^2}$$

すなわち，親をできる限り反復して評価し，その遺伝子型値をつかんだ時

の回帰係数 β が推定される.

一方,子集団における値は子を評価した時の環境変異によってばらつくわけであるから,親を評価した時の環境変異や広義の遺伝率とは関係がない. ここでの論議は,Y はそのままで X が変化する場合についてである.

(2) 親と子の環境変異

狭義の遺伝率の推定では,Falconer(1960)も親と子の環境変異が異なることは想定していない. さきに見た Hansche(1972)も狭義の遺伝率の推定にあたって親子の環境変異の違いについて考慮していない. しかし,実際の果樹育種における親子データを扱う場合には,その2つの要因が異なる反復数で評価されることが通常である. 多くの育種実生について,反復を多く,すなわち樹数,果実数,年の反復を多く行うことは選抜の効率上,できない. 実際の育種における子の評価データを扱う以上,個々の子のデータは相当に多くの環境変異を含んでいるものとなる. 一方,親のほうは品種・系統数も少なく,反復を多くして評価することが可能である.

子のほうは選抜の一次評価において1年1樹数果程度で評価されて選抜・淘汰が行われる. その後,残された一部の実生は年を反復して評価され,また,多くの果実を結実させて評価し,遺伝子型値をつかむ努力をする中で,さらに選抜を進めていく. 親のほうは,できるだけその遺伝的特性(遺伝子型値)をつかんでから親として用いるかどうか判断される. 評価するのに年の反復や樹の反復も行いうる.

たとえば,遺伝的には裂果性をもっている系統が1年の評価では裂果がまったく生じなかったために遺伝的に裂果性のないものとして判断して交配親に用いると,その系統が翌年または翌々年に大きな裂果を生じてしまい,交配時の判断が誤っていた,というような場合が起こりうる. したがって,育種家はまず親の遺伝的特性を見抜くことが要求されるわけである.

その確実な方法は,一定の決まった栽培管理のもとで年,果実,できれば樹の反復を行って評価することである. 数年間の反復の評価平均値によって,遺伝子型値に近い表現型値を得ることができ,一般にこれによって,親として用いうるべきかどうかを判断することが多い. しかし,この表現型値もあ

る程度の環境変異を含んでいる．形質によってはそれが小さい場合も大きい場合もある．遺伝解析にあたっては，その環境変異の大きさを把握しておくことが必要である．

　この場合，個々の環境変異成分についてはわからなくても，親の表現型値のもつ環境分散についてわかっていればよい．全体の環境分散を構成する環境分散成分がすべてはわからない場合は，次善の策として，つかむことができた環境分散成分の和を一応，親の表現型値の環境分散とし，わからない成分を示した上でその大きさを無視して解析を試みるとよい．実際，親となる品種・系統の評価では，果実の反復，次いで年の反復は比較的容易にできるが，コストと時間の点から樹の反復をすることは容易ではない．

　親についても環境分散の推定方法は第 2 編で示した通りである．

(3) 平均親値の環境分散

　i 番目の組合せ（家系）の親の表現型値を X_{1i} および X_{2i} とすると，平均親値 X_{MPi} は，$X_{MPi} = (X_{1i} + X_{2i})/2$

　X_{1i} と X_{2i} はそれぞれ遺伝子型値（それぞれ G_{1i} および G_{2i} とする）と環境偏差 e_{1i} および e_{2i} を含んでいる．

$$X_{1i} = G_{1i} + e_{1i}$$
$$X_{2i} = G_{2i} + e_{2i}$$
$$X_{MPi} = (G_{1i}/2) + (G_{2i}/2) + (e_{1i}/2) + (e_{2i}/2)$$

X_{MPi} の右辺各項の間に相関はなく，X_{MPi} の分散は各項の分散の和と期待される．e_{1i} と e_{2i} は同じ環境偏差 e_i の集団からの無作為標本で，ともに平均値 0，分散は親を評価した時の環境分散 σ_e^2 で正規分布に従うと仮定できる．$e_{1i}/2$ の分散は $e_i/2$ の分散で，

$$\sum_{i=1}^{n} \{(e_i/2) - 0\}^2/(n-1) - (\Sigma e_i^2)/\{4(n-1)\} - \sigma_e^2/4$$

同様に $e_{2i}/2$ の分散も $\sigma_e^2/4$ であり，X_{MPi} の環境分散は両者の和で $\sigma_e^2/2$ となる．平均親値の環境分散は，親となる品種・系統を評価した時の環境分散

の $\frac{1}{2}$ と考えることができる．

平均親値の遺伝子型値についても，その2つの親が，ある親集団からの無作為標本とみなせるならば，同様に，平均親値の遺伝分散は親集団の遺伝分散の $\frac{1}{2}$ となる．そして，平均親値（表現型値）の分散は親集団の分散の $\frac{1}{2}$ である．

(4)　「回帰」によって説明される分散の割合は平均親値の広義の遺伝率に比例する

15.2.1 の家系平均値についての解析では，平均親値 X に誤差を考えない場合，家系平均値 YF の分散のうち，回帰によって説明される分散は，平均親値の分散を σ_x^2 とすると，$\beta^2 \sigma_x^2$ であった．

また，X に誤差を考え，誤差がある場合の回帰係数を β' とし，誤差がない場合を β とすると，$\beta' = \beta \cdot h_B^2$　(15.3.1 (1))．

平均親値に誤差（環境変異）を考えると，回帰によって説明される分散 $\beta'^2 \sigma_x^2$ は，

$$\beta'^2 \sigma_x^2 = \beta^2 \cdot (h_B^2)^2 \cdot \sigma_x^2 = \beta^2 \cdot \left(\frac{\sigma_g^2}{\sigma_g^2 + \sigma_e^2} \right)^2 \cdot (\sigma_g^2 + \sigma_e^2) = \beta^2 \cdot \sigma_g^2 \cdot h_B^2$$

このように，家系平均値の全分散のうち回帰によって説明される分散の割合は，広義の遺伝率に比例する．平均親値の環境分散が大きいと，回帰によって説明できる分散が減少する．広義の遺伝率が 0 に近ければ，家系間のちがいは回帰によってはほとんど説明できない．解析にあたっては，できるだけ親の値を遺伝子型値に近づける努力をするとともに，その環境変異の大きさをつかむべきである．

15.3.2　用いた家系・子の数が少ないことによる誤差

用いた家系・子の数が少なければ，推定された回帰係数も誤差が大きくなる．15.2.1 の家系平均値の解析（表 34）における標本回帰係数 b の分散は，

15.3 家系平均値が平均親値に対する回帰からずれる要因

家系数が m で，$\dfrac{\sigma^2}{\sum_{i=1}^{m}(X_i-\overline{X})^2}$

その信頼限界は t 分布によって，$b \pm t_{0.05} \cdot \dfrac{\sigma}{\sqrt{\sum(X_i-\overline{X})^2}}$ （自由度 $m-2$）である．したがって，σ が大きいほど，回帰係数の誤差は大きくなる．σ^2 は家系平均値についての回帰からの偏差の分散であり，$\sigma^2 = \dfrac{\sigma_w^2}{n} + \sigma_d^2$ であるので，家系内分散（σ_w^2）が大きいほど，また，家系内個体数（n）が少ないほど σ^2 は大きくなる．

また，平均親値の平方和 $\Sigma(X_i-\overline{X})^2$ は家系 m の数が多いほど大きくなるので，家系の数が多いほうが回帰係数の誤差が少なくなる．

子の家系平均値が回帰直線からはずれていても，回帰係数に誤差があり，回帰直線自体が狂っていたことによる場合がある．精度の高い回帰式を得るためには，家系の数，家系内の子の数をできるだけ多くする必要がある．

なお，σ^2 を一定とすれば，X すなわち平均親値の変異が相対的に狭ければ狭いほど回帰係数の誤差が大きくなる．

また，これまで示してきた分散分析においては，平方和は変動因によって分割することができる．平方和を自由度で除して分散（平均平方）が得られる．平方和は推定値や期待値ではなく，平方和の分割は，実際に得られた数値そのものについて成り立つ．一方，各種分散成分は推定値であり，自由度が大きければこのように期待されるというものである．また，回帰係数も推定値である．これらは自由度が小さいほど誤差が大きくなる．

これまで，$Y=A+B+C+\cdots$ の形で表される場合，右辺の各項が独立であれば，Y の分散は各項の分散の和となることが期待されることを示してきた．$Y=A+B$ について示すと，

$$\sum_{i=1}^{n}(Y_i-\overline{Y})^2 = \Sigma(A_i-\overline{A})^2 + \Sigma(B_i-\overline{B})^2 + 2\Sigma(A_i-\overline{A})(B_i-\overline{B})$$

（$A_i - \overline{A}$）と（$B_i - \overline{B}$）が相関がない場合，n が十分に大きければ，$2\Sigma(A_i - \overline{A})(B_i - \overline{B})$ が 0 となることが期待される．したがって，

$$\Sigma(Y_i - \overline{Y})/(n-1) = \Sigma(A_i - \overline{A})^2/(n-1) + \Sigma(B_i - \overline{B})^2/(n-1)$$

と期待されて，Y の分散は各項の分散の和となるが，n が小さかった場合には $2\Sigma(A_i - \overline{A})(B_i - \overline{B})$ は 0 からずれるため，各項の分散の和とならない．

また，分散の推定は誤差が大きく，できるだけ自由度を大きくする必要がある（第 3 章）．特に，家系間分散の自由度は家系内分散の自由度より一般に小さくなるので，家系の数をできるだけ多くする必要がある．

15.3.3　真の家系間の遺伝的差異（優性効果）

15.3.1 と 15.3.2 では，回帰直線から家系平均値がずれる要因は遺伝的要因ではなく環境要因や誤差であった．しかし，それらによる誤差がなくても，家系平均値が遺伝的に回帰直線からずれる場合はある．これは個々の子の家系平均値が平均親値によって決まっていない場合であり，当然，予想できるものである．むしろ，この遺伝的なずれの存在を認めた上で解析するモデルを考えている．

実際のデータでは家系内個体数が有限であり，むしろ 10 個体以下という少数の場合が一般的である．ここでは，その個体数が無限数あった場合の家系平均値を「真の遺伝的な子の家系平均値」と呼んでいる．ここでは誤差がない場合として，子の家系平均値をその「真の家系平均値」とし，平均親値も環境分散が 0 で真に遺伝的な値を示しているとした場合を考えよう．

10.3.1 では個体の遺伝子型値を「2 倍体において 1 つの遺伝子座を考え，一対の対立遺伝子で遺伝子型が決まっているとする．一対の対立遺伝子を A_1 および A_2 とし，遺伝子型は A_1A_1，A_1A_2，A_2A_2 の 3 つとなる．A_1A_1 と A_2A_2 の値の平均値を 0 とし，それぞれの偏差を $+a$ と $-a$ として，それぞれの遺伝子型値とする（図 22）」とした．

A_1A_2 の遺伝子型値は A_1A_1 と A_2A_2 の平均値である 0 からの偏差 $+d$ とする．d は優性効果を表し，優性がなければ $d=0$，A_1 が A_2 に対し優性であれば d

は正，A_2 が A_1 に対し優性であれば d は負，完全優性であれば d は $+a$ か $-a$ に等しく，超優性であれば d は $+a$ より大きいか $-a$ より小さい．このように決めた遺伝子型値とは個体の遺伝子型値であり，果樹の場合，同一の遺伝子型について栄養繁殖して個体を多く作り，反復調査することにより実際に把握することができる．

実際の形質はポリジーンで決まっている量的形質であるとすれば，上に示した遺伝子座が多く関与して形質の遺伝子型値となっていると考えることができる．また，遺伝子座ごとに遺伝効果が異なる可能性もある．

(1) 優性効果のない場合

まず簡単に，1 つの遺伝子座だけを考えてみよう．優性効果がないものとし，A_1A_2 の遺伝子型値は A_1A_1 と A_2A_2 の遺伝子型値の平均とする．A_1A_1 の遺伝子型値を 1，A_2A_2 の遺伝子型値を 0 とすると，A_1A_2 の遺伝子型値は 0.5 となる．

それぞれの親はいずれかの遺伝子型であるので，平均親値は表 36 に示したものになり，それぞれの遺伝子型の親を交雑した子の平均値，すなわち，子の家系平均値は表 37 に示したものになる．

このように，いずれの組合せの家系においても，家系平均値は平均親値と同じになることが期待される．家系あたりの子個体数が無限数の場合，子の家系平均値は平均親値に一致する．

実際には，1 つの遺伝子座だけではなく，多く（またはいくつか）の遺伝子座が形質の発現に関与していると考えられる．しかし，優性効果がなく，遺伝子型値が相加的な効果だけで決まっているならば，1 つ

表 36 各交雑組合せにおける平均親値
（優性効果のない例）

	A_1A_1	A_1A_2	A_2A_2
A_1A_1	1	0.75	0.5
A_1A_2	0.75	0.5	0.25
A_2A_2	0.5	0.25	0

表 37 各交雑組合せにおける子の平均値（優性効果のない例，表 36 の場合）

	A_1A_1	A_1A_2	A_2A_2
A_1A_1	$A_1A_1 \to 1$	$A_1A_1 : A_1A_2$ $= 1 : 1 \to 0.75$	$A_1A_2 \to 0.5$
A_1A_2	$A_1A_1 : A_1A_2$ $= 1 : 1 \to 0.75$	$A_1A_1 : A_1A_2 : A_2A_2$ $= 1 : 2 : 1 \to 0.5$	$A_1A_2 : A_2A_2$ $= 1 : 1 \to 0.25$
A_2A_2	$A_1A_2 \to 0.5$	$A_1A_2 : A_2A_2$ $= 1 : 1 \to 0.25$	$A_2A_2 \to 0$

の遺伝子座の結果が多くの遺伝子座についても成り立ち，同様の結果となる．たとえば，値の小さいほど早生になるとし，A_2 タイプの遺伝子が多いほど，A_1 タイプの遺伝子が少ないほど値は小さくなるとする．親の平均値が同じであれば，親にヘテロの遺伝子座（A_1A_2 タイプ）が多くても，ホモの遺伝子座（A_1A_1 タイプと A_2A_2 タイプ）が多くても，家系平均値は同じとなる．中生の親同士を交雑しても，早生の親と晩生の親とを掛け合わせても，平均親値が同じであれば子の家系平均値は同じとなる．

(2) 優性効果のある場合

優性効果のある場合は，優性効果が大きいほど，家系平均値が平均親値からずれることが期待される．例として，A_1A_2 の遺伝子型値が 0.7 となる場合を考えよう．

平均親値は表 38，子の平均値は表 39，子の平均値の平均親値からの差は表 40 のようになる．優性効果 d を A_1A_1 の遺伝子型値 1 と A_2A_2 の遺伝子型値 0 の中間の値 0.5 からの偏差とすると，この場合は $d=+0.2$ である．

子の家系平均値の平均親値からの差は，A_1A_1 と A_2A_2 の組合せでは d，A_1A_2 どうしの組合せで $-\dfrac{d}{2}$ となる．他の組合せでは平均親値と家系平均値は一致する．

この結果を見ると，優性効果が「子の家系平均値」の平均親値からの差に及ぼす影響はあまり大きくないことがわかる．

優性効果が非常に大きい場合として，

表 38　各交雑組合せにおける平均親値（優性効果のある例）

	A_1A_1	A_1A_2	A_2A_2
A_1A_1	1	0.85	0.5
A_1A_2	0.85	0.7	0.35
A_2A_2	0.5	0.35	0

表 39　各交雑組合せにおける子の平均値（優性効果のある例，表 38 の場合）

	A_1A_1	A_1A_2	A_2A_2
A_1A_1	$A_1A_1 \to 1$	$A_1A_1 : A_1A_2$ $=1:1 \to 0.85$	$A_1A_2 \to 0.7$
A_1A_2	$A_1A_1 : A_1A_2$ $=1:1 \to 0.85$	$A_1A_1 : A_1A_2 : A_2A_2$ $=1:2:1 \to 0.6$	$A_1A_2 : A_2A_2$ $=1:1 \to 0.35$
A_2A_2	$A_1A_2 \to 0.7$	$A_1A_2 : A_2A_2$ $=1:1 \to 0.35$	$A_2A_2 \to 0$

A_1A_1 の遺伝子型値が 1, A_2A_2 の遺伝子型値が 0, A_1A_2 の遺伝子型値が 2 である場合を考えてみよう ($d=1.5$ の超優性). 子の家系平均値と平均親値との差は A_1A_1 と A_2A_2 の組合せで +1.5, A_1A_2 どうしの組合せで -0.75 であるが, 他の組合せでは平均親値と子の平均値は一致する. 9 つの組合せのうち 6 つは平

表40 平均親値と子の家系平均値との差（優性効果のある例, 表 39 の場合）

	A_1A_1	A_1A_2	A_2A_2
A_1A_1	±0	±0	+0.2
A_1A_2	±0	-0.1	±0
A_2A_2	+0.2	±0	±0

均親値と子の家系平均値が一致する. 9 つの組合せの平均親値との平均的な差は約 0.42 となる.

実際の 1 つの品種・系統（遺伝子型）では, ある形質を支配する多く（いくつか）の遺伝子座があり, $A_1A_1B_2B_2C_1C_2D_2D_2E_1E_2F_1F_1\cdots$ のように, 様々な対立遺伝子の組合せを持っていると考えられる. それらの遺伝子座が相加的に, また優性効果やエピスタシス効果を持ってその形質を支配しているモデルが考えられる. また, それぞれの遺伝子座における遺伝効果も異なることも考えられる. 優性効果やエピスタシス効果の大きさも不明である.

しかし, 優性効果があれば, 少なくともそれが原因で遺伝的に子の家系平均値が平均親値からずれる可能性があり, d_i の効果が存在しうる.

より詳細な遺伝的しくみを解明するには, 生理学や分子生物学などの研究手法も用いる必要がある. その解明は可能であろうが容易ではない. 育種を進める上でまず必要なのは, 遺伝的なしくみはブラックボックスの中であっても, 実用的に平均親値またはその他の親の持つ情報から子の遺伝子型値の分布を予測することである.

15.4 親と交雑組合せの情報から子の遺伝子型値の分布を予測する

ある集団を用いて解析した結果を用い, 新たなある 1 つの組合せの交雑から生じる子の家系平均値と個々の子の遺伝子型値の分布について予測するものとする. すなわち, その新たな 1 つの組合せは, 解析した集団と同様のものと考えている（きわめて遠縁の品種を用いた交雑などでは遺伝的状況が異

なる).

15.4.1 家系平均値を予測するモデル

1つの新たな親の組合せから生じる子の平均値(家系平均値)を,その平均親値を用いて,それまでに解析した集団における家系平均値の平均親値に対する回帰によって予測する.その平均親値はすでに解析に用いられた親と同じ評価条件で評価されたものとする(環境変異が同じ).しかし,15.3 で示したように,真の家系平均値が,推定された回帰からずれていることが考えられ,その効果 (d) を加味したモデルとする.

子個体の遺伝子型値 Y_g についてのモデルを示すと,

$$Y_g = \mu + b(X - \overline{X}_c) + d + W_g$$

X はある1つの新たな組合せの平均親値,$\overline{X}_c$ は解析に用いた集団の平均親値の平均値,μ は定数で解析に用いた集団の子の総平均値,b は解析により得られた家系平均値の平均親値に対する回帰係数,d はある1つの組合せの家系平均値の回帰直線からの偏差,W_g は家系内の遺伝的な分離による偏差である.μ, b, $\overline{X}_c$ は定数であり,d と W_g はそれぞれ平均値0を持ち,それぞれ解析により得られた分散 σ_d^2 および σ_{wg}^2 で正規分布に従うと仮定する.

この状況を図に示すと,図 39 のようになる.この新たな1つの組合せについては平均親値 X がわかっているので,回帰直線上の点を Y_r とすると,

$$Y_r = \mu + b(X - \overline{X}_c)$$

この式では,X を $\overline{X}_c$ からの偏差で表しているが,$Y_r = bX + (\mu - b\overline{X}_c)$ と変形できる.

回帰直線から d だけずれた点が家系平均値の推定値であり,その家系平均値から家系内の遺伝的分離によりばらついている点が個々の子個体の遺伝子型値である.

d がその組合せの交雑から生じた家系についてどれだけの大きさであるかは,これまでの解析からは特定することはできない.これまでの解析では家系によって d の値が異なっており,それが正規分布に従ってばらついている

15.4 親と交雑組合せの情報から子の遺伝子型値の分布を予測する (215)

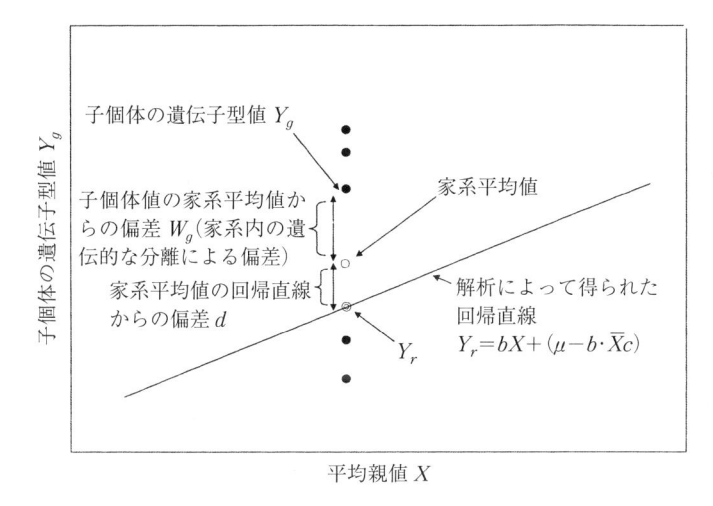

図39 1つの家系における子個体の遺伝子型値（Y_g）の平均親値（X）からの推定モデル．●はそれぞれ子個体の遺伝子型値を示す．

と考えてきた．したがって，ここでは d はある確率で生じると考える．

家系内の分離によるばらつきも，正規分布すると仮定している．家系内遺伝分散 σ_{wg}^2 で示されるこの大きさはいずれの家系においても同じであることも仮定している．

$$Y_g = Y_r + d + W_g$$

となり，Y_r は回帰直線より推定された定数と考える．Y_g は Y_r のまわりに d と W_g によって分布している．d と W_g は相関がなく独立であるので，Y_g の分散は $\sigma_d^2 + \sigma_{wg}^2$ である．すなわち，Y_g は平均値 Y_r，分散 $\sigma_d^2 + \sigma_{wg}^2$ で正規分布すると考えることができる．

のちにカキの果実成熟期，果実重，糖度を解析した例を示すが，その場合，d の効果は無視できるほど小さかった．この場合は σ_d^2 の効果を無視し，Y_g は，直接，回帰直線のまわりに σ_{wg}^2 で正規分布に従うモデルを採用した（Yamada et al., 1994a, 1995, 1997）．σ_d^2 が大きいほど家系平均値を予測する精度が落ちることになるので，解析にあたってはできるだけ誤差と環境変異を排除できることが望ましい．

15.4.2 一定の選抜水準を超える遺伝子型値を持つ子個体の出現率の予測

次に，一定の選抜水準を超える遺伝子型値を持つ子個体の出現率を計算しよう．子個体の遺伝子型値 Y_g は，平均値 Y_r のまわりに $\sigma_d^2 + \sigma_{wg}^2$ で正規分布する．正規分布は，確率変数 x が平均 m，分散 σ^2 の場合に，

$$y = \frac{1}{\sigma\sqrt{2\pi}} e^{-\frac{(x-m)^2}{2\sigma^2}}$$

という関数で示される y の分布である．特に $m=0$，$\sigma^2=1$ の場合を標準正規分布と呼ぶ．$z = \frac{x-m}{\sigma}$ とおくと，標準正規分布となり，

$$y = \frac{1}{\sqrt{2\pi}} e^{-\frac{z^2}{2}}$$

図 40 に示す標準正規分布において $z=u$ の時の上側確率 $Q(u)$ は，

$$Q(u) = \int_u^\infty \frac{1}{\sqrt{2\pi}} e^{-\frac{z^2}{2}} dz$$

$Q(u)$ は Hastings，Haward，Wong（1955）の近似式を用いて計算できる（山田 2006.12）．Microsoft の Excel では標準正規分布の上側確率は関数 NORMSDIST を用いて容易に算出できる．下側確率は，$1 - Q(u)$ により計算

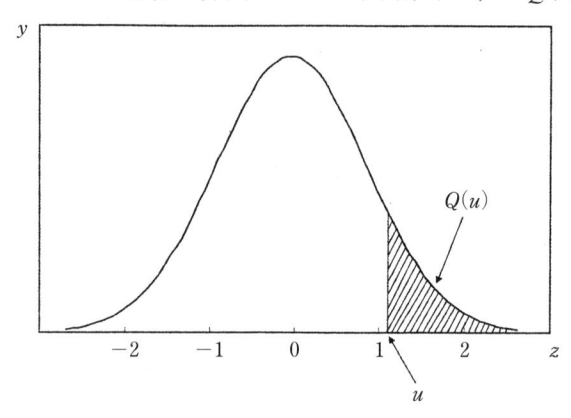

図 40　標準正規分布における $z=u$ の時の上側確率 $Q(u)$

15.4 親と交雑組合せの情報から子の遺伝子型値の分布を予測する (217)

できる.

標準化するために,

$$z = \frac{x - Y_r}{\sqrt{\sigma_d^2 + \sigma_{wg}^2}}$$

とおき, 選抜水準を u とすれば, 選抜水準 u を超える遺伝子型値をもつ子個体の確率が $Q(u)$ により与えられる.

第 16 章　解析例

16.1　ブドウの肉質

これまで示してきた統計的遺伝解析の方法を実際に用いて計算する場合にはデータの数値例があるとよい．そこで，Sato *et al.*（2006）が 2 倍体ブドウの肉質について解析した例を示す．この研究では，欧米雑種ブドウの品質育種で重要な肉質について，噛み切れやすさと硬さの 2 要因について解析しているが，ここでは，噛み切れやすさについての解析を示す．解析の結果，σ_d^2 はほとんどなく，平均親値から精度高く子の遺伝子型値の分布を予測できた．

Sato *et al.*（2006）は，ブドウの肉質をレオメーターを用いて器械的に測定し，その遺伝解析を行った．数値の大きいほうが噛み切れにくいことを示す．育種目標は，耐病性・大果性・耐裂果性などを持ち，噛み切れやすくて硬い肉質の新品種を育成することであった．

解析した測定値のデータは表 41 に示したとおりで，23 家系各 8 個体の子のデータがある．それぞれの子個体について，1 年 1 樹 1 果房 5 粒の測定を行い，その平均値をその子個体の値として用いる．解析のモデルは，

$$Y_{ij} = \mu + \beta(X_i - \bar{X}) + d_i + W_{ij}$$
$$(i=1, 2, \cdots, m), (j=1, 2, \cdots, n)$$

m は家系の数であり 23，n は家系内の子の数であり 8，Y_{ij} は i 番目の家系の j 番目の子個体の値である．μ は定数（総平均値），X_i は各家系における平均親値（両親の表現型値の平均値），$\bar{X}$ は X_i の平均値，β は家系平均値の平均親値に対する回帰係数，d_i は各家系平均値の回帰直線からの偏差，W_{ij} は i 番目の家系の j 番目の子における遺伝的な分離と測定値の環境変異による家系内偏差を示す．各要因は互いに独立とする．

$$\sum_{i=1}^{23}(X_i - \bar{X}) = 0 \qquad d_i \sim N(0, \sigma_d^2), \ W_{ij} \sim N(0, \sigma_w^2)$$

表 41　ブドウ 23 家系 184 子個体の肉質変形量測定値

子個体番号	家系番号											
	1	2	3	4	5	6	7	8	9	10	11	12
1	2.3	3.5	2.2	1.6	1.7	1.7	3.3	5.7	2.8	2.7	2.0	3.5
2	2.1	1.6	1.9	1.5	2.4	1.8	2.6	2.5	3.9	2.4	1.9	3.1
3	1.1	2.3	1.1	2.7	1.3	1.4	2.3	2.9	3.1	2.5	2.6	2.3
4	3.7	1.8	2.1	2.7	2.0	2.2	4.1	3.1	1.6	1.5	2.2	3.0
5	2.1	4.0	1.9	2.4	1.5	2.8	2.9	3.8	2.2	1.1	2.9	5.6
6	3.9	1.8	1.8	2.6	1.8	1.7	4.6	4.3	2.9	1.5	1.1	2.4
7	1.5	2.4	1.5	2.8	2.8	1.5	1.1	5.9	2.9	1.8	1.2	1.7
8	1.3	1.7	2.5	1.3	1.5	1.4	1.8	4.9	4.1	2.5	2.5	2.1
平均	2.250	2.388	1.875	2.200	1.875	1.813	2.838	4.138	2.938	2.000	2.050	2.963
標準偏差	1.046	0.897	0.430	0.623	0.506	0.476	1.156	1.285	0.816	0.598	0.644	1.216

子個体番号	家系番号										
	13	14	15	16	17	18	19	20	21	22	23
1	1.0	1.2	3.0	1.3	3.2	2.0	1.3	3.0	1.5	5.6	2.4
2	2.0	2.4	1.0	2.2	1.6	1.5	2.1	2.0	1.8	5.9	1.9
3	1.5	3.1	2.1	1.9	4.2	1.6	1.6	1.6	1.8	5.1	2.2
4	2.3	1.4	1.3	1.9	4.2	1.7	1.5	1.9	1.4	6.0	1.9
5	1.0	6.3	1.9	1.9	3.6	1.9	1.9	3.9	1.5	2.5	2.6
6	1.2	1.6	2.3	5.3	1.8	2.6	1.9	1.5	1.7	3.4	2.3
7	1.2	2.9	1.1	2.3	2.6	2.0	1.6	2.3	1.9	5.5	1.5
8	2.4	2.0	2.1	2.5	2.3	2.4	2.2	2.2	1.4	3.8	1.2
平均	1.575	2.613	1.850	2.413	2.938	1.963	1.763	2.300	1.625	4.725	2.000
標準偏差	0.578	1.640	0.680	1.221	1.021	0.381	0.311	0.796	0.198	1.313	0.472

16.1.1　家系を要因とする 1 元配置分散分析

(1) 平均値と標準偏差との相関関係と対数変換

　もとのデータのままでは，各家系の平均値と標準偏差の間に相関関係がある（$r=0.74^{**}$）（図 41）．分散分析を行う上では，それぞれの要因が加法的に働き，いずれの家系でも家系内分散が異ならないことが仮定されている．各測定値の対数変換を行うと，平均値と標準偏差との関係が有意でなくなった（$r=0.29^{NS}$）（図 42）．なお，対数変換値は，元の値を Y とすると，$\log_{10}Y$ である

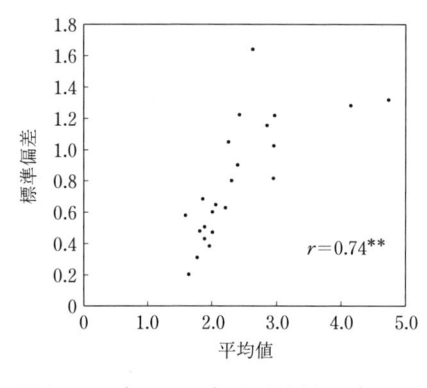

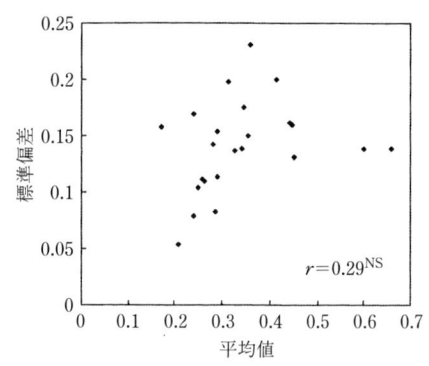

図41 原データの家系平均値と家系内標準偏差との関係

図42 対数変換値の家系平均値と家系内標準偏差との関係

(Microsoft の Excel では，関数 LOG10(Y) により得られる)．以後の解析は対数変換値を用いて行う．

(2) 家系ごとの分散の均一性の検定

各家系ごとに家系内分散が異ならないことが分散分析の仮定であるので，Bartlett の検定により各家系の分散が有意に異なるかを検定する（表42）．

Bartlett の検定は以下のとおりである．

a 個の分散推定値 s_i^2 があり，それぞれの自由度が f である時，

$$M = 2.3026 f(a\log_{10}\bar{s}^2 - \Sigma\log_{10}s_i^2)$$

ここで $\bar{s}^2 = \Sigma s_i^2/a$

$$C = 1 + \frac{a+1}{3af}$$

各 s_i^2 は同じ σ^2 の推定値であるという帰無仮説のもとでは，M/C が近似的に，自由度 $a-1$ の χ^2 分布をする（スネデカー・コクラン，1972）．ここでは $a=23$，$f=7$ である（各家系内分散の自由度は 8-1 で 7）．

$$M = 2.3026 \times 7 \times \{23 \times (-1.6706) - (-40.1623)\} = 28.0215$$

表 42 ブドウ 23 家系 184 子個体の肉質変形量測定値の対数変換値

子個体番号	家系番号								
	1	2	3	4	5	6	7	8	9
1	0.362	0.544	0.342	0.204	0.230	0.230	0.519	0.756	0.447
2	0.322	0.204	0.279	0.176	0.380	0.255	0.415	0.398	0.591
3	0.041	0.362	0.041	0.431	0.114	0.146	0.362	0.462	0.491
4	0.568	0.255	0.322	0.431	0.301	0.342	0.613	0.491	0.204
5	0.322	0.602	0.279	0.380	0.176	0.447	0.462	0.580	0.342
6	0.591	0.255	0.255	0.415	0.255	0.230	0.663	0.633	0.462
7	0.176	0.380	0.176	0.447	0.447	0.176	0.041	0.771	0.462
8	0.114	0.230	0.398	0.114	0.176	0.146	0.255	0.690	0.613
平均	0.312	0.354	0.262	0.325	0.260	0.247	0.416	0.598	0.452
標準偏差	0.199	0.149	0.110	0.136	0.112	0.104	0.200	0.139	0.131
分散	0.040	0.022	0.012	0.019	0.012	0.011	0.040	0.019	0.017
分散の対数値	−1.402	−1.653	−1.915	−1.731	−1.903	−1.969	−1.396	−1.716	−1.764
平均親値	0.532	0.429	0.306	0.337	0.340	0.315	0.523	0.715	0.505

子個体番号	家系番号								
	10	11	12	13	14	15	16	17	18
1	0.431	0.301	0.544	0.000	0.079	0.477	0.114	0.505	0.301
2	0.380	0.279	0.491	0.301	0.380	0.000	0.342	0.204	0.176
3	0.398	0.415	0.362	0.176	0.491	0.322	0.279	0.623	0.204
4	0.176	0.342	0.477	0.362	0.146	0.114	0.279	0.623	0.230
5	0.041	0.462	0.748	0.000	0.799	0.279	0.279	0.556	0.279
6	0.176	0.041	0.380	0.079	0.204	0.362	0.724	0.255	0.415
7	0.255	0.079	0.230	0.079	0.462	0.041	0.362	0.415	0.301
8	0.398	0.398	0.322	0.380	0.301	0.322	0.398	0.362	0.380
平均	0.282	0.290	0.444	0.172	0.358	0.240	0.347	0.443	0.286
標準偏差	0.141	0.154	0.159	0.157	0.231	0.169	0.175	0.161	0.083
分散	0.020	0.024	0.025	0.025	0.053	0.028	0.030	0.026	0.007
分散の対数値	−1.699	−1.624	−1.597	−1.609	−1.273	−1.546	−1.516	−1.587	−2.165
平均親値	0.508	0.486	0.535	0.315	0.506	0.327	0.476	0.404	0.384

表42 続き

子個体番号	家系番号					平均値	平均値の対数値	和
	19	20	21	22	23			
1	0.114	0.477	0.176	0.748	0.380			
2	0.322	0.301	0.255	0.771	0.279			
3	0.204	0.204	0.255	0.708	0.342			
4	0.176	0.279	0.146	0.778	0.279			
5	0.279	0.591	0.176	0.398	0.415			
6	0.279	0.176	0.230	0.531	0.362			
7	0.204	0.362	0.279	0.740	0.176			
8	0.342	0.342	0.146	0.580	0.079			
平均	0.240	0.342	0.208	0.657	0.289			
標準偏差	0.078	0.138	0.053	0.139	0.113			
分散	0.006	0.019	0.003	0.019	0.013	0.02135	-1.6706	
分散の対数値	-2.214	-1.722	-2.551	-1.717	-1.894			-40.1623
平均親値	0.270	0.367	0.253	0.748	0.332	0.431		

$$C = 1 + \frac{23+1}{3 \times 23 \times 7} = 1.0497$$

$M/C = 26.69$

$df = 22$ で,$0.25 > P > 0.10$ であり,5%水準で有意とならなかった.

なお,Bartlett の検定は f が 5 より小さい時は適当ではない(スネデカー・コクラン,1972).

(3) 家系を要因とする1元配置の分散分析

「子の値」について家系を要因とする1元配置の分散分析を行う(Excel の分析ツールで可能).表43 の分散分析表を得る.

表43. 家系を要因とする1元配置分散分析

変動因	平方和	自由度	平均平方	F値
家系間	2.45165	22	0.11144	5.22**
家系内	3.43702	161	0.02135	
計	5.88867	183		

16.1.2 「子の家系平均値」の平均親値に対する回帰

「子の家系平均値」の平均親値に対する回帰分析を行う（Excelの分析ツールで可能）．表44の解析結果を得る．

回帰式 $YF = 0.781X + 0.003$

X：平均親値　YF：子の家系平均値の推定値

表44　「子の家系平均値」の平均親値に対する回帰と分散分析

	自由度	平方和	平均平方	F値
回帰	1	0.230227	0.2302	63.42**
残差	21	0.076230	0.0036	
計	22	0.306457		

	係数	標準誤差
切片	0.0033	0.044114
回帰係数	0.7810	0.098073

16.1.3　2つの結合

表43の分散分析表のうち，家系間の平方和を回帰によって説明される平方和と説明されない平方和（残差平方和）に分ける．

表44の回帰分析の分散分析表の平方和に家系内の子の数である8を掛けた数字を用い，表45の分散分析表を作る．

表45の分散分析表の平均平方の期待値から，分散成分 σ_w^2, σ_b^2, σ_r^2, σ_d^2 の推定値を得る（表46）．たとえば，残差平均平方から家系内平均平方を引いた値に家系内の子の数の8で割って σ_d^2 を得る．

$$\sigma_d^2 = (0.02904 - 0.02135)/8 = 0.00096$$

表45　結合した分散分析表

	自由度	平方和	平均平方	平均平方の期待値
家系間	22	2.45165	0.11144	$\sigma_w^2 + n\sigma_b^2$
回帰	1	1.84182	1.84182	$\sigma_w^2 + n\sigma_d^2 + n(m-1)\sigma_r^2$
残差	21	0.60984	0.02904	$\sigma_w^2 + n\sigma_d^2$
家系内	161	3.43702	0.02135	σ_w^2

$m = 23$, $n = 8$

別の試験 Sato et al. (2000) で得た環境分散成分の推定値から1年1樹1果房5粒測定の環境分散の推定値を得た (σ_{we}^2).

$$\sigma_w^2 - \sigma_{we}^2 = \sigma_{wg}^2$$

により，家系内遺伝分散推定値 (σ_{wg}^2) を得る．

ここでは，年次変動の補正は行っていない．Sato et al. (2000) は，ブドウの表現型値 P を以下のように各要因の加法モデルで表している．

$$P = \mu + G + V + C + B + Y + (GY) + (VY)$$

μ：定数（実生集団総平均値），G：遺伝子型の効果，V：遺伝子型内樹の効果，C：樹内果房の効果，B：果房内果粒の効果，Y：年の効果，(GY)：遺伝子型と年の交互作用，(VY)：樹と年の交互作用

μ と G 以外は環境要因である．各環境要因の分散を，V は σ_V^2，C は σ_C^2，B は σ_B^2，Y は σ_Y^2，(GY) は σ_{GY}^2，(VY) は σ_{VY}^2，で表し，樹，果房，果粒および年について v, c, b および y をそれぞれの反復数とすると，測定値の環境分散 σ_E^2 は次のようになる（第4章）．

$$\sigma_E^2 = \frac{\sigma_V^2}{v} + \frac{\sigma_C^2}{vc} + \frac{\sigma_B^2}{vcb} + \frac{\sigma_Y^2}{y} + \frac{\sigma_{GY}^2}{y} + \frac{\sigma_{VY}^2}{vy}$$

レオメーターで測定した肉質変形量（噛み切れにくさ）測定値の対数変換値の推定環境分散成分は，Sato et al. (2000) によると，単位を $\times 10^{-2}$ として，

表46 推定された分散成分

分散成分	推定値	
家系間分散 (σ_b^2)	0.0113	(35%)
回帰によって説明される分散 (σ_r^2)	0.0103	(32%)
回帰によって説明できない分散 (σ_d^2)	0.0010	(3%)
家系内分散 (σ_w^2)	0.0213	(65%)
家系内遺伝分散 (σ_{wg}^2)	0.0152	(46%)
家系内環境分散 (σ_{we}^2)	0.0061	(19%)
全体	0.0326	(100%)

$\sigma_V^2 : 0$, $\sigma_C^2 : 0.14$, $\sigma_B^2 : 1.12$, $\sigma_Y^2 : 0.07$, $\sigma_{GY}^2 : 0.15$, $\sigma_{VY}^2 : 0.03$

1年1樹1果房5果粒の測定値については，$v=1$，$c=1$，$b=5$，$y=1$であり，

$$\sigma_E^2 = \frac{0}{1} + \frac{0.14}{1} + \frac{1.12}{5} + \frac{0.07}{1} + \frac{0.15}{1} + \frac{0.03}{1} = 0.614$$

これを環境分散 σ_{we}^2 として用いると，

$$\sigma_{wg}^2 = \sigma_w^2 - \sigma_{we}^2 = 0.02135 - 0.00614 = 0.01521$$

16.1.4 選抜水準を下回る遺伝子型値を持つ子の出現率の推定

育種目標が噛み切れやすい肉質の品種を作ることにあるので，選抜水準を下回る遺伝子型値を持つ子の出現率を推定する．

16.1.2 で得た回帰式により家系平均値を推定し，子の値は家系平均値を平均値，σ_{wg}^2 を分散とする正規分布に従うことを仮定する（ここでは σ_d^2 が非常に小さかったので，これを無視し，σ_{wg}^2 のみを分散として確率計算をおこなうが，一般には，$\sigma_{wg}^2 + \sigma_d^2$ を分散として用いる）．たとえば，原測定値の尺度で 1.5mm を選抜水準とした場合，対数変換値で平均親値を X とすると，

表 47 選抜水準を下回る遺伝子型値を持つ子の出現率の推定
　　回帰式　　$YF = 0.781X + 0.003$
　　X：平均親値　YF：子の家系平均値の推定値

平均親値 (mm)	回帰による子の家系平均値の推定値 (対数変換値)	選抜水準1.5mm以下の偏差 Z (対数変換値)	確率	選抜水準2.5mm以下の偏差 Z (対数変換値)	確率
1.5	0.140527	0.288367	0.613467	2.087207	0.981565
2.0	0.238104	-0.502828	0.307543	1.296012	0.902514
2.5	0.313791	-1.116526	0.132098	0.682313	0.752479
3.0	0.375632	-1.617955	0.052836	0.180885	0.571771
3.5	0.427917	-2.041906	0.020580	-0.243067	0.403977
4.0	0.473209	-2.409150	0.007995	-0.610310	0.270828
4.5	0.513159	-2.733081	0.003137	-0.934242	0.175090
5.0	0.548896	-3.022848	0.001252	-1.224009	0.110474
5.5	0.581223	-3.284974	0.000510	-1.486135	0.068622

$$YF = 0.781\,X + 0.003$$

により子の家系平均値 YF の推定値を得る.

$$Z = \frac{\log_{10}(1.5) - YF}{\sigma_{wg}}$$

により標準化した偏差値 Z を得,選抜水準を下回る遺伝子型値を持つ子の出現率を得る(表 47).(Excel では関数を用い,NORMSDIST(Z)を用いて算出できる)

16.2 カキの1つの交雑実生集団における3形質の解析

Yamada *et al.*(1994a,1995,1997)は,カキ育種で高接ぎにより育成した 39 家系,計 117 の子の集団について,果実成熟期,果実重,糖度を解析した.同一の交雑実生集団でも形質により遺伝的状況は大きく異なっていた.これは実際の育種集団が,狭義の遺伝率が前提とする無作為交配の大集団と異なっていることを示す例である.このような場合,1 つの交雑実生集団を用い,形質ごとに親子回帰による狭義の遺伝率の比較をすることはできない.

16.2.1 果実成熟期

果実成熟期は,スコアを与えて数値化した(1=9 月下旬,2=10 月上旬,…,8=12 月上旬).1982~1985 年に結実した子のうち,いずれかの年に 10 果程度結実したものを選んだ.すなわち,子についてはデータの年の反復は無く,1 年の評価データを用いた.親の評価データは,1 樹を用い,1 樹につき 35 果を評価し,1984~1986 年の 3 年間,反復調査を行って得た平均値とした.

それぞれのデータは第 4 章に示した方法で年次変動を補正した.毎年,果実形質を評価した 19 対照品種・系統の年ごとの平均値を求めた.1982~1985 年の各年の年平均値の,1988 年(基準年)の年平均値からの偏差を各

年の年偏差とした．各年の親，子のデータから年偏差を差し引くことにより，年次変動を補正した．

モデルを以下のとおりとし，16.1 と同様に回帰分析と分散分析を行った．

$$Y_{ij} = \mu + \beta(X_i - \overline{X}) + d_i + W_{ij}$$
$$(i=1, 2, \cdots, m), (j=1, 2, \cdots, n)$$

$$\sum_{i=1}^{39}(X_i - \overline{X}) = 0 \quad d_i \sim N(0, \sigma_d^2) \quad W_{ij} \sim N(0, \sigma_w^2)$$

家系を要因とした1元配置分散分析を行うには，3つの子の値から得られた各家系の分散が 39 の家系において異ならないことを仮定しなければならない．通常は Bartlett の方法などで検定すればよいが，家系の数が多い上に家系内の子の数が少なすぎて適当な検定法が無い．一応，Bartlett の検定によって家系内分散の均一性を検定したが，有意ではなかった．

そこで，当時のカキの交雑実生集団で，同様に 1 年，1 樹，各 10 果を用いて果実成熟期を評価し，年次変動を補正した交雑集団 24 家系計 662 実生（遺伝子型）の子を用い，家系内分散の均一性について Bartlett の検定を行ったところ，有意な差は検出されなかったので，モデルは適合するとして解析を進めた．

(1) 家系内遺伝・環境分散と平均親値の環境分散

家系内分散は遺伝分散と環境分散から構成される．環境分散を家系内分散から差し引くことにより家系内遺伝分散（σ_{wg}^2）を得た．

果実形質の測定値の環境分散（σ_E^2）は，

$$\sigma_E^2 = \frac{\sigma_t^2}{t} + \frac{\sigma_{ye}^2}{y} + \frac{\sigma_{gy}^2}{y} + \frac{\sigma_{ty}^2}{ty} + \frac{\sigma_f^2}{tfy}$$

σ_t^2：遺伝子型内樹間分散，σ_{gy}^2：遺伝子型×年の交互作用分散，σ_{ty}^2：樹×年の交互作用分散，σ_f^2：樹内果実間分散，σ_{ye}^2 は年次変動の補正によって生じる誤差分散を示す．

また，t, y, f はそれぞれ樹，年，果実の反復数を示す（たとえば，2 樹を用い，それぞれの樹について 15 果を評価し，それを 3 年間反復したとすると，$t=2$, $f=15$, $y=3$）．

果実形質の環境分散成分は第4章表10・11で得た値である．

年次変動の補正に用いた1つの対照品種・系統の1年の値の誤差分散は 3.4 表 10 の $\sigma_{e'}^2$ である．σ_{ye}^2 は 19 品種・系統の年平均値の誤差分散であり，$\dfrac{\sigma_{e'}^2}{19}$ となる．

家系内環境分散（σ_{we}^2）については，子のデータは $t=1$, $y=1$, $f=10$ であるので，

$$\sigma_{we}^2 = \sigma_t^2 + \sigma_{ye}^2 + \sigma_{gy}^2 + \sigma_{ty}^2 + \frac{\sigma_f^2}{10}$$

親の値の環境分散（σ_{PE}^2）は，$t=1$, $y=3$, $f=35$ であるので，

$$\sigma_{PE}^2 = \sigma_t^2 + \left(\sigma_{ye}^2 + \sigma_{gy}^2 + \sigma_{ty}^2 + \frac{\sigma_f^2}{35}\right)/3$$

平均親値の環境分散（σ_{MPE}^2）も親の環境分散（σ_{PE}^2）の $\dfrac{1}{2}$ となり，

$$\sigma_{MPE}^2 = \frac{\sigma_{PE}^2}{2}$$

(2) 解析結果

子の総平均値は 5.08，平均親値の総平均値は 5.18 であり，2つの値は近かった．平均親値を X，家系平均値を YF とすると（図 43），回帰分析の結果，

$$YF = 0.99X - 0.04$$

これは $\mu - \beta\overline{X} = 5.08 - (0.99 \times 5.18) = -0.04$ となることを示している．

解析の結果，家系間の差異，回帰の効果は 1％水準で有意であり，回帰からの残差は有意ではなかった（表 48）．推定された分散成分は表 49 に示した．

子の家系平均値の平均親値に対する回帰係数 0.99 の標準誤差は ±0.10 であった．回帰係数の分散 s^2 は，家系平均値の回帰からの偏差の分散（表 34 の σ^2）を $\Sigma(X-\overline{X})^2$ で割った値となる（スネデカー・コクラン，1972；応用統計ハンドブック，1999）．すなわち，

$$s^2 = \sigma^2 / \{\sum_i (X-\overline{X})^2\}$$

$$= \{(\sigma_w^2/3 + \sigma_d^2)\} / \{\sum_i (X-\overline{X})^2\}$$

平均親値の分散は 1.17 であり，$\Sigma(X-\overline{X})^2$ は，38×1.17＝44.46 であった．したがって，$s^2 =$ (1.37/3)/44.46＝0.0103

回帰係数の標準誤差 s は，±0.10 となった．

家系間分散（σ_b^2）は 0.94，家系内分散（σ_w^2）は 1.96 と推定された．家系間分散のうち，回帰からの残差の分散（σ_d^2）は負の値を示し，0 と推定され

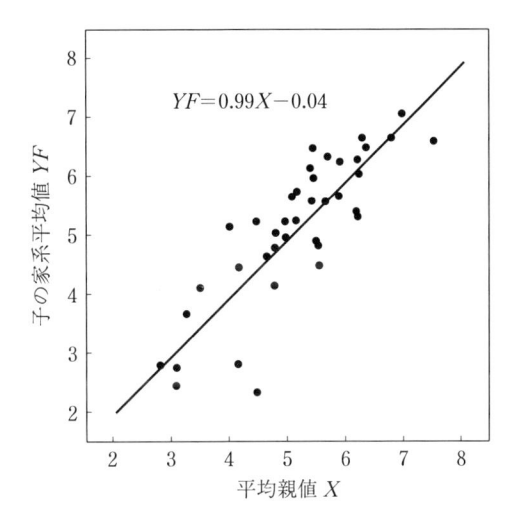

図 43 カキの果実成熟期の 39 家系平均値の平均親値に対する回帰（Yamada et al., 1995）
果実成熟期は 9 月下旬＝1，10 月上旬＝2，…，12月上旬＝8 のように数量化した．
各点は，それぞれの家系の 3 つの子の平均値を示す．
子の値は 1 年 1 樹 10 果，親の値は 1 樹 35 果 3 年反復により得た．

た．すなわち，家系間分散はすべてが回帰によって説明される分散と考えられた．家系内分散（σ_w^2）から家系内環境分散（σ_{we}^2）を差し引いた家系内遺伝分散（σ_{wg}^2）は 1.68 であり，家系内分散の 86％ を占めた．

この結果から，家系（親の組合せ）による差異は，すべて家系平均値の平均親値に対する回帰によって説明されることとなり，d_i の効果はないものとして家系平均値は回帰直線上にあると考えることができる．これは，家系による違いは回帰以外の要因を考える必要がないこと，同じ平均親値であれば同じ家系平均値となることを示している．家系平均値は，回帰直線を誤差を少なく推定さえできればよいことになる．

(3) 平均親値の誤差の影響

回帰係数は，平均親値の広義の遺伝率に比例する．平均親値の分散

表48 カキ39家系各3つの子の果実成熟期評価データの分散分析（Yamada *et al.*, 1995）

変動因	自由度	平方和	平均平方	F値	平均平方の期待値
家系間	38	181.25	4.77	2.43**	$\sigma_w^2 + 3\sigma_b^2$
回帰	1	130.67	130.67	95.38**	$\sigma_w^2 + 3\sigma_d^2 + 114\sigma_r^2$
残差	37	50.58	1.37	0.70^{NS}	$\sigma_w^2 + 3\sigma_d^2$
家系内	78	153.01	1.96		σ_w^2
計	116	334.26			

σ_w^2 は家系内分散，σ_b^2 は家系間分散，σ_d^2 は平均親値に対する回帰によって説明されない家系間分散の成分，σ_r^2 は回帰によって説明される家系間分散の成分を示す．
$\sigma_b^2 = \sigma_r^2 + \sigma_d^2$

表49 カキ39家系各3つの子の果実成熟期評価データから推定された分散成分（Yamada *et al.*, 1995）

分散成分	推定値
家系間分散（σ_b^2）	0.94
回帰によって説明される家系間分散成分（σ_r^2）	1.13
回帰によって説明されない家系間分散成分（σ_d^2）	-0.19 (0)
家系内分散（σ_w^2）	1.96
家系内遺伝分散（σ_{wg}^2）	1.68
家系内環境分散（σ_{we}^2）	0.28
全分散	2.90

（σ_{MP}^2）は1.17，平均親値の環境分散（σ_{MPE}^2）は0.04であった．X が $\overline{X}$ の回りに無作為に分布しているとすれば，平均親値の遺伝分散（σ_{MPG}^2）は1.13となり，平均親値の広義の遺伝率は0.97と推定され，非常に高かった．平均親値は高い程度に遺伝特性をつかんでおり，これ以上反復調査しても回帰係数はほとんど向上しない．

各平均親値に対応する回帰直線の高さの予測値の標準誤差 s' は（スネデカー・コクラン，1972；応用統計ハンドブック，1999），自由度 $m-2$ で，

$$s' = \sigma \sqrt{\frac{1}{m} + \frac{(X-\overline{X})^2}{\Sigma(X-\overline{X})^2}} = 0.676 \times \sqrt{0.026 + \frac{(X-\overline{X})^2}{44.46}}$$

$$\sigma = \sqrt{1.37/3} = 0.676$$

たとえば，6の平均親値の場合，

$$s' = 0.676 \times \sqrt{0.026 + (6-5.18)^2/44.46} = 0.137$$

家系間分散がすべて回帰によって説明されることは，遺伝効果のほとんどが相加的なものであり，優性効果，エピスタシスは無視できることを示唆している．その結果，家系平均値はほとんど平均親値と等しくなり，平均親値という親の情報のみによって家系平均値を予測できる．

(4) 子の家系平均値と個々の子の遺伝子型値の分布の予測

d_i を無視すると，ある平均親値（X）を持つ組合せから生じる子の遺伝子型値（Y）の予測式は，

$Y = (0.99X - 0.04) + W_g$

$W_g \sim N(0, \sigma_{wg}^2)$

たとえば，$X=5$（両親の平均値が11月上旬）の場合は，家系平均値は，$0.99 \times 5 - 0.04 = 4.91$ と予測され，これを平均値として，遺伝分散 $\sigma_{wg}^2 = 1.68$ を分散とする正規分布に従うと考え，定められた選抜水準より早生の遺伝子型値を持つ子の出現率は図44に示したようになる．

(5) 早生育種

平均親値5（11月上旬）の場合，10月上旬以前の極早生の遺伝子型値を持つ子の出現はほとんど期待できない．新品種となるには果実成熟期が早生というだけなく，果実重，食味，裂果性など多くの形質が選抜水準を超えている必要があるので，平均親値が5では早生の有望個体の出現率は非常に低い．

農研機構果樹研究所のカキ育種は，1980年代は，早生の優良な完全甘ガキ品種の育成を目標としていた．しかし，晩生に偏っている在来品種群における相互交配を行っても，早生品種の生まれる確率はほとんどない．世代を重ねて母集団の早生化を徐々に図る戦略により，早生品種を育成した（第13章）．

果実成熟期は遺伝効果がほとんど相加的に決まっているため，近親交配がこの遺伝に及ぼす影響はなかった．平均親値の総平均値と子の総平均値も近かった．

(6) 家系内遺伝分散の大きさ

中生や晩生の平均親値を持つ交雑から早生の子が得られないことは，家系内遺伝分散が相対的に小さいことも要因となっている．家系内で大きな分離が生じれば平均親値と家系平均値が大きくても，ある程度早生の子の出現が期待できる．ここでは家系内遺伝分散は1.68と推定された．家系内の標準偏差（SD）は$\sqrt{1.68}$で，1.30である．正規分布の場合，累積分布はおよそ±SDの間に68％，±2SDの間に95％が入る．SD＝1.30では家系平均値±13日程度の間に7割近くが入る．家系平均値が11月中旬では11月15日±13日の間に7割近くが入り，10月中旬より早く成熟する子はほとんど得られない．

もし家系内遺伝標準偏差が4であれば，家系平均値が6（11月15日）では-SDの点は2（10月上旬）となり，10月5日以前に成熟する子が16％程度期待できることになる．その場合は，晩生どうしの組合せの交雑をしても，ある程度早生の子が得られると考えられる．

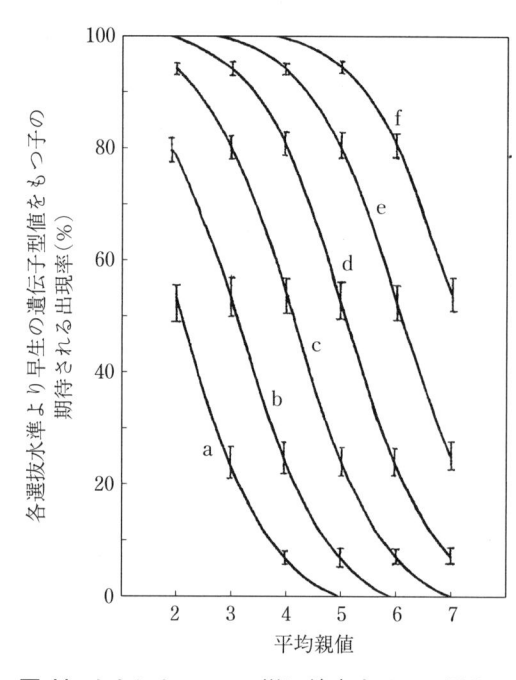

図44 カキにおいて1樹に結実する35果を用い，3年反復して親を評価した場合の平均親値から推定される，各選抜水準より早生の遺伝子型値を持つ子の出現率（Yamada et al., 1995）
選抜水準は a＝10月上旬，b＝10月中旬，c＝10月下旬，d＝11月上旬，e＝11月中旬，f＝11月下旬．
縦線は平均親値に対する回帰から推定される家系平均値の±SE点に対応する出現率を示す．

(7) 親の評価における反復が少なかった場合の予測

親の評価には，遺伝子型値をとらえる上で環境変異による誤差をできるだけ排除することが望ましいが，反復調査するほど時間と労力がかかる．世代を重ねて早生育種を進める場合でも，交雑実生の中に早生の子が生じれば，育種家は1年でも早く交配親として用いたい．しかし，反復年数や果実数が少ない場合に早生と評価されたものが，反復調査を進めるうちにあまり早生でなかった，ということがありうる．すなわち，反復調査の少ない段階では，その遺伝子型の表現型値が遺伝子型値からはずれやすい．

10果結実し，1年の調査を行った果実成熟期を親の表現型値とした場合を検討しよう．σ_{MPE}^2 は3年1樹35果の平均親値の環境分散である．これを1年1樹10果の環境分散 σ'_{MPE}^2 に置き換えた場合の回帰係数 b' は，

$$b' = \beta/(1 + \sigma'^2_{MPE}/\sigma^2_{MPG}) = b(1 + \sigma^2_{MPE}/\sigma^2_{MPG})/(1 + \sigma'^2_{MPE}/\sigma^2_{MPG})$$
$$= 0.93$$

b のかわりに b' を用いて，子の遺伝子型値の分布を計算する．

16.2.2 糖度

果実成熟期と同様に糖度（可溶性固形物含量）について解析した．

(1) 解析結果

子のデータの総平均値は18.05%，平均親値の総平均値は17.50%であった．平均親値の分散 σ_{MP}^2 は0.22と推定された．

平均親値の環境分散 σ_{MPE}^2 は0.10，平均親値の遺伝分散 σ_{MPG}^2 は0.12となった．回帰分析の結果，平均親値を X，家系平均値を YF とすると，

$$YF = 0.65X + 6.64$$

の回帰式が得られ，回帰係数0.65の標準誤差は±0.34であった（図45）．この図は，親子の遺伝関係を解析できないほどばらついているようにみえるが，環境変異を丁寧に解析していくと，遺伝的な状況や育種に有効な情報を得ることができる．

(234) 第16章 解析例

$YF=0.65X+6.64$

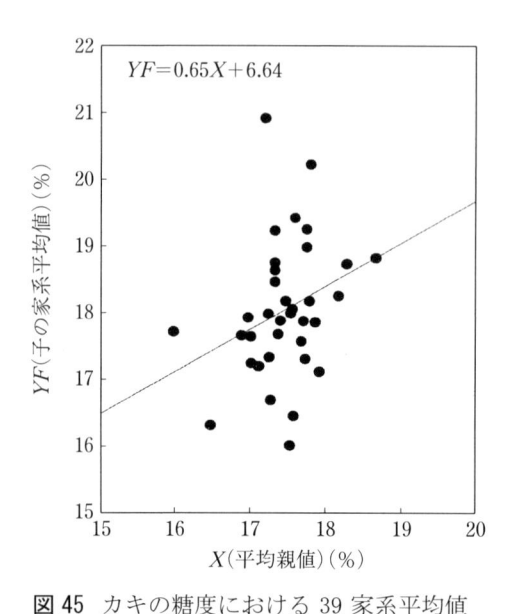

図45 カキの糖度における 39 家系平均値の平均親値に対する回帰（Yamada *et al.*, 1997）
各点はそれぞれの家系の 3 つの子の平均値を示す．子の値は 1 年 1 樹 5 果，親の値は 1 樹 35 果 3 年反復の評価により得た．

分散分析の結果，家系間の差異，回帰の効果とも 5% 水準で有意ではなかった（表50）．家系間分散（σ_b^2）は 0.18，家系内分散（σ_w^2）は 2.54 と推定された（表51）．家系間分散のうち，回帰からの残差の分散（σ_d^2）は 0.11 と推定された．

家系内環境分散（σ_{we}^2）は 0.78 であった．家系内分散（σ_w^2）から家系内環境分散（σ_{we}^2）を差し引いた家系内遺伝分散（σ_{wg}^2）は 1.76 であり，家系内分散（2.54）の 69% を占めた．

(2) 同一の集団にもかかわらず，果実成熟期と糖度では遺伝状況が異なる

全く同一の交雑実生集団を解析したにもかかわらず，果実成熟期と糖度で

表50 カキ 39 家系各 3 つの子の果実糖度評価データの分散分析（Yamada *et al.*, 1997）

変動因	自由度	平方和	平均平方	F 値	平均平方の期待値
家系間	38	116.55	3.07	1.21^{NS}	$\sigma_w^2+3\sigma_b^2$
回帰	1	10.56	10.56	3.69^{NS}	$\sigma_w^2+3\sigma_d^2+114\sigma_r^2$
残差	37	105.99	2.86	1.13^{NS}	$\sigma_w^2+3\sigma_d^2$
家系内	78	197.89	2.54		σ_w^2
計	116	314.44			

σ_w^2 は家系内分散，σ_b^2 は家系間分散，σ_d^2 は平均親値に対する回帰によって説明されない家系間分散の成分，σ_r^2 は回帰によって説明される家系間分散の成分を示す．

表 51 カキ 39 家系各 3 つの子の果実糖度評価データから推定された分散成分（Yamada *et al.*, 1997）

分散成分	推定値
家系間分散（σ_b^2）	0.18
回帰によって説明される家系間分散成分（σ_r^2）	0.07
回帰によって説明されない家系間分散成分（σ_d^2）	0.11
家系内分散（σ_w^2）	2.54
家系内遺伝分散（σ_{wg}^2）	1.76
家系内環境分散（σ_{we}^2）	0.78
全分散	2.72

は遺伝的な状況が大きく異なっている．

　果実成熟期では，平均親値の平均値（5.18）と子の測定値の集団平均値（5.08）とがほぼ同じであり，平均親値の遺伝分散（1.13）は子集団の遺伝分散（2.62）の$\frac{1}{2}$に近かった．

　2倍体の無作為交配大集団では，Hardy-Weinbergの法則により親集団と子集団の集団平均値は変化しない．平均親値の遺伝分散は親集団の遺伝分散の$\frac{1}{2}$になる．果実成熟期については，こういったモデルが適用できるかのような印象を持つ結果であった．また，子集団の遺伝分散のうち，家系間分散（0.94）は家系内遺伝分散（1.68）の$\frac{1}{2}$に近かった．子に与える平均親値の影響は大きく，中・晩生の平均親値では早生の子はほとんど出現しなかった．

　糖度では，平均親値の平均値（17.50）と子の測定値の集団平均値（18.01）とは近かったが，平均親値の分散が子の集団の測定値の分散より著しく小さかった．また，家系間分散が非常に小さく，子集団における測定値の全分散（$\sigma_b^2+\sigma_w^2$）に家系間分散（σ_b^2）の占める割合が7%にしか過ぎない．環境変異を除いても，子の遺伝子型値の分散に占める家系間分散の割合$\sigma_b^2/(\sigma_b^2+\sigma_{wg}^2)$は9%である．このことは，ここで解析した集団については，子集団の変異は家系（交雑組合せ）による違いの影響をあまり受けなかったことを示している．換言すれば，ここで用いられたどの組合せ（家系）でも，

後代の結果はあまり変わらない.

このようになる1つの大きな理由は，平均親値の遺伝変異が小さかったことである. $\sigma_{MPG}=0.35$ となるので，平均親値はおよそ $17.50\pm(2\times0.35)$ の範囲（16.8〜18.2）で交雑組合せが選択されている.

それに対して，子の遺伝子型値の分散（$\sigma_b^2+\sigma_{wg}^2$）は 1.94，標準偏差 1.39 と推定された. 正規分布を仮定すれば，およそ $18.05\pm(2\times1.39)$，すなわち，15.3〜20.8 の範囲に分布している.

また，ここでは平均親値集団の遺伝分散と子集団の遺伝分散の比は 0.12：1.94≒1：16 であった.

ここで 39 組合せの交配親として用いられたのは 23 品種・系統であるが，この集団についての平均値は 17.42，分散は 0.75 であった（1 樹 35 果 3 年の平均値）．この値の環境分散は平均親値の環境分散の 2 倍であり，遺伝分散は $0.75-(0.10\times2)=0.55$，平均親値の遺伝分散 σ_{MPG}^2（0.12）の約 5 倍である.

2 倍体の大きい数の親集団を設定してその中で無作為交配した場合，平均親値の遺伝分散は親集団の遺伝分散の $\frac{1}{2}$ になる. カキは 6 倍体であり，遺伝モデルを設定するには困難がある. ここで糖度を解析した集団は平均親値の分散がかなり小さい. したがって，親集団の中の品種・系統を用い，無作為に交配を決めたのではなく，糖度の高い品種・系統は低い品種・系統と組合せる，のように平均親値が選ばれたことが示唆される. また，無作為交配した大集団を想定すれば，平均親値の分布の中から中央の狭い範囲部分だけを抜き出した集団のようにも見える.

一方，家系内の遺伝分散は著しく大きかった. このことは，1 つの組合せの交雑から生じた子は糖度の高い子から低い子まで幅広く分離することを示す. 2 倍体の無作為交配している大集団であれば，親集団の遺伝分散と子集団の遺伝分散は同じになる.

ここでは，実際の育種の集団について解析している. 狭義の遺伝率を推定する時に仮定されたのは，大集団における無作為交配であったが，実際の果樹育種では，そのような交配を必ずしも行っていない. 交配のモデルを示す

ことは容易ではない．2 倍体であってもこのような集団について「子の家系平均値の平均親値に対する回帰係数」によって狭義の遺伝率を推定しても，その意味を論議することはむずかしい．

(3) 回帰係数の誤差の要因
A) 家系内の子の数

家系平均値の平均親値に対する回帰係数は有意ではなかった．回帰係数の有意性は「回帰の平均平方と回帰からの残差の平均平方の比」により検定される（確率は5%水準に少し達しなかった）．その比の分子と分母を家系内子の数（$n=3$）で割っても比は変わらない．

$$F = \{\sigma_w^2 + n\sigma_d^2 + n(m-1)\sigma_r^2\} / (\sigma_w^2 + n\sigma_d^2)$$
$$= \{(\sigma_w^2/n) + \sigma_d^2 + (m-1)\sigma_r^2\} / \{(\sigma_w^2/n) + \sigma_d^2\}$$

σ_w^2 は 2.54，σ_d^2 は 0.11 で，σ_w^2 が著しく大きい．$(\sigma_w^2/n)+\sigma_d^2$ は，3つの子の平均値で得られた家系平均値の回帰直線からの分散を示す．家系内子の数が多いほど，その分散は小さくなり，F 比は増大し，有意となる．σ_w^2，σ_d^2，σ_r^2 を一定とし，元の分散分析表の平方和を用いて計算すると，家系内子の数が9の場合，$F=7.8$ で，1%水準で有意となる．家系内の子の数が9以上の解析ができていれば，この集団についても高い有意性が得られたと推定される．このように，家系内の子の数が多ければ，家系内分散の大きいことの寄与する部分が原因で回帰が有意でなくなることは避けられたと考えられる．

B) 平均親値の環境変異

家系平均値の平均親値に対する回帰係数は，平均親値の広義の遺伝率に比例する．平均親値に誤差（環境変異）のない場合の回帰係数をβとすると，

$$b = \beta \cdot \hat{h}_B^2 = \beta \cdot \frac{\sigma_{MPG}^2}{\sigma_{MP}^2} = \beta \cdot \frac{0.12}{0.22} = \beta \cdot 0.55$$

$\beta = \dfrac{b}{0.55} = 1.18$ と推定される．

b の代わりにβを入れて算出してみると，

回帰による平方和は $nb^2 S_{xx}$（15.2.1，15.2.2）であるので，

$$3 \times \beta^2 \times \{\Sigma(X_i - \overline{X})^2\} = 3 \times \beta^2 \times (\sigma_{MPG}^2 \times 38) = 19.05$$

回帰からの残差の平方和は，

$$3\Sigma(\overline{Y}_{i.} - \overline{Y}_{..})^2 - 3 \times \beta^2 \times \{\Sigma(X_i - \overline{X})^2\} = 116.55 - 19.05 = 97.50$$

その平均平方は，97.50/37＝2.64

この場合，回帰の有意性を検定する F 比は，19.05/2.64＝7.22 となり，5%水準で有意となる．この場合，回帰からの残差 σ_d^2 は 0.03，回帰による分散 σ_r^2 は 0.14 となり，家系間分散のうち回帰によって説明される分散とされない分散の比が大きく変わると推定される．

元の回帰からの残差 σ_d^2 は 0.11 であり（表 51），0.03 はその 27%である．換言すると，測定値のデータから得られた σ_d^2 のうち，70%あまりは平均親値の環境変異によって生じていることを示している．

家系間分散（σ_b^2）に占める σ_r^2 の割合は 80%近くになり，家系間分散の多くは回帰によって説明されることになる．平均親値に環境変異がなければ，家系間の違いの多くが平均親値によって支配されていることになる．

このように，回帰直線を正確に推定するためには，親の遺伝特性を反復によって十分

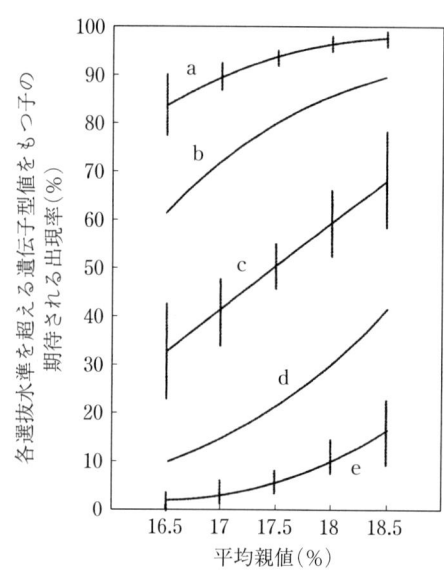

図 46 カキにおいて 1 樹 35 果 3 年反復により親を評価した場合の平均親値から推定される，各選抜水準を超える糖度の遺伝子型値を持つ子の出現率（Yamada et al., 1997）
選抜水準は a＝16%，b＝17%，c＝18%，d＝19%，e＝20%，縦線は平均親値に対する回帰から推定される家系平均値の±SE 点に対応する出現率を示す．

把握すること(広義の遺伝率を高める)が重要である.糖度は環境変異が大きく,遺伝特性を見極めるのが果実重や果実成熟期と比べて容易ではない.

C) 得られた回帰式が有効な平均親値の範囲

ここでのデータは回帰直線の推定という点では,果実成熟期と比べてかなり誤差があった.平均親値が集団平均値(平均親値の平均値)から離れるほど回帰直線の高さ予測値の誤差は大きくなる(応用統計ハンドブック,1999).集団平均値に近い範囲に限定すれば,平均親値と子の関係は比較的正確度が高い.ここでは,平均親値が 17.5±1.0 程度の範囲では論議が可能と考えた(図46).

16.2.3 果実重

果実成熟期・糖度を解析した同一の集団について,果実重を解析した.

(1) 解析方法

平均親値に対する回帰ではσ_d^2が大きいため,平均親値と近交係数に対する重回帰分析を行った.なお,対数変換値により解析した.

重回帰のモデルは,

$$Y_{ij} = \mu + \beta_1(F_i - \overline{F}) + \beta_2(X_i - \overline{X}) + d_i + W_{ij}$$
$$(i=1, 2, \cdots, m), \quad (j=1, 2, \cdots, n)$$

m は家系の数であり 39,n は家系内の子の数であり 3,μ は定数(総平均値),Y_{ij} は i 番目の家系の j 番目の子の測定値,F_i は i 番目の家系における近交係数,$\overline{F}$ は F_i の平均値,X_i は i 番目の家系における平均親値(両親の平均値),$\overline{X}$ は X_i の平均値,β_1とβ_2はそれぞれ「子の家系平均値」の近交係数および平均親値に対する偏回帰係数,d_i は i 番目の「子の家系平均値」の重回帰からの偏差,W_{ij} は i 番目の家系の j 番目の子における遺伝的な分離と測定値の環境変異による家系内偏差を示し,各要因が独立とする.なお,近交係数は,2倍体と同じに算出した.

$$\sum_{i=1}^{39}(F_i - \overline{F}) = 0 \qquad \sum_{i=1}^{39}(X_i - \overline{X}) = 0$$

$$d_i \sim N(0, \ \sigma_d^2) \qquad W_{ij} \sim N(0, \ \sigma_w^2)$$

このモデルによって家系平均値の近交係数と平均親値に対する重回帰分析および子測定値について家系を要因とする1元配置の分散分析を行った．

(2) 解析結果

平均親値の総平均値は 2.326，原尺度（g）に戻すと 212g，子のデータの総平均値は 2.246，原尺度では 176g であった．

家系平均値の近交係数と平均親値に対する重回帰式は，

$$YF = \mu + \beta_1(F-\overline{F}) + \beta_2(X-\overline{X}) = 1.6075 - 0.2881F + 0.2842X$$

YF は家系平均値，F はその家系の近交係数，X はその家系の平均親値．

分散分析の結果得られた分散成分からは，家系間分散（σ_b^2）の大半（97%）が重回帰によって説明される分散（σ_r^2）であり，重回帰からの偏差の分散（σ_d^2）は 3% と極めて小さかった（表52・53）．すなわち，この重回帰により家系間の遺伝的な差異はほぼつかめること，近交係数と平均親値による以外の要因は家系間の遺伝的な差異にほとんど関与していないことが示された．

また，σ_d^2 がきわめて小さいことは，同じ平均親値や近交係数であれば，組合せ（家系）によって不明な要因で果実重が大きくなったり小さくなったりはせず，「両親の組合せによって決まる家系平均値」が，近交係数と平均

表52 カキの果実重の分散分析（Yamada et al., 1994a）

変動因	自由度	平方和[z]	平均平方[z]	F 値	平均平方の期待値
家系間	38	610.91	16.077	1.47[NS]	$\sigma_w^2 + 3\sigma_b^2$
重回帰	2	210.12	105.060	9.44**	$\sigma_w^2 + 3\sigma_d^2 + (3 \times 38/2)\sigma_r^2$
{近交係数のみ	1	189.15			
{近交係数を除いた後の平均親値	1	20.97	20.970	1.88[NS]	
{平均親値のみ	1	72.84			
{平均親値を除いた後の近交係数	1	137.28	137.280	12.33**	
残差	36	400.79	11.133	1.02[NS]	$\sigma_w^2 + 3\sigma_d^2$
家系内	78	855.18	10.964		σ_w^2
全体	116	1466.09			

$\sigma_b^2 = \sigma_d^2 + \sigma_r^2$

[z] 対数変換値 $\times 10^{-3}$

16.2 カキの1つの交雑実生集団における3形質の解析

親値でほぼ決まってしまうこと，そして，個々の家系平均値が重回帰による推定値からはずれないことを意味している．

また，糖度と同様，家系間分散と比べ，家系内分散（σ_w^2）は非常に大きかった．家系内遺伝分散（σ_{wg}^2）も大きく，家系内分散の80%を占めた．これは家系内の遺伝的な分離が大きいことを示している．

表53 カキの39家系117の子集団における果実重の分散成分推定値（Yamada *et al.*, 1994a）

分散成分	推定値（×10^{-3}）
家系間分散（σ_b^2）	1.704
重回帰（σ_r^2）	1.648
残差（σ_d^2）	0.056
家系内分散（σ_w^2）	10.964
遺伝分散（σ_{wg}^2）	8.763
環境分散（σ_{we}^2）	2.201
全分散	12.668

しかし，子の果実重は，親と比べてかなり小さくなった．平均親値の総平均値212gに対し，子集団の総平均値は176gであった．子の家系平均値は近交係数の影響を大きく受け，平均親値を大きくしても家系平均値はあまり大きくならない（図47）．平均親値が300gと大果でも，近交係数0で家系平均値は205g，近交係数が0.25ならば174gにしかならないと推定された．

しかし，家系内の遺伝的な分離が大きいために，家系平均値が低くても，果実重の大きな子が得られると推定された．平均親値が200gの家系の場合，200g以上の遺伝子型値を持つ子の割合は，$F=0$で34%，$F=0.125$で21%，$F=0.25$で12%と推定された（図48）．250g以上の遺伝子型値を持つ子の割合は，$F=0$で7%，$F=0.125$で3%，$F=0.25$で1%と推定された．

これらの結果は，この集団で

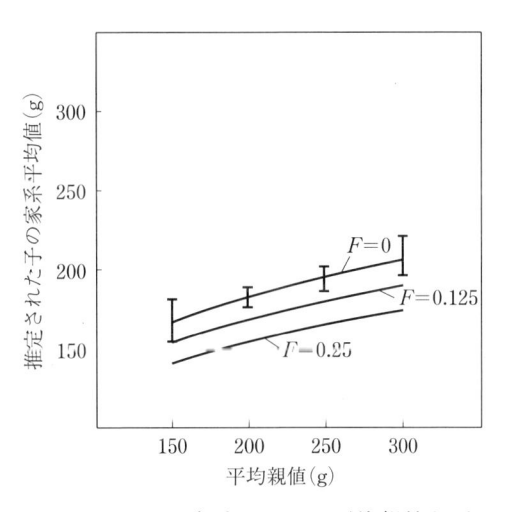

図47 カキの果実重において平均親値と近交係数（F）が子の家系平均値に及ぼす影響（Yamada *et al.*, 1994a）縦線はSE．

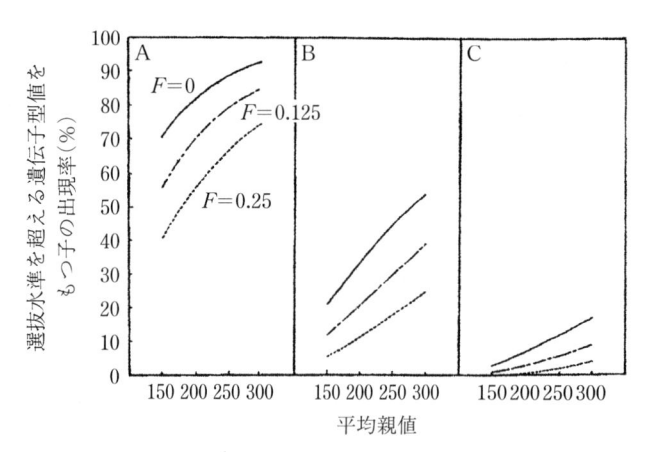

図48 カキの果実重において平均親値と近交係数（F）から推定される 150g 以上（A），200g 以上（B）および 250g 以上（C）の遺伝子型値を持つ子の出現率（Yamada *et al.*, 1994a）

は近交係数が 0 でも子は小果化し，近交係数が上がると急激に小果化することを示している．

　育種家は，通常，「親に似た子が生まれる」ことを前提とし，それをもとに交雑したい組合せを決めていくことが多い．

　15.3 で，優性効果が小さい場合は，家系平均値は平均親値に近くなることを示した．果実重についていえば，大果の親ほど大果の子が生まれる，ということを期待するのが通常である．しかし，果実重に関する解析の結果は，平均親値の影響は小さく，家系平均値は近交係数によって大きく支配されることを示している．

　これは，親に似た子を作ろうとしても，近親関係を数量的に計算して予測しなければ，いわば「親とは似つかない子」になってしまうことを示している．

(3) 樹齢

　モモなどでは，実生の結実開始早期に得られる果実は小さいが，樹齢を経ると果実が大きくなることが知られている（金戸ら，1980；吉田ら，1984）．果樹では，一般に，実生が生まれて後，栄養生長のみを行う幼木相の時期があり，樹齢を経ると，樹勢も落ち着き，着花して果実結実を始める．果実が

結実開始して早い時期の樹は，栄養生長が盛んで，本来の遺伝特性が表れない場合がある．

ここで解析したカキの果実重に，実生が生まれてからのち樹齢が若いことの影響が出ていないかを調べるため，「交配した年次（交配翌年春に播種）」と「子の家系平均値の『重回帰上の点（重回帰による家系平均値の推定値）』からの偏差」との間の相関関係がないかどうか検討したが，その相関係数は $r=-0.14$ で5%水準で有意ではなかった．

一般に，高接ぎ法によって実生を育成すると，早期に着花するとともに，結実早期より成木の特性を示す．高接ぎしたカキ育種実生集団のうち，5年間連続して果実重を評価した50実生について，果実重の集団平均値を検討した成績（山田・栗原，1984）からは，年を経るごとに果実重が増大する傾向は見られない．

このカキの集団において親より子が小果化する原因は，実生が生まれてからの年数が短いことによるものではないと考えられる．

16.2.4 予測値と実測値の比較

3つの形質について，解析から得られた予測値がどの程度適合しているか，1982～1985年に評価された46家系246実生の測定値（実測値）と比較した．

実測値の実生は16.2.1～16.2.3の解析には用いられておらず，家系内の子の数は1～52で異なっていた．果実重と糖度は1年1樹5果の測定値であった．果実成熟期は結実し評価した果実数が5～10の間で不定であったが，比較にあたっては平均値の7.25果を評価したと仮定した．なお，年次変動は16.2.1～16.2.3と同様に補正した．

家系内遺伝分散に各形質の実測値の環境分散推定値を加えて家系内分散とした．各形質で得られた回帰（重回帰）式により家系平均値を予測し，それを平均値，家系内分散を分散とする正規分布に従うと仮定して，実生の値（予測値）の分布とした．

(1) 46家系246実生全体の比較

家系ごとに家系内実生数により重み付けすることにより46家系をこみに

し，46家系246実生の予測値と実測値の分布を比較した（図49）．

(2) 4つの家系における予測値と実測値の分布の比較

家系内の子の数が31以上あった4家系について，個々の家系ごとに予測値と実測値を比較した（図50，図51および図52）．

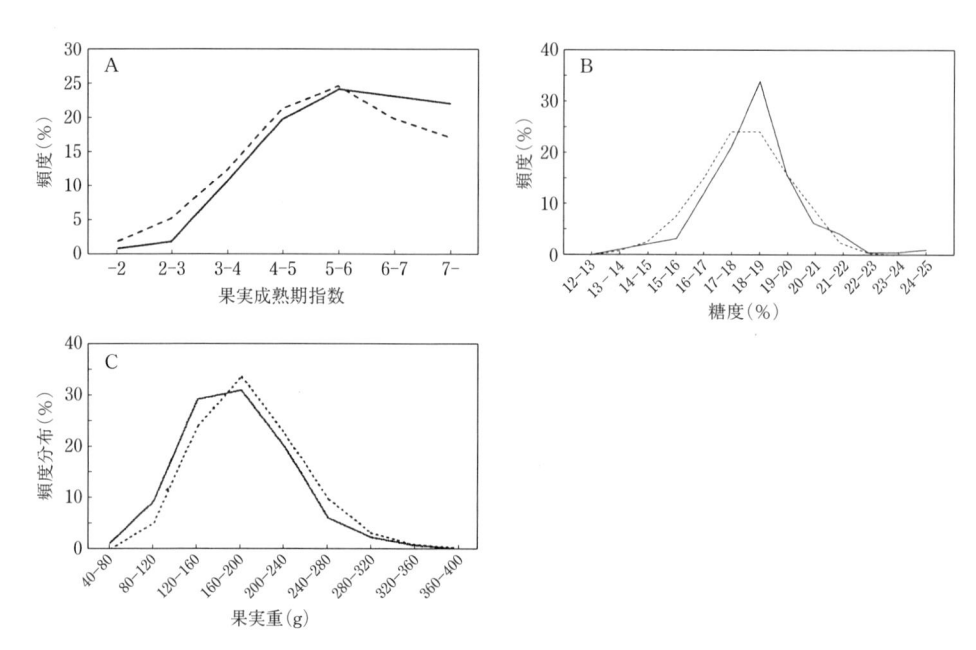

図49 カキ46家系の246の子における果実成熟期（A），糖度（B）および果実重（C）の実測値と予測値の関係（Yamada et al. 1997；Yamada and Yamane, 1997）．実線は実測値，点線は予測値を示す．

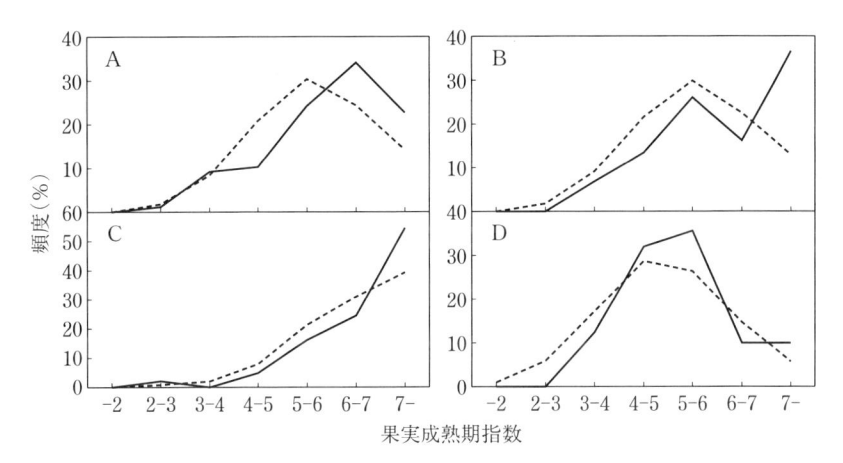

16.2 カキの1つの交雑実生集団における3形質の解析 (245)

図50 カキの 4 つの家系における果実成熟期の実測値と予測値の頻度分布 (Yamada and Yamane, 1997). 実線は実測値, 点線は予測値を示す. A：富有×興津 16 号, 子の数(n)＝86, B：富有×F-2, n＝44, C：富有×P-1, n＝43, D：富有×興津 1 号, n＝31

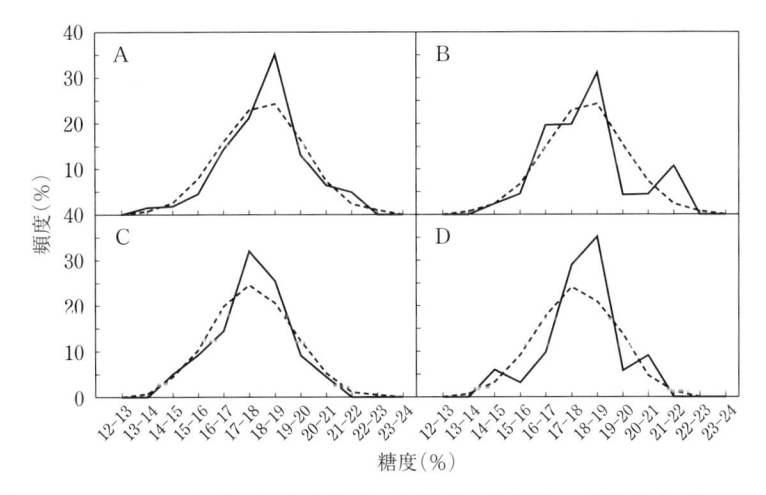

図51 カキの 4 つの家系における糖度の実測値と予測値の頻度分布 (Yamada et al., 1997). 実線は実測値, 点線は予測値を示す. A, B, C, D：図 50 と同じ

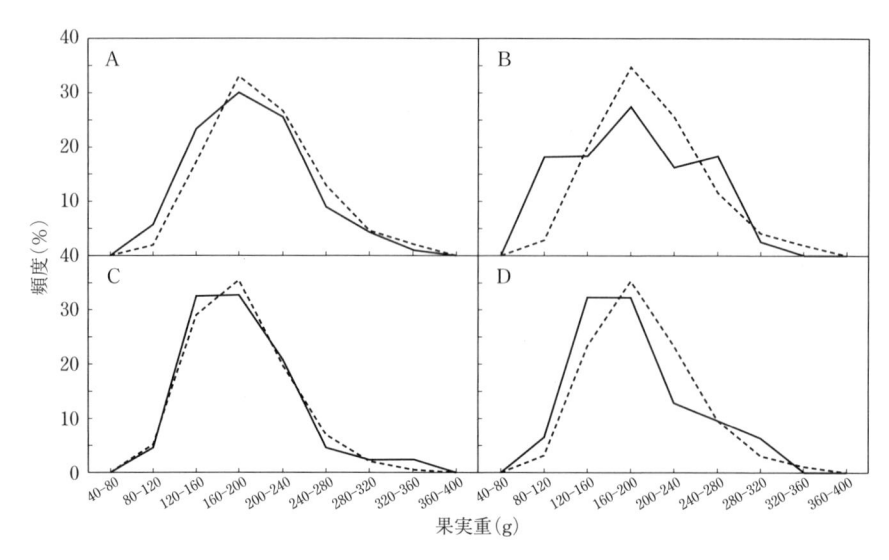

図 52 カキの 4 つの家系における果実重の実測値と予測値の頻度分布（Yamada and Yamane, 1997）．実線は実測値，点線は予測値を示す．A，B，C，D：図 50 と同じ

16.3 環境変異の大きさをつかむことの重要性

このように統計的に解析すれば子の遺伝子型値の分布を予測できる状況であっても，果樹の育種家が得られた親子のデータそのものを並べてみれば（また，育種遂行上の経験としては），「どのような子が生まれるか予測することは難しい」という印象を持つことがある．それがむしろ統計的解析から育種家を遠ざけているかもしれない．しかし，環境変異の大きさをつかめば，予測できることは多い．

16.3.1 平均親値の遺伝子型値と子の家系平均値の遺伝子型値が一致する場合

コンピューター内で 0〜1 の一様乱数を発生させ，その 10 個の平均値を 1

つの平均親値とした．これを 30 回繰り返し，30 の家系の平均親値とした．平均親値と子の家系平均値が等しいものとした，2 つの関係を示したのが図 53 である．中心極限定理（6.4）により，この平均親値の分布は正規分布に近い分布となっている．

この場合，親子とも環境分散は 0 で，かつ各家系における子が無限に多くあり，家系平均値の「真の家系平均値」からのずれがないものとしている．

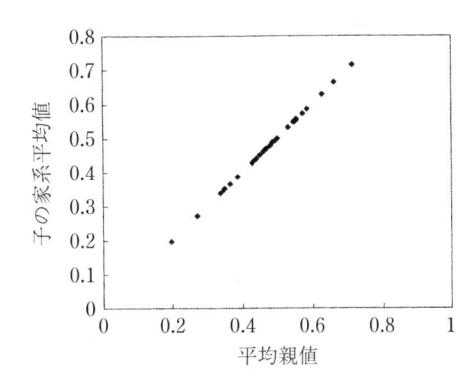

図 53 平均親値と「子の家系平均値」が一致する例．
平均親値の環境分散は 0 で，「真の子の家系平均値」が回帰からのずれがなく，家系内の子の数が無限にある場合．

平均親値と子の家系平均値は一致し，家系間分散（σ_b^2）はすべて回帰によって説明される分散（σ_r^2）である．すなわち，真の「子の家系平均値」の回帰からのずれの分散が 0 である（$\sigma_d^2=0$）．子の家系平均値の平均親値に対する回帰係数は 1 である．平均親値は環境変異による誤差がなく遺伝子型値と等しく，子の家系平均値は平均親値に等しい．育種家が平均親値から家系平均値を最も予測できる例である．

16.3.2 平均親値と「子の家系平均値」の両方に誤差がある場合

実際の育種におけるデータでは，平均親値にも環境変異による誤差が，「子の家系平均値」にも誤差が加わっている．この両方について，かなり大きな誤差が加わっている例を作成した（図 54）．

図 54 は図 53 の平均親値と子の家系平均値に環境変異を加えたものである．平均親値の h_B^2 を 0.26 とした．「子の家系平均値」に誤差を与え，その真の分散をσ_G^2，誤差分散をσ_E^2とすると，$\sigma_G^2/(\sigma_G^2+\sigma_E^2)$を 0.35 とした．

「子の家系平均値」の平均親値に対する回帰係数は 0.27 となり，5%水準

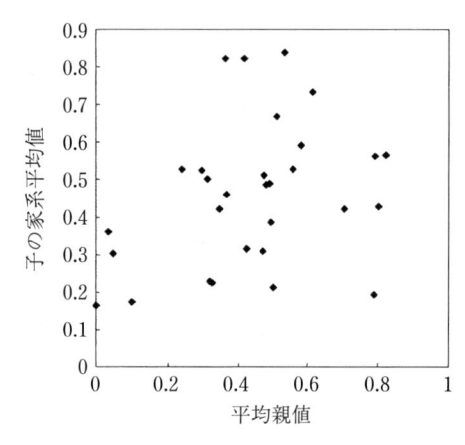

図54 平均親値の広義の遺伝率が 0.26，「子の家系平均値」の誤差分散の割合が 65%の例.

で有意ではない．平均親値が 0.5 付近では，「子の家系平均値」は 0.2 程度の点から 0.8 を超える点まで認められる．このような両者の関係では，高い「子の家系平均値」を得るために，平均親値の高い組合せの親を選択する必要はないように見える．

育種家が果実特性評価を行って，図 54 だけをながめているならば，「親からどのような子が生まれるか，わからない」と感じることであろう．しかし，この集団の遺伝的状況は図 53 と同じである．平均親値の広義の遺伝率を向上させて平均親値の誤差（環境変異）を少なくし，「子の家系平均値」については家系内の子の数を一定程度そろえて誤差を評価し，家系内分散を把握するならば，個々の家系平均値を精度高く予測できる．

平均親値の環境分散を把握すれば，平均親値の分散からそれを差し引くことにより，平均親値の遺伝分散が得られる．これによって回帰式を補正すれば，親の遺伝特性を把握した場合の回帰直線を推定できる (15.3.1)．

(1) 平均親値の環境分散による回帰係数の推定

平均親値の環境分散が得られていれば，平均親値の環境分散が無い場合の回帰係数が推定できる．

平均親値と「子の家系平均値」の母共分散は遺伝的なものであるので，平均親値，「子の家系平均値」に誤差があっても変化しない．標本数（家系数）による誤差に基づく変化があるだけである．

図 54 の回帰係数 $b=0.27$ は，

$$b = \frac{S_{xy}}{S_{xx}} = \frac{S_{xy}}{(n-1)\sigma_x^2} = \frac{S_{xy}}{29 \times (\sigma_{MPG}^2 + \sigma_{MPE}^2)}$$

であるので，$\dfrac{\sigma_{MPG}^2}{\sigma_{MPG}^2 + \sigma_{MPE}^2}$ が 0.26 であることから，平均親値が環境による誤差を持っていない場合の回帰係数 b' は，

$$b' = \frac{S_{xy}}{29 \times \sigma_{MPG}^2} = \frac{b}{0.26} = 1.04$$

となり，1 に近いことが推定される．

　子の家系平均値間の分散のうち，回帰によって説明される分散を $b^2 \times \sigma_{MP}^2$ で推定するならば (15.2.1)，平均親値の環境分散がなくなって回帰係数が高くなった場合は $b'^2 \times \sigma_{MPG}^2$ と推定される．

　とはいっても，図 54 のように値がばらついている場合は，すべての推定に誤差が多くなる．家系内の子の数を増やすことが有効である．また，平均親値の環境分散について検討し，それが大きい場合は，できるだけ環境変異を小さくする努力をすべきである．統計的な解析はそれを補助するものであるともいえる．

(2) 子の家系平均値の誤差

　家系を要因とする 1 元配置の分散分析を行うことで，家系内分散が得られる．これをもとにした推定により，「子の家系平均値」が家系内個体数 (n) による誤差を持っていない場合の回帰直線から「子の家系平均値」が遺伝的にずれる程度が推定できる．

　家系内分散 σ_w^2 が得られていれば，$\dfrac{\sigma_w^2}{n}$ が家系平均値の分散に家系内分散による誤差として寄与する分散である．これと (1) の回帰によって説明される分散の推定値を「子の家系平均値」の分散から差し引けば，真の「子の家系平均値」が回帰からずれる分散 σ_d^2 が推定できる．

　さらに，家系内の子についての環境分散が得られていれば，家系平均値を平均値とする正規分布を仮定することにより，それぞれの家系における子の

遺伝子型値の分布が推定できる．

　すなわち，図 54 のように，一見，どうにも親子の関係がつかめないように見える場合も，1 つずつ関与する要因をほぐして考えて統計解析を行えば，相当程度の情報が得られる．そのためには，親子とも環境変異の大きさをつかんでおくことが重要である．一見したところ，親子の遺伝的な関係をつかめないような場合の誤差は，環境変異による場合が多い．

　育種家が「親を知る」ということは，その品種の環境変異について知ることであるともいえる．

第 17 章　簡便な近似的遺伝解析方法

　これまでは，環境分散を推定するとともに，一定の条件に合ったデータを用いた解析について示してきた．しかし，一般に果樹育種にとりくんだ場合に，これまで述べてきた一連の試験を行うことができない場合も多い．親子の環境変異を調べていなかったり，年次変動の補正を行えない場合もある．また，家系の数や家系ごとの交雑実生数が非常に少なかったり，また，育成した交雑実生集団全体が数十から100実生程度と小さかったりする場合もある．

　このような場合でも，その集団の果実形質評価結果には相当の情報が含まれており，それをできるだけ引き出すことが育種上，有効である．

　また，育種をこれから始めようという場合，自身のところに果実評価データがない場合，他でその作物の遺伝解析結果があれば，それとほぼ同様の結果が得られることを想定して，育種にとりくむとよい．たとえば，大粒ブドウの育種に取り組もうとする場合，他の場所におけるブドウの果粒重や果実形質の遺伝解析結果があれば，それをもとにすればよい．きわめて遠縁の品種や大きく異なる特性を持つ品種を親に用いない限り，だいたい同様と考えて取り組む．家系内遺伝・環境分散も，他場所における推定値を用い，いずれの家系においても家系内分散が異ならないと考えて計画する．これは厳密ではないが，何も情報がない状況と比べれば有用といえる．

17.1　カキの熟期の解析例

　より簡単で近似的な方法として，子の家系平均値の平均親値に対する回帰ではなく，子の値そのものを用いて，平均親値に対する回帰分析を行い，その回帰直線によって家系平均値を推定しよう．

　子の値そのものを用いるのは，一般に，小規模な果樹育種では，各家系ごとに一定の数の実生データをそろえることに困難があるためである．環境分散については親子ともつかんでいないものとする．この場合，データとして必要なものは，親品種と子の果実形質などの特性評価データだけである．年次変動の補正も行わない．

第 17 章　簡便な近似的遺伝解析方法

このような解析では，親のデータもない場合には，他場所における親となる品種の特性評価成績（他の環境における親の成績）を用いるとよい．

17.1.1　用いるデータ

農研機構果樹研究所において 1982 および 1983 年に 3〜6 果が結実した実生の果実成熟期の成績を抽出した．解析に用いる子の値は，各実生ごとに熟期を判定した 23 家系 130 実生の熟期のデータであり，16.2.1 と同様にスコアにより数値化した．

1983 年に各品種・系統について 1 樹に結実した 30 果程度の熟期を果実ごとに判定し，その平均値を親品種・系統の値とした．そして，各家系ごとに平均親値を算出した．親子とも年次変動の補正は行わなかった．

回帰分析では，家系平均値ではなく，各子個体のデータを用いた．家系ごとの子の数はふぞろいで，その平均は 5.7 実生であった．

17.1.2　子の値の平均親値に対する回帰分析

子の値の平均親値に対する単回帰分析を行い，表 54 の分散分析表を得た．

回帰分析のモデルでは，回帰からの偏差がランダムに生じることが仮定されているが，家系ごとに偏りがあるため，モデルの仮定からはずれており，正確な論議はできない．モデルからのずれの危険を念頭におきつつ，あえて解析を行っている．

この場合，回帰直線からの偏差には，真の家系平均値の回帰からのずれ（d）と家系内の遺伝的な分離による効果（WG），環境効果（WE）によるずれが含まれている．すなわち，回帰からの偏差の分散は，真の家系平均値のずれによる分散 σ_d^2 と家系内子個体間分散 σ_w^2 の和と考える（$\sigma_w^2 = \sigma_{wg}^2 + \sigma_{we}^2$）．子個体の分布は，回帰直線上の点を平均値とし，回帰からの偏差の分散を分散として正規分布すると仮定する．16.2.1 と異なるのは，子個体の分布を環境変異を含んだ値として予測する点である．

得られた回帰式は，平均親値を X，同じ平均親値を持つ子の平均値を Y とすると，$Y = 0.57X + 2.44$

回帰係数の標準誤差は±0.17で，かなり大きくなった．16.2.1と比べて，回帰係数はかなり小さくなった．回帰からの偏差（残差）の分散は

表54 カキ23家系130実生の果実成熟期における家系平均値の平均親値に対する回帰の分散分析

	自由度	平方和	平均平方	F値
回帰	1	19.856	19.856	10.58**
残差	128	240.214	1.877	
合計	129	260.070		

1.88，標準偏差は1.37となった（表54）．

17.1.3 早生個体の出現率

(1) 簡便な方法（平均親値5）

平均親値5（11月上旬）の場合，10月中旬（値3）以前の熟期を持つ子の割合を考える．回帰直線上の子平均値の推定値は，

$$Y = 0.57 \times 5 + 2.44 = 5.29$$

これを平均値として，標準偏差1.37（$=\sqrt{1.877}$）の正規分布を考え，標準化すると，

$$z = (3 - 5.29)/1.37 = -1.67$$

この下側確率を求めればよい（ExcelではNORMSDIST(-1.67)で算出できる）．この場合，5%であると推定される．

同様に，11月下旬以降に成熟する子の割合は，

$$z = (7 - 5.29)/1.37 = 1.25$$

この上側確率を求めればよく，11%であると推定される．

(2) 16.2.1の方法（平均親値5）

これを16.2.1に示した誤差の少ない解析によると，次のようになる．平均親値5の家系平均値推定値Yは，

$$Y = 0.99X - 0.04 = 4.91$$

10月中旬（値3）以前（1年1樹10果の環境変異を含む）の子の割合は，

$$z=(3-4.91)/\sqrt{\sigma_{wg}^2+\sigma_{we}^2}=(-1.91)/\sqrt{(1.68+0.28)}=-1.36$$

下側確率は，9％と推定される．
11月下旬（値7）以後（1年1樹10果の評価条件での環境変異を含む）の熟期を持つ子の割合は，

$$z=(7-4.91)/1.40=1.49$$

この場合，7％と推定される．

17.2 簡便な方法の問題

　17.1の簡便な方法では，16.2.1の解析と比べてかなり誤差を含んだものとなり，また，回帰分析モデルを適用することも厳密には正しくないが，以前の解析結果に近い子個体の出現率が得られた．これには，熟期が環境変異の比較的小さい形質であることも関係している．

　回帰により推定された子平均値の誤差は，集団の平均値近くで少なく，それからはずれるほど大きくなる．得られた推定値は，親をこの解析を行った条件（その環境変異の条件）で評価した場合の予測であり，子個体の値も解析した条件での環境変異を含んだものとなる．

　また，簡便な方法では，子の値の環境変異と遺伝変異の大きさの推定ができていないので，推定される出現率は，第16章の解析が遺伝子型値についてであったのに対し，環境変異を含んだものである．したがって，その数値から一定の確率で目標とする子個体が得られると見込んでも，環境変異が大きければ，目標とする品種は育成できない．環境変異によって優れた子個体を選んだ場合は，選抜の後，反復した評価を行うと，優れていないことが明らかとなる．

　簡便な方法による推定は，遺伝情報無しに育種を進めることと比べて誤差がかなりあるが，有用な情報を提供する．精度の高い解析が困難な場合は，このような解析結果も利用して育種を進めたほうがよい．

誤差の大きな条件での推定からは誤った結論となるリスクも大きくなることを留意すべきである．コストをかけた育種試験をリスクの多い条件で行うことは望ましくない．できるだけ正確な推定をもとに育種戦略を立てるべきである．推定が正しかったかどうかは，ある程度の規模の育種試験から実際に品種が育成されたかどうかによっても検証される．

第18章　組合せ能力の推定

　遺伝効果が相加効果のみである場合，環境変異が無ければ，子の家系平均値は平均親値に一致する．相加効果が大きく支配している形質は多い．この場合，第16章で示した解析が有効である．

　優性効果が大きいと，子の家系平均値と平均親値の関係は緊密でなくなる．カキの果実重の遺伝には優性効果が関与しており，子の家系平均値の「近交係数と平均親値」に対する重回帰によって，家系平均値の分散のほとんどが説明できた．しかし，集団によっては必ずしもこのような重回帰によって説明できるかどうかはわからない．一般に，優性効果が大きく支配している場合は，交雑してみた結果から有効な組合せ（家系）を選ぶ以外にない．

　これを比較的少数の親について総当たりに交配して検討しようという方法が，ダイアレル交配（総当たり交配）による組合せ能力の推定である．

　p 種類の異なる遺伝子型を持つ品種・系統を親とした総当たり交配を行う時，その交配をダイアレル交配（diallel cross），交配後代の p^2 個の測定値を碁盤の目状に並べたものを $p \times p$ のダイアレル表（diallel table）と呼ぶ．ダイアレル表に基づいて，量的形質の統計遺伝学的解析を行う方法がダイアレル分析（diallel analysis）である（鵜飼，2002）．正逆交雑を除いたダイアレルを片側ダイアレル，自殖を除いたダイアレルを不完全ダイアレルもしくは修正ダイアレルと呼ぶ．

　ダイアレル交配において，親が純系（完全ホモ接合）である，複対立遺伝子がない，2倍性の遺伝をするなどの仮定が満たされれば，遺伝子のさまざまな遺伝効果の推定が可能である（鵜飼，2002）．

　ここでは，そのような仮定を必要とせず，果樹育種において実用的に重要であると考えられる片側修正ダイアレルによる組合せ能力の推定の方法について示す．片側修正ダイアレルは Griffing（1956）により一般化された．

18.1　片側修正ダイアレル分析

　果樹では樹体の育成のコストが大きく，また，自家不和合性があったり，

雌雄異株である場合もあるため，正逆交雑をすることが困難な場合が多い．その場合でも片側修正ダイアレルならば作りやすい．片側修正ダイアレルの場合，作るべき組合せ（家系）の数は，親品種・系統数を p とすると，$p(p-1)/2$ となる．$p=10$ で 45 組合せとなり，$p=5$ で 10 組合せとなる．

総当たりの組合せを作り，その家系平均値の実績で良い組合せを選ぼうとするものであり，親の特性評価成績（表現型値）や遺伝子型値は不要である．各組合せの家系の子のデータのみを用いて解析する．

18.2　1元配置分散分析

修正ダイアレルの全組合せ（家系）について，どの組合せであるかは問わず，家系を要因とする1元配置分散分析を行う．これは 15.1 と同じである．

家系内子の数を n とすると，家系平均値は n 個体の平均値で得られるので，家系平均値の誤差の分散は，家系内分散の $1/n$ である．誤差が大きい場合は，子個体数をふやせばよい．

本章では，$p=5$ の数値例を示そう．コンピューターによりある果樹の糖度について適当な例を作成した．分散分析の結果を表 55 に示す．

表55 ある果樹の糖度測定値（コンピューターで作成）に対する分散分析

変動因	自由度		平方和	平均平方
家系間	9	$f-1$	588.386	65.376
家系内	190	$f(c-1)$	239.054	1.258
計	199	$fc-1$	827.440	

$p=5$ の片側修正ダイアレル，f は家系の数 $\{p(p-1)/2\}$ で 10，c は家系内子の数で 20

18.3　片側修正ダイアレル表による解析

そのダイアレル親集団の組合せにおいて，1つの親が平均的に発揮する能力を一般組合せ能力（general combining ability, GCA）という．換言すると，その親がいずれの親と組合せた場合にも子に伝えられる効果である．

組合せ特有に表れる効果を特定組合せ能力（specific combining ability,

SCA) という. これは, 家系平均値（遺伝子型値）から両親の一般組合せ能力の和を差し引いて得られる残りであり, GCA だけでは説明できない部分である.

エピスタシスが無ければ, 一般組合せ能力は遺伝子の相加効果に, 特定組合せ能力は優性効果による（鵜飼, 2002）. ここでは家系平均値をデータとして用い, 母数モデルで GCA, SCA の推定を行う. 誤差のない真の家系平均値を V_{ij} とすると, 遺伝モデルは,

$$V_{ij} = G_i + G_j + S_{ij}$$

i 番目の親と j 番目の親の交雑から生まれた遺伝子型の効果を V_{ij} とする. V_{ij} を, i 番目の親の一般組合せ能力 G_i, j 番目の親の一般組合せ能力 G_j および i 番目の親と j 番目の親の組合せに特有な特定組合せ能力 S_{ij} の和として考える.

i 番目の親と j 番目の親を交雑した家系平均値 X_{ij} は, GCA と SCA を母数モデルとした場合, 以下のモデルで表される.

$$X_{ij} = \mu + V_{ij} + \frac{\sum_{k=1}^{n} E_{ijk}}{n} = \mu + G_i + G_j + S_{ij} + \frac{\sum_{k=1}^{n} E_{ijk}}{n}$$

$(i, j = 1, 2, \cdots, p)(k = 1, 2, \cdots, n)$

ここでは, p は親品種・系統の数で 5, n は家系内子の数で 20 である. E_{ijk} は家系内の遺伝的な分離と環境変異による偏差である.

(1) GCA の推定

G_i と G_j は GCA であり, S_{ij} は SCA で, $S_{ij} = S_{ji}$ である. すべての親の一般組合せ能力の和を 0 と仮定する.

$$\sum_i G_i = 0$$

また, 1 つの親が関与している特定組合せ能力の和を 0 とする.

$$\sum_{i \neq j} S_{ij} = 0 \text{（それぞれの } j \text{ について）}$$

家系平均値 X_{ij} の値は表 56 に示したとおりである.

18.3 片側修正ダイアレル表による解析 (259)

組合せの全平均を $\overline{X}_{..}$, i 番目の親の平均を $\overline{X}_i$, p を親の数とし, 誤差を無視すると,

$$\overline{X}_1 = \{(\mu+G_1+G_2+S_{12})+(\mu+G_1+G_3+S_{13})+\cdots$$
$$+(\mu+G_1+G_5+S_{15})\}/(p-1)$$
$$= \{(p-1)\mu+(p-1)G_1\}/(p-1)$$
$$+(G_2+G_3+G_4+G_5)/(p-1)+(S_{12}+S_{13}+S_{14}+S_{15})/(p-1)$$

$\sum_i G_i = 0$ すなわち, G の効果は 0 からの偏差であり,
$\sum_j S_{1j} = S_{12}+S_{13}+S_{14}+S_{15} = 0$ であるので,
$G_2+G_3+G_4+G_5 = 0-G_1 = -G_1$ となり,

$$\overline{X}_1 = \mu+\{(p-1)G_1-G_1\}/(p-1) = \mu+\{(p-2)/(p-1)\}G_1$$

μ を $\overline{X}_{..}$ とすると, $\overline{X}_1-\overline{X}_{..} = \{(p-2)/(p-1)\}G_1$

$$G_1 = \{(p-1)/(p-2)\}\times(\overline{X}_1-\overline{X}_{..})$$

したがって, $\{(p-1)/(p-2)\}\times(\overline{X}_1-\overline{X}_{..})$ を G_1 (親品種・系統 1 の GCA) の推定値とする (表56).

(2) 全体の平方和

X_{ij} の $\overline{X}_{..}$ からの偏差の 2 乗値の表 (表 57) を作成し, その和を全体の平方

表 56 家系平均値と GCA 推定値

		親品種番号				平均値 ($\overline{X}_i$)	平均値の総平均値からの偏差	GCA推定値(左列×4/3)	GCA推定値の2乗値
		2	3	4	5				
親品種番号	1	18.813	19.812	18.045	17.501	18.543	0.464	0.619	0.383
	2		17.152	21.745	18.017	18.932	0.853	1.138	1.294
	3			18.356	15.494	17.679	-0.400	-0.533	0.285
	4				15.951	18.499	0.421	0.561	0.315
	5					16.741	-1.338	-1.784	3.182
						総平均値($\overline{X}_{..}$)18.079		和 ×3	5.458 16.374

平均値 17.679 は 4 つのグレー色のセルの平均値.

表57 「家系平均値の総平均値からの偏差」の2乗値と，その和（全体の平方和）

		親品種番号			
		2	3	4	5
親品種番号	1	0.539	3.005	0.001	0.334
	2		0.859	13.442	0.004
	3			0.031	6.680
	4				4.527

和（全体の平方和）29.422

和とする．

(3) GCA の平方和

各組合せの GCA 推定値の和（G_i+G_j）の表を作成する（表58）．これが各組合せにおける GCA 推定値である（G_{ij} とする）．各組合せの一般組合せ能力の和について平方和を求める．すなわち，この表における全体の平均値は0であるので，単にそれぞれの値を2乗して合計する（表59）．この合計値が一般組合せ能力の平方和である．

この平方和は，

$$(G_1+G_2)^2+(G_1+G_3)^2+(G_1+G_4)^2+(G_1+G_5)^2+(G_2+G_3)^2$$
$$+(G_2+G_4)^2+(G_2+G_5)^2+(G_3+G_4)^2+(G_3+G_5)^2+(G_4+G_5)^2$$
$$=(G_1^2+2G_1G_2+G_2^2)+(G_1^2+2G_1G_3+G_3^2)+\cdots+(G_4^2+2G_4G_5+G_5^2)$$

$2G_1G_2$ の項は，親品種・系統1については半分だけ用い，他の半分は親品種・系統2についての計算で用いることとする．$2G_1G_3$，$2G_1G_4$，…についても同様とする．そして，親品種・系統1についてのみまとめてみると，

$$4G_1^2+G_1(G_2+G_3+G_4+G_5)=4G_1^2-G_1^2=3G_1^2$$

G_2 以下も同様に計算し，その和を GCA の平方和とする．この平方和は，

表58 各家系（組合せ）の GCA 推定値（G_i+G_j）

		G_j			
		2	3	4	5
G_i		1.138	−0.533	0.561	−1.784
	1	0.619	1.756	0.085	1.180	−1.165
	2	1.138		0.604	1.698	−0.646
	3	−0.533			0.027	−2.317
	4	0.561				−1.223

和 0.000

18.3 片側修正ダイアレル表による解析 (261)

$\Sigma 3 (G_1^2+G_2^2+G_3^2+G_4^2+G_5^2)$ となり，GCA 推定値の 2 乗値の和（平均値 0 とした平方和）の $p-2$ 倍に等しい．

(4) SCA の推定と平方和

$S_{ij}=X_{ij}-\mu-G_i-G_j$ であるので，S_{ij} の推定値は $S_{ij}=X_{ij}-\overline{X}_{..}-G_{ij}$ とする（表 60）．たとえば，$\overline{X}_{..}$ は 18.079 であるので（表 56），S_{12} は，

表59 「各家系（組合せ）のGCA推定値(G_i+G_j)」の 2 乗値と，その和（GCA 平方和）

		G_j			
		2	3	4	5
		1.138	-0.533	0.561	-1.784
G_i	1	0.619	3.085	0.007	1.392	1.357
	2	1.138		0.365	2.885	0.418
	3	-0.533			0.001	5.370
	4	0.561				1.496

和 16.374

$$S_{12}=X_{12}-18.079-G_{12}=18.813-18.079-(1.756)=-1.022$$

この S_{ij} の 2 乗値（総平均値 0 からの偏差の 2 乗値）を求め，その全ての組合せの和が SCA の平方和である（表61）．また，SCA の平方和は，全体の平方和（X_{ij} の平方和）から GCA の平方和を減ずることによっても得ることができ，この 2 つの値は一致する．

(5) 分散分析表

分散分析表は表 62 のとおりである．誤差は家系を要因とした 1 元配置分散分析で得た家系内分散(1.258)を，供試した子の数(n) 20 で割った値である．

(6) GCA と SCA 推定値の分散

Griffing (1956) によれば，誤差分散（ここでは 0.063）σ^2 により，各 GCA 推定値の分散は$[(p-1)/\{p(p-2)\}]\times\hat{\sigma}^2$，2 つの GCA 推定値間の分散は$\{2/(p-2)\}\times\hat{\sigma}^2$，各 SCA 推定値の分散は$\{(p-3)/(p-1)\}\times\hat{\sigma}^2$，2 つの SCA 推定値間の分散は，2 つの SCA に 1 つの品種・系統が両方の親になっている場合には$\{2(p-3)/(p-2)\}\times\hat{\sigma}^2$，2 つ

表60 各家系（組合せ）の SCA 推定値

		親品種番号			
		2	3	4	5
親品種番号	1	-1.022	1.648	-1.213	0.587
	2		-1.531	1.968	0.585
	3			0.150	-0.267
	4				-0.905

和 0.000

表61 「各家系（組合せ）の SCA 推定値」の 2 乗値と，その和（SCA 平方和）

		親系統番号			
		2	3	4	5
親系統番号	1	1.044	2.716	1.472	0.345
	2		2.343	3.873	0.342
	3			0.022	0.078
	4				0.818

和 13.048

の SCA が両方とも異なる親による場合には $\{2(p-4)/(p-2)\} \times \hat{\sigma}^2$ である．これらの分散の平方根がそれぞれの値の SE である．

(7) 変量モデル

以上の解析は母数モデルであり，用いた親とその組合せの中でだけ優れた組合せを選ぼうとするものである．

表62 各家系（組合せ）の分散分析（母数モデル）

変動因	自由度		平方和	平均平方	F 値	平均平方の期待値
GCA	4	$p-1$	16.374	4.094	65.0	$\sigma^2+(p-2)\kappa_g^2$
SCA	5	$p(p-3)/2$	13.048	2.610	41.4	$\sigma^2+\kappa_s^2$
誤差				0.063		σ^2
全体	9	$\{p(p-1)/2\}-1$	29.422			

$p=5$

$\kappa_g^2(=\dfrac{1}{p-2}\widehat{\sum G_i^2})$ 1.344

$\kappa_s^2(=\dfrac{2}{p(p-3)}\widehat{\sum_{i<j} S_{ij}^2})$ 2.547

$\sigma^2=1.258/20$ 0.063

　変量モデルは，家系が無限の大きさの母集団から抽出された無作為標本であり，推定したい対象が元の母集団と考える場合である．今回解析した親品種・系統にかかわらず，一般に，何の品種・系統を親に使っても GCA，SCA はどのくらいかを推定しようとする．しかし，用いた親品種・系統の数は少なく，これからその分散そのものを推定するのは誤差が大きい．

　変量モデルであっても母数モデルであっても解析して得る分散分析表の数値，GCA，SCA の推定値は同じである．平均平方の期待値の構成，誤差の大きさのとらえ方が異なる．

18.4 ダイアレル交配の有効性と問題点

　多くの親品種・系統を供試することがむずかしいため，変量モデルによる解析を行うと誤差が大きい．用いた親品種・系統に限定し，母数モデルにより家系平均値の高い組合せを見いだす解析を行うとよい．少数の選抜された親品種・系統間の総当たり交配で実用品種を出そうとする場合には，このダイアレル交配は効率的といえよう．

　しかし，樹体の育成に長い年月と広い面積が必要な果樹育種にとって，実用的に見て優れた実生が生まれる可能性の低いと思われる交雑を行うことはコストが高い．ダイアレル交配には，そのような組合せも含まれる可能性があり，効率的とはいえない．第 16 章までに示してきた実際の実用的育種の中でとられたデータを用いた解析には，そのような余分なコストがかからない．

　GCA は遺伝子の相加効果によるものであり，これが大きい場合は，家系平均値は平均親値に対する回帰によって推定することが可能である．優性効果が大きく，有効に家系平均値を予測できない時には後代の実績から優れた組合せを選ぼうとするダイアレル交配が有効である．すなわち，SCA の高い組合せを見いだそうとする場合である．

　実際育種の中で得られたダイアレルに近い不揃いなデータを用い，コンピューター計算により果実形質の GCA, SCA と分散成分を推定した報告も出されている (Restricted maximum likelihood : REML 法, Best linear unbiased prediction : BLUP 法)．また，ダイアレル交配のコストが高いため，実際育種のデータを用い，平均親値と家系平均値のずれにより，組合せが特有に持つ値の高い組合せを見いだす解析も行われている (山田ら，2008c)．

第7編　交雑育種の進め方

第19章　育種目標・交配・選抜

　果樹の交雑育種の基本過程は，交雑により実生集団を得，環境変異に抗して目標とする遺伝子型値を持つ個体を選抜することである．実用形質の多くが環境変異に左右される量的形質であり，特に量的形質の選抜に留意する．

19.1　育種目標の設定と交配

　育種目標の設定は，育種の成功・不成功を左右する非常に大きな要因である．既存の経済品種をもとに，改良したい形質，改良したい程度を設定し，その目標に向かって戦略を検討する．

19.1.1　遺伝資源の特性評価

　親として用いうる可能性のある品種・系統（遺伝資源）を漠然と良い品種・悪い品種と区分するのではなく，主要な経済形質について特性を評価し，親としての可能性を検討する（第2編）．

　主要経済品種以外の品種にも，耐病性は劣るが食味が著しく優れている品種，食味は劣るが日持ち性が著しく優れる品種などがある．農業生物資源ジーンバンク事業（農水省）では，保存品種の特性が（独）農業生物資源研究所ホームページで公開されている．

　品種特性評価結果は環境変異を含んでいる．環境変異は品種を交配親として用いる上での誤差であり，その大きさを評価する必要がある（第2編）．たとえば，耐病性を評価した結果，耐病性の強い品種があったとしても，それが環境変異であるならば，親として用いる価値は無い．品種を一定条件下で反復評価することにより環境分散が把握される（第2編）．環境分散を把握すれば，品種の評価値から交雑の結果得られる子の予測ができる（第6編）．

19.1.2　ニーズとその変化

　一般に主要な経済品種より優れた新品種を育成しようとする．その主要な経済品種が，その樹種のすべての品種（遺伝資源）の中でどのような位置を占めるかを明らかにし，その改良方向を定める．

　育種の方向は，遺伝資源全体を見渡し，将来のニーズを予測したものでなければならない．果樹の育種には年月を要する．長期にわたる育種を行い，当初定めた育種目標を達成した品種を育成しても，育成できた 15 年後には育種開始当初とは消費ニーズが異なり，生産される情勢ではなくなってしまう場合がある．育種目標の設定を誤れば，育種自体が徒労に終わる可能性がある．育種家は，遺伝資源全体を把握し，その中で主要経済品種を位置づけ，将来の消費ニーズ，生産体制における発展方向を吟味した上で育種目標を設定しなければならない．

　育種家はわずかな数の主要経済品種だけを知っているのでは不十分である．良食味品種が伸びている時に需要が減少している食味の劣る既存品種を部分的に改良しても需要の拡大は望めない．幅広い遺伝資源を見て，将来方向を見据えた育種目標を設定する．日本に有用な遺伝資源が無い場合，海外に有用な品種や野生種があれば，それを導入することが有効である．

19.1.3　形質の遺伝様式から育種戦略を定める

　主要経済品種の欠点と改良すべき点が明らかとなり，手持ちの遺伝資源の中にそれらの形質について主要経済品種より優れた遺伝特性（遺伝子型値）を持つ品種・系統があれば，主要経済品種とともに交配親として用いうる．それらの特性を交雑により組合せて新品種を作ることを計画する（第 14 章）．

　そのような品種が見つからなくても，目標とする遺伝子をヘテロの状態で保有している品種があれば，数世代ののちに目標を実現できる可能性がある（第 14 章）．しかし，その遺伝子を保持する品種が無ければ何代交雑を続けても，目標とする個体は得られない．形質の遺伝様式をもとに，設定しようとする育種目標が達成可能かどうかを検討する．自身のところに遺伝様式を

解明するための集団や解析データがない場合，過去に他で出された報告を基に戦略を練る（第17章）．

「この品種とこの品種を交雑した場合に選抜水準を超える遺伝子型値を持つ子個体の出現率が何%か？」という情報が有用である（第6編）．主要経済形質について，選抜水準を超える子の出現率の積を計算し，総合的に選抜水準を超える子の出現率の高い組合せを選ぶ（第15・16章）．

量的形質では，遺伝子の相加効果が大きければ，平均親値を環境変異を少なく把握することにより子の家系平均値を精度高く予測できる（第6編）．優性効果が大きい場合，近交係数と平均親値から子の家系平均値を精度高く予測できる場合がある（第16章）．子の家系平均値が低くても家系内遺伝分散が大きければ選抜水準を超える遺伝子型値を持つ子の出現率が高い場合がある（第16章）．優性効果が大きく，かつ親の持つ情報から有効に子の分布が予測できないときは，交雑した結果から優れた交雑組合せを選ぶ（第18章）．

親子のデータの不足などから精度の高い子の予測ができない場合でも，簡易な方法により過去の交雑実績を解析して予測することができる（第17章）．

遺伝情報と遺伝資源の特性をもとに，1代で育種目標に達することができるか，数世代にわたる選抜・交雑を行うかの見通しを持つ（第14章）．育種戦略が定まると，それに応じたコスト（育種に要する年月，育成する交雑実生数，圃場規模など）を投資して育種を行う．

19.2　選　抜

19.2.1　苗選抜

圃場での選抜には，樹を育成して果実を結実させるため，広い圃場，多大な栽培労力，長い年月が必要である．定植前の苗のうちに耐病性などの選抜・淘汰を行うことは育種規模を拡大する（第7章）．この苗選抜でも，広義の遺伝率が重要であり，選抜の有効性は広義の遺伝率に比例する（第7章）．広義の遺伝率が0に近ければ，集団的に選抜しても単に実生数を減ら

しただけであり，選抜の意味がない．その条件における広義の遺伝率，苗と圃場条件における遺伝子型×環境の交互作用について把握する必要がある．

19.2.2 圃場における選抜

　圃場に定植した後の選抜では，選抜の場を2か所以上持つことはコストが高いので選抜の場を1つとし，商品生産に近い条件で栽培し，果実特性を評価する（第2章）．

　選抜にあたっては，すべての主要な経済形質が選抜水準を超えていることが必要である（第8章）．1つでも致命的な欠点があると商品生産は困難となる．

　特性評価によって得た値は環境変異を含んでいる．環境変異から遺伝子型値を見分けるのが選抜であり，それには評価の反復が有効である．選抜は最終的には商品生産性を見極めるものであり，商品生産できる栽培技術を持つことは育種家にとって不可欠である（第2章）．

　樹体の小さいうちに不要な実生を早く淘汰することが圃場における選抜の効率を決める（第3編）．少数の果実が結実した段階で選抜・淘汰を行う必要があり，この段階では環境変異の小さい主要経済形質を重点に評価する（第2編）．環境変動の大きい形質の遺伝特性の把握には長年月の反復が必要である（第2編）．

　交雑実生を栽培する上では，圃場や年による変動を把握し，補正するために，対照品種を交雑実生とともに植え込んでおく，または同様の圃場において同様の管理をおこなって栽培しておくことが必要である（第2章，第2編）．

　環境要因による分散を把握し，広義の遺伝率を知ることにより，全体として選抜がうまくいっているかどうかを知ることができる（第2・3編）．たとえば糖度が高い，裂果が発生しないとして選抜しても，それらの形質の広義の遺伝率が低いと，年の反復を続けるうちに，年により大きな裂果が発生したり，数年間の平均をとると糖度が高くなかったりする．環境分散が把握できていれば，何年反復すれば遺伝子型値はこのあたりにある，という推定

ができ，遺伝的に優れている実生を淘汰してしまったり，優れていない実生を予備選抜したりする危険が下がる．

19.2.3 育成地以外での試作による最終的な選抜

　全国の生産地は，育成地とは環境条件が異なる．また，新品種の普及のためには，生産地において生産者・技術者が栽培して生産しようと決める過程が不可欠である．このため，生産地の試験研究機関または生産現場での試作が有効である（第9章）．また，育成地で選抜した系統を異なる場所で特性を評価することは，場所の反復，樹の反復，年の反復を行うことになる．遺伝特性をさらに解明して最終的な選抜を行うことができる（第9章）．

19.3　DNAマーカーによる選抜

　主要経済形質の遺伝子と強く連鎖または関連しているDNAマーカーを実生集団において検出し，それをもとに選抜するのがDNAマーカーによる選抜（marker-assisted selection）である．その形質を支配する遺伝子座の近傍またはその中にあるDNA配列をマーカーとして利用しようとするものである．その原理と解析方法は「ゲノムレベルの遺伝解析」（鵜飼，2000）に示されている．

　DNAマーカーによる選抜は，圃場において樹体を育成するコストがなく，遺伝特性をとらえる上での環境変異による誤差もないため，非常に効率的である．また，DNAマーカーによって親となる品種・系統の遺伝子型もわかれば，交雑組合せによる後代の遺伝子型の分離も，選抜水準を超える遺伝子型値を持つ個体の出現率もわかる．量的形質は，いくつかの遺伝子座が関与し，それぞれの遺伝効果の和と交互作用によって遺伝子型値が決まる．それぞれの遺伝子座における遺伝は質的形質と同じである．

　DNAマーカーによる選抜が完全に成功すれば，果樹育種で長い年月と圃場で多大なコストがかかる原因はなくなる．たとえば，果実の肉質の硬さが6つの遺伝子座で支配され，それぞれの遺伝子座における遺伝子の作用力に差があるということがわかる．そして，各遺伝子座における遺伝子型がわか

るため，後代の分離も確実に予測できる．交雑で得た実生の幼苗の葉の DNA を分析するだけで，各遺伝子座の遺伝子型がわかるため，各遺伝子型の効果の和およびその交互作用から各実生の遺伝子型値が予測できる．

これが必要なすべての形質について確実にできれば，交雑した翌年に播種し，生じた幼苗の段階で選抜は完了する．この後は，栄養繁殖して試作したのち最終選抜し，品種として普及を図ればよい．

1 つあるいは数個の果実形質遺伝子と連鎖する DNA マーカーが得られた場合でも，育種は大きく効率化する．主働遺伝子で支配され，1 つの形質で 50% を淘汰できる場合，3 つの形質では 8 分の 7 を淘汰できる．圃場に植える交雑実生数を一定とし，苗の段階で DNA マーカーにより 8 分の 7 を淘汰できるならば，苗選抜時の交雑実生数を 8 倍に増やすことができる．これは育種規模の大幅な拡大である．なお，交配数を著しく増やすこと，また，DNA 分析コストは必要である．

環境に左右されやすい，広義の遺伝率の低い形質では，形質評価による遺伝子型値の誤差が大きく，選抜がむずかしいが，それを支配する遺伝子座と密接に連鎖する DNA マーカーがいったん得られれば，それによる選抜は環境変動に左右されないため，確実な選抜ができる．

まさに夢の技術であり，将来の育種は，これに近づけるよう努力していかねばならない．しかしながら，現実にこれを実用的な段階にまで高めるには以下に示すような様々な困難がある．今後，これを克服し，交雑育種の効率化を図らねばならない．

19.3.1 コスト

DNA マーカー連鎖地図を作り，DNA 上で形質の遺伝を最も説明できる場所に，DNA マーカーと連鎖している遺伝子があることを推定する，QTL（量的形質遺伝子座：quantitative trait locus）解析が行われる．質的形質については，交雑実生集団の DNA を形質の発現の有無によって 2 つに分け，その分離を説明する DNA マーカーを探す方法も用いられる（バルク法）．

多くの DNA マーカーを利用して連鎖地図を作成する必要があり，それに

は多大なコストがかかる（最近は技術が進み，コストの縮減が進んでいる）．特に，染色体数の多い植物ではコストが高い．また，同質倍数性の植物では，一般に遺伝が複雑で，連鎖地図を作成する上での困難がある．

連鎖地図の作成には，果樹育種では一般に，ある1つの組合せから生じた実生集団が用いられる．1つの形質の遺伝特性がいくつかの遺伝子座にある遺伝子の遺伝効果の和によって生じるとする．その中で，両親とも同一のホモ接合の遺伝子座では後代に分離が起こらず，その遺伝子座に連鎖するDNAマーカーは検出できない．

親品種・系統と組合せによって，後代の遺伝的な差異を支配している遺伝子座が異なる場合が考えられることから，汎用的に有効なDNAマーカーを開発するためには，多くの組合せについての結果を統合する必要があり，コストがかかる．

新品種は，かなりの数の商品生産上の重要形質についてすべて選抜水準を超えている必要がある（第3編）．多くの形質について形質と連鎖するDNAマーカーを開発する必要がある．

また，各遺伝子の遺伝効果が大きい場合は検出できるが，小さい遺伝効果ばかりの形質については関与する遺伝子座（QTL）を検出することは容易ではない．QTL解析におけるQTLの位置および遺伝効果の推定精度は，広義の遺伝率，供試個体数，マーカー密度に依存し，なかでも推定精度を高めるには広義の遺伝率を高くすることが有効である（鵜飼，2000）．形質の遺伝を説明できるDNAマーカーを検出しようとしているので，形質の遺伝に環境変異による誤差が大きいと精度が劣ることになる．また，環境変異が正規分布しない形質については，解析が容易ではない．

なお，質的形質については，このような困難はなく，後代に形質が分離する集団を用いれば，遺伝子座と連鎖したDNAマーカーを得やすく，そのマーカーは一般に他の組合せでも有効である．しかし，1つの遺伝子座で支配される質的形質であっても，DNAマーカー自体に品種による多型があると，ある実生集団で有効であったマーカーが，他の親品種間の交雑組合せによる実生集団では検出できない場合もある．このような場合，汎用性のあるマー

カーを得るためには，いくつかもしくは相当数の交雑組合せの交雑実生集団を用いた解析をして有効なマーカーを開発する必要がある．

19.3.2 マーカー利用選抜の有効性

QTLと緊密に連鎖したDNAマーカーが得られたとして，マーカー利用選抜が実際の選抜に有効な程度は，検出しているQTLが，選抜対象とする実生集団においてその形質の遺伝変異をどの程度説明できるかによる．

量的形質について，いくつかのQTLが検出された場合，その遺伝効果の分散の和が実生集団の全遺伝分散に占める割合が「遺伝分散中寄与率」である（鵜飼，2000）．この寄与率の高さが選抜の有効性の指標となる．環境分散を含めた全表現型分散に占める割合の「表現型分散中寄与率」（鵜飼，2000）では，それが高くなかった場合は，主に環境変異によるのか，検出されない遺伝効果によるのかが不明確である．

実生集団における環境分散を推定し（第2編），表現型分散から差し引くことにより遺伝分散が得られる．

遺伝分散中寄与率が100%であれば，検出しているQTLにより遺伝変異が全てわかるということであり，個体単位の選抜は非常に有効である．

しかし，これが，たとえば0.5に下がった場合は，個体単位の選抜は誤差が大きくなる（図55）．図55の例では，たとえば，検出されたQTLの遺伝効果の和が5.5の

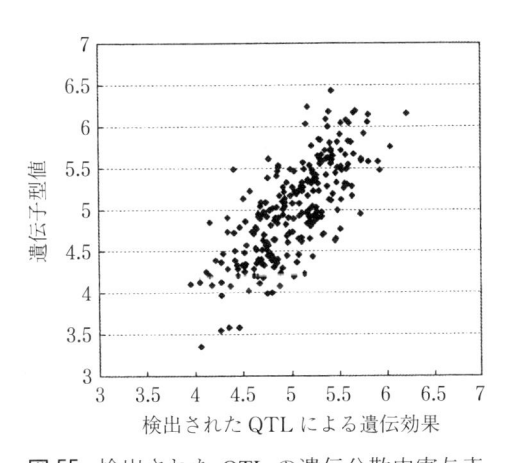

図55 検出されたQTLの遺伝分散中寄与率が0.5の場合のQTLによる遺伝効果と遺伝子型値の関係の例．
無作為な変動をコンピューターによって作成し，検出されたQTLの遺伝効果の分散を遺伝子型値の分散の1/2とした．

個体は遺伝子型値が 4.7〜6.5 程度にばらついている．QTL だけでの選抜で，個体単位で遺伝子型値をとらえようとすると，この場合誤差が大きく，あまり有効ではない．

このような場合でも，マーカーを利用して検出された QTL の値が高かった個体を集団的に苗の段階で予備選抜し，その後に表現型（樹を育てて形質を評価する選抜）で選抜をするならば，元の集団より予備選抜した集団のほうが集団平均値が高く，より有利な集団を圃場に栽植できるので育種を効率化できる．これは幼苗検定により苗段階で集団選抜を行う（7.1.2）のと同様である．

QTL による選抜の有効性の程度は，QTL の遺伝効果（およびその集団平均値）と個体の遺伝子型値（およびその集団平均値）が，一致している程度としてとらえることができる．従来の表現型選抜における遺伝子型値と表現型値の関係（第 7 章）と同様に考えることができ，表現型値のかわりに「検出された QTL による遺伝効果」とすればよい．表現型による集団選抜では，その有効性は広義の遺伝率に比例する．マーカー利用集団選抜では，遺伝分散中寄与率または，その平方根値を遺伝子型値をとらえる上での有効性の指標とするとよい．

統計学の参考・引用文献

足立堅一．1998．らくらく生物統計学．中山書店．

キャンベル，R.C.（石居進 訳）．1976．生物系のための統計学入門（第2版）．培風館．

石川　馨・米山高範．分散分析法入門．1967．日科技連．

応用統計ハンドブック編集委員会．1999．応用統計ハンドブック（第9版）．養賢堂．

新城明久．1996．新版・生物統計学入門．朝倉書店．

スネデカー・コクラン（畑村又好・奥野忠一・津村善郎　共訳）．1972．統計的方法（原書第6版）．岩波書店．

東京大学教養学部統計学教室編．1992．自然科学の統計学．東京大学出版会．

鵜飼保雄．2010．統計学への開かれた門．養賢堂．

柳川　堯．1982．ノンパラメトリック法．培風館．

米澤勝衛・佐々木義之・今西　茂・藤井宏一．生物統計学．1988．朝倉書店．

育種・遺伝学の参考・引用文献

Crow, J. F. 1972.（木村資生・北川　修・太田朋子　共訳）クロー遺伝学概説．培風館．

Falconer, D. S. 1960. Introduction to quantitative genetics. Oliver & Boyd Ltd., London.

ファルコナー，D. S.（田中嘉成・野村哲郎　共訳）1993．量的遺伝学入門（原書第3版）．蒼樹書房．

藤巻　宏・鵜飼保雄・山元晧二・藤本文弘．1992．植物育種学（上）基礎編．培風館．

遺伝学辞典．1977．田中信徳監修．共立出版．

Kempthorne, O. 1957. An introduction to gentic statistics. John Wiley & Sons, Inc., New York.

松尾孝嶺. 1959. 育種学. 養賢堂.
内藤元男. 1982. 新編家畜育種学. 養賢堂.
赤藤克己. 1958. 作物育種学汎論. 養賢堂.
鵜飼保雄. 2000. ゲノムレベルの遺伝解析. 東京大学出版会.
鵜飼保雄. 2002. 量的形質の遺伝解析. 医学出版.
鵜飼保雄. 2003. 植物育種学. 東京大学出版会.

引用文献

Griffing, B. 1956. Concept of general and specific combining ability in relation to diallel crossing systems. Austral. J. Biol. Sci. 9:463-493.

Hansche, P. E. 1983. "Response to selection" Methods in Fruit Breeding. p.154-171. Edited by Moore, J. N. and J. Janick. Purdue Univ. Press. Indiana, U.S.A.

Hansche, P. E. and R. M. Brooks. 1965. Temporal and spatial repeatabilities of a series of quantitative characters in sweet cherry (*Prunus avium* L.). Proc. Amer. Soc. Hort. Sci. 86:120-128.

Hansche, P. E., C. O. Hesse, and V. Beres. 1972. Estimates of genetic and environmental effects on several traits in peach. J. Amer. Soc. Hort. Sci. 97:76-79.

Harding, P. H. 1983. "Testing and cultivar evaluation" Methods in Fruit Breeding. p.371-382. Edited by Moore, J. N. and J. Janick. Purdue Univ. Press. Indiana, U.S.A.

Hesse, C. O. 1975. "Peaches" Advances in Fruit Breeding. p.285-335. Edited by Janick J. and J. N. Moore. Purdue Univ. Press. Indiana, U.S.A.

池田　勇・山田昌彦・栗原昭夫・西田光夫. 1985. カキの甘渋の遺伝. 園学雑. 54:39-45.

Ikegami, A., S. Eguchi, T. Akagi, A. Sato, M. Yamada, S. Kanzaki, A. Kitajima and K. Yonemori. 2011. Development of molecular markers linked to the allele associated with the non-astringent trait of the Chinese persimmon (*Diospyros kaki* Thunb.). J. Japan. Soc. Hort. Sci. 80:150-155.

梶浦一郎・佐藤義彦．1990．ニホンナシの育種及びその基礎研究と栽培品種の来歴及び特性．果樹試報特別報告 1：1-329．

梶浦　実．1943．果樹育種に於ける高接利用に就て．育種研究 2：198-200．

金戸橘夫・吉田雅夫・栗原昭夫・佐藤敬雄・原田良平・京谷英壽．1980．モモ新品種'あかつき'について．果樹試報 A7：1-6．

Kanzaki, S., K. Yonemori, A. Sato, M. Yamada, and A. Sugiura. 2000. Analysis of the genetic relationships among pollination constant and non-satringent (PCNA) cultivars of persimmon (*Diospyros kaki* Thunb.) from Japan and China using amplified fragment length polymorphism (AFLP). J. Japan. Soc. Hort. Sci. 69：665-670.

Kanzaki, S., K. Yonemori, A. Sugiura, A. Sato and M. Yamada. 2001. Identification of molecular markers linked to the trait of natural astringency loss of Japanese persimmon (*Diospyros kaki* Thunb.) fruit. J. Amer. Soc. Hort. Sci. 126：51-55.

Kanzaki, S., M. Yamada, A. Sato, N. Mitani, N. Utsunomiya and K. Yonemori. 2009. Conversion of RFLP markers for the selection of pollination constant and non-astringent type persimmons (*Diospyros kaki* Thunb.) into PCR-based markers. J. Japan. Soc. Hort. Sci. 78：68-73.

Kanzaki, S., T. Akagi, T. Masuko, M. Kimura, M. Yamada, A. Sato, N. Mitani, N. Utsunomiya and K. Yonemori. 2010. SCAR markers for practical application of marker-assisted selection in persimmon (*Diospyros kaki* Thunb.) breeding. J. Japan. Soc. Hort. Sci. 79：150-155.

小林　章．1985．果樹風土論．養賢堂．

壽　和夫・齋藤寿広・町田　裕・佐藤義彦・阿部和幸・栗原昭夫・緒方達志・寺井理治・西端豊英・小園照雄・福田博之・木原武士・鈴木勝征．2002．ニホンナシ新品種'あさづき'．果樹研報．1：11-21．

壽　和夫・齋藤寿広・町田　裕・佐藤義彦・増田亮一・阿部和幸・栗原昭夫・緒方達志・寺井理治・西端豊英・正田守幸・樫村芳記・小園照雄・福田博之・木原武士・鈴木勝征．2004a．ニホンナシ新品種'あきあかり'．果樹研報．3：21-30．

壽　和夫・齋藤寿広・町田　裕・梶浦一郎・佐藤義彦・増田亮一・阿部和幸・栗原昭

夫・緒方達志・寺井理治・西端豊英・正田守幸・樫村芳記・小園照雄・福田博之・木原武士・鈴木勝征．2004b．ニホンナシ新品種'王秋'．果樹研報．3：41-51．

Luby, J. J. and D. V. Shaw. 2001. Does marker-assisted selection make dollars and sense in a fruit breeding program？ HortScience 36：872-879．

Lyrene, P. 1983. Inbreeding depression in rabbiteye blueberries. HortScience 18：226-227．

町田　裕・前田　誠．1966．ナシの肉質に関する研究．II．日本ナシの肉質に関係する諸要素について．（第1報）果肉硬度および石細胞密度．園試報 A5：121-130．

町田　裕・小崎　格．1975．ニホンナシ育種における果実品質の数量的研究（第1報）既存品種集団の統計的考察．園学雑．44：235-240．

町田　裕・小崎　格．1976．ニホンナシ育種における果実品質の数量的研究（第2報）交雑実生集団の統計的考察．園学雑．44：325-329．

町田　裕．1983．ニホンナシの品質育種．村上寛一監修．作物育種の理論と方法．p. 147-150．

野中圭介・深町　浩・今井　篤・高原利雄・山田昌彦．2008．カンキツ育種における果実形質の環境分散推定値を用いた選抜．園学研．7別2：99．

Nyquist, W. E. 1991. Estimation of heritability and prediction of selection response in plant populations. Critical Reviews in Plant Sciences 10：235-322．

奥代直巳・吉永勝一・高原利雄・石内伝治・生山　巌．1980．カンキツ実生の着花及び結実の促進に関する研究．II．接ぎ木の効果．果樹試報 D2：15-28．

佐藤明彦・山田昌彦・山根弘康・平川信之．1993．ブドウ交雑実生調査における果実形質の反復率と環境変異の特徴．果樹試報．24：1-11．

Sato, A., H. Yamane, N. Hirakawa, K. Otobe and M. Yamada. 1997. Varietal differences in the texture of grape berries measured by penetration tests. Vitis 36：7-10．

Sato, A., M. Yamada, H. Iwanami and N. Hirakawa. 2000. Optimal spatial and temporal measurement repetition for reducing environmental variation of berry traits in grape breeding. Scientia Horticulturae 85：75-83．

Sato A., M. Yamada and H. Iwanami. 2006. Estimation of the proportion of offspring having genetically crispy flesh in grape breeding. J. Amer. Soc. Hort. Sci. 131:46-52.

Sato A., Y. Sawamura, N. Takada and T. Hirabayashi. 2008. Relationship between inbreeding coefficients and plant height of 1-year-old seedlings in crosses among Japanese pear (*Pyrus pyrifolia* Nakai) cultivar/selections. Scientia Horticulturae 117:85-88.

Sawamura Y., T. Saito, N. Takada, T. Yamamoto, T. Kimura, T. Hayashi and K. Kotobuki. 2004. Identification of parentage of Japanese pear 'Housui'. J. Japan. Soc. Hort. Sci. 73:511-518.

Sawamura Y., N. Takada, T. Yamamoto, T. Saito, T. Kimura and K. Kotobuki. 2008. Identification of parent-offspring relationships in 55 Japanese pear cultivars using S-RNase allele and SSR markers. J. Japan. Soc. Hort. Sci. 77:364-373.

Scorza R., S. A. Mehlenbacher and G. W. Lightner. 1985. Inbreeding and coancestry of freestone peach cultivars of the eastern United States and implications for peach germplasm improvement. J. Amer. Soc. Hort. Sci. 110:547-552.

Shiraishi, M. and S. Shiraishi. 1997. Database of grape genetic resources for 21-st Century Ampelography. Fruit Science Lab. Fac. Agr. Kyushu Univ.

上野俊人・山田昌彦・三谷宣仁・白石美樹夫・河野　淳．2007．ブドウの裂果性の遺伝．園学研．6別1:345．

Yamada, M. 1993. Persimmon breeding in Japan. Japan. Agr. Res. Quart. 27:33-37.

Yamada, M. 2005. Persimmon genetic resources and breeding in Japan. Acta Horticulturae 685:51-64.

山田昌彦．2004～2007．果樹の交雑育種における選抜と統計的遺伝解析[1]～[35]．農業および園芸．79(9)～82(7)．

山田昌彦・栗原昭夫．1984．カキ交雑育種法の改良に関する研究．1．カキ交雑実生調査における果実形質の Repeatbility について．果樹試報 E5:1-8．

Yamada, M., H. Yamane and T. Hirabayashi. 1987. Yearly fluctuations of two types of fruit cracking in seedling populations of Japanese persimmon (*Diospyros kaki* Thunb.). J. Japan. Soc. Hort. Sci. 56:287-292.

山田昌彦・栗原昭夫・角　利昭．1987．カキの結実性の品種間差異とその年次変

動.園学雑. 56:293-299.

山田昌彦・池田　勇・山根弘康・平林利郎. 1988. カキのへたすきと果頂裂果の遺伝. 園学雑. 57:8-16.

Yamada, M., H. Yamane, K. Yoshinaga and Y. Ukai. 1993. Optimal spatial and temporal measurement repetition for selection in Japanese persimmon breeding. HortScience 28:838-841.

山田昌彦・佐藤明彦・薬師寺博・吉永勝一・山根弘康・遠藤融郎. 1993. 中国の甘ガキ'羅田甜柿'の特性とその果実特性からみた日本原産甘ガキ品種との類縁性. 果樹試報. 25:19-32.

Yamada, M., H. Yamane and Y. Ukai. 1994a. Genetic analysis of Japanese persimmon fruit weight. J. Amer.Soc. Hort. Sci. 119:1298-1302.

Yamada, M., H. Yamane and Y. Ukai. 1994b. Efficiency of use of control genotypes for reducing yearly fluctuations of quantitative fruit characters in Japanese persimmon breeding. Bull. Fruit Tree Res. Stn. 26:29-37.

Yamada, M., H. Yamane and Y. Ukai. 1995. Genetic analysis of fruit ripening time in Japanese persimmon. J. Amer. Soc. Hort. Sci. 120:886-890.

Yamada, M., H. Yamane, Y. Takano and Y. Ukai. 1997. Estimation of the proportion of offspring having soluble solids content in fruit exceeding a given critical genotypic value in Japanese persimmon. Euphytica 93: 119-126.

Yamada, M. and H. Yamane. 1997. Relationship between the observed and predicted distribution of offspring for fruit ripening time and fruit weight in Japanese persimmon. Scientia Horticulturae 69:157-167.

山田昌彦・岩波　宏・佐藤明彦・薬師寺博. 1998. カキの果肉の硬さの品種間差異. 園学雑. 67別2:181.

Yamada, M., A. Sato and Y. Ukai. 2002. Genetic differences and environmental variations in calyx-end fruit cracking among Japanese persimmon cultivars and selections. HortScience 37:164-167.

山田昌彦・山根弘康・吉永勝一・平川信之・栗原昭夫・岩波　宏・永田賢嗣・佐藤明彦・小澤俊治・角　利昭・平林利郎・角谷真奈美・中島育子. 2003a. ブドウ新品種

'ハニービーナス'. 果樹研報. 2:53-63.

山田昌彦・佐藤明彦・白石美樹夫・三谷宣仁. 2003b. カキ品種・系統の系統適応性検定試験平均値と安芸津における成績との相関. 園学雑. 72別2:133.

山田昌彦・山根弘康・佐藤明彦・岩波　宏・平川信之・吉永勝一・小澤俊治・中島育子. 2004. カキ新品種'早秋'. 果樹研報. 3:53-66.

山田昌彦・山根弘康・佐藤明彦・平川信之・岩波　宏・吉永勝一・小澤俊治・三谷宣仁・白石美樹夫・吉岡美加乃・中島育子・中野正明・中畝良二. 2008a. ブドウ新品種'シャインマスカット'. 果樹研報 7:21-38.

山田昌彦・佐藤明彦・山根弘康・三谷宣仁・岩波　宏・白石美樹夫・平川信之・上野俊人・河野　淳・吉岡美加乃・中島育子. 2008b. カキ新品種'太天'. 園学研. 7別1:310.

山田昌彦・佐藤明彦・三谷宣仁・河野　淳・上野俊人. 2008c. カキ果実重における「後代家系平均値と平均親値の差」の交雑組合せ間差異. 園学研. 7別2:93.

山田昌彦・野中圭介・今井　篤. 2010. カンキツ交雑実生集団の糖度を想定したコンピューターによる選抜モデル実験. 園学研. 9別2:341.

山根弘康. 1996. 日本育成品種解説. p.371-384. 堀内昭作・松井弘之　編. 日本ブドウ学. 養賢堂.

山根弘康・山田昌彦・栗原昭夫・佐藤明彦・吉永勝一・永田賢嗣・松本亮司・平川信之・角谷真奈美・小澤俊治・角　利昭・平林利郎・岩波　宏. 2001. カキ新品種'太秋'. 果樹試報. 35:57-73.

吉田雅夫・金戸橘夫・栗原昭夫・西田光夫・京谷英壽・山口正己. 1984. モモ新品種'さおとめ'について. 果樹試報 A11:1-8.

* 表24 (p.128), 図22 (p.131), 表25 (p.134), 表26 (p.144)および図24 (p.151)は, 著作権を持つPearson Education Limited (London)の許可を得て, Falconer (1960) Introduction to Quantitative Geneticsから転載したものです.

索　引

あ

育種価 ····················· 128
育種目標 ············· 100, 264
一次選抜 ················ 6, 80
一次評価 ··················· 80
一般組合せ能力 ············· 257
遺伝獲得量 ·········· 150, 157
遺伝子型 ····················· 1
遺伝子型×年の交互作用分散 ··· 29
遺伝子型間分散 ·········· 29, 32
遺伝子型値 ············· 14, 130
遺伝子型値の選抜水準 ···· 84, 101
遺伝子型と年の交互作用
　　················ 26, 27, 68
遺伝子型分散 ················ 136
遺伝子の平均効果 ············ 131
遺伝分散 ···················· 10
遺伝分散中寄与率 ············ 271
枝変わり ····················· 2

か

家系 ················ 153, 190
家系間分散 ········ 146, 190, 193
家系内遺伝分散 ········ 192, 193
家系内環境分散 ·············· 193
家系内分散 ·········· 146, 190

家系平均値 ············· 145, 189
環境分散
　　···· 10, 15, 43, 84, 195, 264
環境偏差 ···················· 14
狭義の遺伝率 ······ 127, 141, 154
共分散 ······················ 18
近交係数 ····· 172, 177, 180, 239
近交弱勢 ··················· 179
系統（selection） ············· 1
系統（strain） ················ 2
系統適応性検定試験 ······· 6, 113
子 ·················· 1, 153, 190
広義の遺伝率
　　···· 10, 50, 51, 73, 78, 205
交配 ························· 4
Cochran の検定 ············· 21
Kolmogorov-Smirnov の1試料検定
　　···················· 21, 114

さ

在来品種 ················· 1, 2
三次選抜 ················ 6, 80
試作試験 ··············· 6, 112
実現遺伝率 ················· 151
質的遺伝 ··················· 183
集団選抜 ·········· 77, 157, 159

樹×年の交互作用分散 ········· 29
樹間分散 ················ 29, 32
樹間変異 ················ 12, 27
樹と年の交互作用 ············ 27
樹内果実間分散 ············· 29
選抜差 ··················· 150
選抜水準 ······· 84, 89, 92, 101
選抜の反応 ············ 150, 157
相加効果 ············· 137, 139
相加的遺伝分散 ···· 127, 136, 139

た

ダイアレル交配 ············· 256
対照品種（選抜の）
　············ 11, 112, 115, 124
対照品種（年次変動補正のための）
　················ 44, 46, 68
対数変換 ·········· 22, 219, 239
高接ぎ ················· 4, 58
中心極限定理 ··············· 71
注目実生 ··················· 82
DNA マーカー ··············· 268
特定組合せ能力 ············· 257
独立 ····················· 18

な

苗選抜 ················ 73, 266
二次選抜 ················ 6, 80
二次評価 ··················· 80

年次間分散 ··········· 24, 29, 32
年次変異（平行移動的な） ····· 27
年次変動（効果）の補正
　············ 44, 49, 58, 109
年次変動補正の誤差分散（σ_{ye}^2）
　·················· 46, 51

は

Hardy-Weinberg の法則
　················ 128, 148, 179
Bartlett の検定 ······· 21, 22, 220
場所の効果················ 116
Hartley の最大分散比法 ········ 21
反復率···················· 63
表現型値················ 14, 16
表現型値の選抜水準····· 85, 101
表現型分散················ 18
表現型分散中寄与率··········· 271
品種······················ 1
品種登録··················· 7
Fisher の平均効果モデル ······ 139
分散················· 10, 15
分散成分·················· 20
平均親（値） ···· 144, 189, 204
母集団··················· 15
補正係数（年次変動補正のための）
　························ 47
母分散················ 16, 23, 43

ま

実生 ・・・・・・・・・・・・・・・・・・・ 1, 4
戻し交雑 ・・・・・・・・・・・・・・・・ 180

や

優性効果
　　・・・・・・ 137, 139, 210, 256, 263

優性分散 ・・・・・・・・・・ 127, 136, 139
優性偏差 ・・・・・・・・・・・・・・・ 130, 133

ら

量的遺伝 ・・・・・・・・・・・・・・・・・・ 183

著者略歴

1980年　京都大学大学院農学研究科修士課程修了
1980－1993年，1996年－現在　農林水産省果樹試験場（2001年より独立行政法人農研機構果樹研究所）研究員，主任研究官，研究室長などを経て，現在，独立行政法人農業・食品産業技術総合研究機構（農研機構）果樹研究所 品種育成・病害虫研究領域長．農学博士．
1993－1996年　農林水産省国際農林水産業研究センター主任研究官

'シャインマスカット'，'クイーンニーナ'などブドウ13品種，'太秋'，'早秋'などカキ11品種を育成．

著書

農業技術体系（農山漁村文化協会），新編原色果物図説（養賢堂），新編果樹園芸ハンドブック（養賢堂），高等学校農業科用教科書「果樹」（農山漁村文化協会）など（いずれも共著）．

JCOPY ＜（社）出版者著作権管理機構　委託出版物＞

2011　　2011年6月30日　第1版発行

果樹の交雑育種法

著者との申し合せにより検印省略

©著作権所有

著作者　山田　昌彦

発行者　株式会社　養賢堂
　　　　代表者　及川　清

定価（本体4000円＋税）

印刷者　株式会社　三秀舎
　　　　責任者　山岸真純

発行所　株式会社　養賢堂
〒113-0033　東京都文京区本郷5丁目30番15号
TEL 東京(03)3814-0911　振替00120-7-96700
FAX 東京(03)3812-3615
URL http://www.yokendo.co.jp/

ISBN978-4-8425-0487-2　C3061

PRINTED IN JAPAN　製本所　株式会社三秀舎

本書の無断複写は著作権法上での例外を除き禁じられています．複写される場合は，そのつど事前に，（社）出版者著作権管理機構（電話 03-3513-6969，FAX 03-3513-6979，e-mail:info@jcopy.or.jp）の許諾を得てください．